陈春花 著

陈春花文集

第一集

管理研究 ④
组织学习与知识管理

·广州·

图书在版编目（CIP）数据

组织学习与知识管理/陈春花著. —广州：华南理工大学出版社，2018.9
（陈春花文集. 第一集，管理研究；4）
ISBN 978-7-5623-5762-9

Ⅰ.①组… Ⅱ.①陈… Ⅲ.①企业管理 Ⅳ.①F272

中国版本图书馆CIP数据核字（2018）第191898号

Zuzhi Xuexi Yu Zhishi Guanli
组织学习与知识管理

陈春花　著

出 版 人：卢家明
出版发行：华南理工大学出版社
　　　　　（广州五山华南理工大学17号楼，邮编510640）
　　　　　http://www.scutpress.com.cn　E-mail:scutc13@scut.edu.cn
　　　　　营销部电话：020-87113487　87111048（传真）
总 策 划：卢家明
策划编辑：罗月花
责任编辑：兰新文
印 刷 者：广州市新怡印务有限公司
开　　本：787mm×960mm　1/16　印张：19.75　字数：365千
版　　次：2018年9月第1版　2018年9月第1次印刷
印　　数：1~2000册
定　　价：96.00元

版权所有　盗版必究　　印装差错　负责调换

《陈春花文集》总序

对实践敬仰，守理论自信

如果不是这样的幸运，我相信这套文集不会有面世的一天。

我是幸运的。1982年开始能够在华南理工大学学习和工作，让我有机会置身于改革开放浪潮下的珠江三角洲这片热土。1992年开始，因为青年教师需要到基层学习和实践，我来到东莞厚街镇，在这里我直接接触并切身体会到乡镇经济发展的点点滴滴。之后由于学校的机缘到汕头春源集团任职，在这家香港企业家投资创办的加工企业参与管理，深入了解境外投资企业本土化的管理过程。随后，我开始有机会到康佳、TCL、科龙、美的、万和、顺德农商银行（原顺德信用合作社）、南方航空、深圳航空、南方电网、广东电信、珠江啤酒、香港星光集团、招商基金、威创股份、东方园林等企业做管理顾问工作或者主持咨询项目，与这些企业一起成长并拥有了长期近距离观察企业的机会。更有幸的是，2003—2004年出任山东六和集团总裁，2013—2016年出任新希望六和股份有限公司联席董事长兼首席执行官，2017年则接任新华都集团的工作。这些直接的管理实践，让我更清晰地理解管理研究与管理实践之间的融合度，也为我能够展开研究奠定了丰厚的企业实践基础。

而对我而言，最大的幸运是一直可以保有作为一个管理学教师和研究者的身份，与众多的商学院学生们一起学习和交流，见证和参与了中国改革开放40年间中国企业的成长与进步。这些经历无疑给了我巨大的帮助，让我能够因应企业的成长去透彻理解管理理论的价值，去理解并找寻理论的本质内涵，去发现和发展管理理论与研究的真正意义。也正因如此，在过去30年从教经历中，可以针对管理问题展开充分的讨论，并形成了这些文字。企业实践中不断涌现出新的方案，也促使我的思考、研究与写作源源不断，那些实践激荡我的想法，甚至有无法停下来的感觉，这种感觉真的很好。感恩这所大学，感恩这片热土，感恩这个时代，感恩中国，感恩中国企业实践。

研究会带来什么？

当我决定做一个教师，把教学与研究作为终生职业的时候，我并未真的理解"研究到底意味着什么"。20多年前，我把自己的研究目标确定为研究"中国本土企业成长模式"时，我和我的团队开始对研究进行了漫长而艰难的思考，其产品就是那本《领先之道》。这本书的内容是对中国企业成长的分析，在其中，我们试图回答这些问题：一些中国企业为什么可以成为领先者？这个成长的过程到底发生了什么？这些影响因素是否可以让其他企业借鉴并获得成长？对于这三个问题的追问和探讨，持续了接近30年，我们持续给出阶段性的答案，这些答案帮助到一些企业成长，也帮助了我和我的团队成长。更重要的是，对这些问题的答案的不断追寻使我持续与企业互动，并将感悟持续融入教学、研究中，让更多人去关注这三个问题，去寻找属于每个思考过这三个问题者自己的答案。接近30年持续的研究，让我可以真切地理解研究带来的贡献到底是什么，研究本身给我的帮助是什么。

我深受彼得·德鲁克先生的影响，德鲁克先生1994年写给《经济学人》主编的信中再一次重申管理研究要解决实践问题。在信中，他列举自己1950—1971年间从事管理学研究和实践的累累硕果。这一时期，他完成了自己9部主要管理学著作中的6部；这一时期，他是纽约大学研究生院的全职管理学教授，其中有10年，他还在宾夕法尼亚大学沃顿商学院任兼职教授；他的主要商业咨询活动也是在这一时期完成的。这样的研究路径，让德鲁克的著作承载着其极具旺盛生命力的管理实践思想。

德鲁克先生认为，管理研究要解答实践问题。能提出管理实践中出现的问题并解决这些问题,是管理学进步的标志。在其一系列经典著作中,德鲁克回答了管理实践研究中最根本的问题:管理作为独特的组织活动如何设定自己的结构?管理中如何面对人?管理决策的依据是什么?管理的范围如何界定?管理实践界定的标准是什么?管理的成效如何评价?当德鲁克先生清晰、准确地回答了这些问题的时候,管理实践所取得的成效成为人类历史上最激动人心的一项创新。而对于管理教育应该如何具有价值,也应该如德鲁克先生所设计的那样,让管理者"可以把课堂上学的东西立即运用到他们的实践中,同时把他们在日常工作中的经验和问题拿到课堂上进行讨论分析"。

"比使命更重要的是实践"这句话是我总结德鲁克先生经典著作《价值贡献》一文的结束语。在点评先生的信件时,我忍不住还是用这句话做结束语,但是改动了一个词"行动"——"比使命更重要的是行动"。我们一直在思考德鲁克思想旺盛生命力的来源,最后发现其长盛不衰的原因就在于,作为旁观者的德鲁克的思考是如此地贴近管理实践的真实情况,以至于后人的所有优秀作品的重要观点几乎都可以从其思想中找到根源。德鲁克的思想可以被不同的个人和组织所接受,并且应用于不同的领域。正是源于他对于管理本质的界定:"管理是一种实践,其本质不在于'知',而在于'行',其验证不在于逻辑,而在于成果。"对于每一个管理学者而言,比使命更重要的是行动,就像德鲁克先生倾力实践他的使命一样。我是这样评价先生的,也是这样去要求自己的。

研究会带来什么?在管理学领域,研究可以解答实践问题。我的研究致力于关注中国企业的实践,那些存在于管理日常行为中的、对绩效和成长有意义的、充满着鲜明个性的却又隐含着共性价值的各种真实案例。在我看来,如果不能够真切地去观察、去理解并融入其中,是无法真正理解管理本身、无法真正理解管理理论本身的。管理研究的对象不仅仅是管理本身,同时也是管理研究及理论在管理实践中的位置,它对日常管理生活的意义,它在日常管理生活中的功能,尤其是它的思想方式和行为方式本身,都会直接或者间接地彰显着管理理论及研究的价值。如果作为管理研究学者,根本未关注到这些真实的管理对象,未能真正接受和理解这一事实,我们又怎么可能真正有对于管理理论与知识的自信呢?

波提舍(Sulpiz Boisser`ee,1783—1854)说过一句让我记忆深刻的话:"对不引人注意之事的虔敬。"在19世纪的进程中,这一揶揄之词却成了充满敬意的话语，因为人们开始将许多被忽略的民间文化看作是文化的见证。每每想到这句话，我也总是对企业实践充满敬意，从1992年的东莞厚街开始，我几乎一半的时间都在与实践者交流、与实践对话，这些交流与对话，给了我用实践的视角去看待管理问题的帮助，正如哲学家恩斯特·布洛赫（Ernst Bloch）提出的警言，即我们不能隔岸钓鱼。

我也同样要求自己拿出另外一半的时间，保持与实践的距离，因为我把自己定位于一个研究学者，定位于一个让理论与研究创造价值的人，如果我完全陷入到具体的日常管理中，这又会导致我因缺少必要的时间和距离，无法去反思实践，无法去找寻理论的价值，或者只是满足于解决个案，满足于具体的实践绩效，而陷入到经验主义之中。

珠江三角洲企业的实践给了我莫大的帮助，这里有大量的企业实践、大量的创新和可见的绩效，这里区域经济发展和产业集群的功效，让我既可以看到企业成功的个案，也可以理解产业价值链的集合成效；让我既可以了解非经济因素的作用，也可以感受每一次外部环境变化对企业成长的影响；只要我踏实地走在这片土地上，这里的企业实践总是会以它们鲜活的事例，给我的研究以支撑和启示，甚至于我的很多观点完全是因为它们而得出。

保持对实践的敬仰，又坚守理论的自信，这就是过去近30年的研究带给我的帮助。正是这个帮助，让我可以安静而持续地做研究，可以真切地与中国本土企业成长互动，可以呈现出自己的思考和观点，并与企业实践做深度的对话。

研究学者会带来什么？

在我的初中学习生活中，因为宁齐堃老师，每一天我们都要提前一个小时到学校，大声朗诵《古文观止》《增广贤文》和唐宋诗词。年少的我并不知道这样的学习，对我意味着什么。到了大学的时候，我保留了阅读典籍的习惯，《大学》《论语》《道德经》《金刚经》《易经》和《六祖坛经》等，这些经书典籍的阅读，在其时我并不能够完全理解，只是因为阅读变成习惯，保持了下来。但是多年后，我才恍然大悟，这些不期然的、积极投入的朗诵和阅读，已经把这些经典沉淀在我的认知和秉性里，这些我早年并不理解的典籍，已经在多年前成了改变我人生埋入的种子。时至今日,这些看似遥远的典籍,却真实地解决了今天世事的苦恼与问题——怎样与自然相处?怎样与变化相处?怎样与人相处?怎样去发现和想象美好?选择怎样的生活?让我在今天,能够去理解"如何成为一个更好的人"和"如何创造一个更好的世界"的思维方式和可能性。

借助于怀特海在《教育的目的》一书中的一段话来说明我的想法,他在书中写道:"要用充满想象力的视角去看任何人类组织的约束力,用充满同情的眼光去看人类天赋的局限性以及唤起服务忠诚度的条件。要掌握一些养生规律、疲劳规律和保持持久耐力的条件的知识。要富有想象地理解工厂的社会影响。要对科学对现代社会的作用有充分的概念。要懂得对别人说'不'或是'好'的原则,不是出于盲目的固执,而是出于对相关可选择的方案经过理智的评估后得出的坚定回答。"

无论是中国传统文化的典籍还是有关现代大学教育作用的诠释,都给予我们有关知识的魅力和价值的理解。美国《独立宣言》的作者杰弗逊(Thomas Jefferson)曾说:"我们相信最终会证明,人是可以受理性和真理支配的。"先贤把知识比喻为一个代代相传的火炬,照亮着人类前行的路,并指向人类的理想。人类的自信心是由人类社会在获取知识进步方面所取得的成就而产生的自豪感,如果回顾人类发展的历程,进步的地方通常就是那些知识空前繁荣的地方。怀特海继续写道:"学者的作用是唤起生活中的智慧和美……一个前进中的社会需要依靠这三类人:学者、发现者和发明者。它的进步也依赖这样一个事实,即社会中的受教育人群由同时具有些许学识、发现能力和创造能力的人组成。我在这里用的'发现',指的是关于具有高度一般性的原理方面的知识进步;'发明',指的是根据当前的需求,一般原理以某些特殊方式进行应用的知识进步。"

研究学者会带来什么?在管理学领域,研究学者带来理论知识与实践经验的完美组合。我从这个组合中获益良多。我之所以能够享受到管理研究与管理实践之间的自由切换,正是基于这样的原因:一是理论研究与教学,让我得以了解较为完整的知识体系;更多的阅读让我了解丰富的案例和文献,让我可以隔开一定的距离理性地面对问题,并了解其中关联与相互的影响。二是承担具体的企业绩效成长,让我得以面对各式各样的实际问题与挑战,并与同事们寻找一个又一个解决方案,从而取得绩效实现目标;承担具体的绩效成长,让我得以承受压力而去感受管理者真实的立场和角色,从而要求自己做出理性决策并承担责任。

我明确地意识到了这种组合的完美,我们去看管理经典理论产生的背景和缘由,不难发现,那些贡献了经典管理理论的研究学者,无一不是把理论知识与实践经验完美组合的人。Coloquitt和Zapata-Phelan(2007)回顾了1963—2007年在AMJ杂志上发表的667篇文章,发现管理学领域中的大部分理论都是在20世纪50—80年代之间发展起来的。结合管理实践现象不难发现,在这个时期出现了有意思的实践现象。在20世纪50—80年代,是欧美经济快速发展、工业化进程非常高的时期,也就是在这个时期,管理实践的创新层出不穷。以前从来没有过一家工厂可以有十几万人,在大工业革命时代成为现实;以前从来没有过一个小的组织单元可以全球分布,这个时候已经做出来了;以前也从来没有过用绩效来获取收益的职业经理人。所以我们会发现,实践上做出一堆创新,研究上就会贡献出一堆新理论。管理研究和管理实践本身的合一,造就了非常多的、具有影响力的、改变世界进程的管理理论。这些理论学者共性的地方,是密切观察,并且亲身经历了他们那个时代的社会问题。更重要的是他们对已观察到的各种组织形式和实践的变异,具有很深的感受和困惑,然后试图去解答它,而且幸运的是,他们解答出来了,也就出现了相应的管理理论。因此研究与实践是本源归一的。

所以,管理研究学者的基本价值取向是:理论研究与实践经验不能分离,研究主题的选择要基于某些管理实践现实中的问题并包含着对现实的启蒙。就如《浮士德》里的句子:"如果你们没有感觉,你们就不能有所追求!"在具体责任之下的、对决策结果的理解是最真实的。当你需要对几万人的成长负责、对每一个顾客负责、对每一分钱的投资负责、对利益相关者和社会负责的时候,对于管理决策本身的理解是极为深刻而清晰的,而由此对理论价值的阐述和界定也是深刻而清晰的。就如泰勒对于生产效率的理解,波特对于成本与竞争优势关系的理解,德鲁克对于知识员工价值创造的理解,他们都是把自己置身于真实的管理实践之中,寻找到有效的答案——将实践经验升华为理论知识。

康德在《实践理性批判》第一卷第一章第一节中,对实践原理下了定义,在他看来,所谓实践原理是包含意志一般决定的一些命题,这种决定在自身之下有更多的实践规则。当主体认为条件仅对自己的意志有效时,这些原理是主观的,或者是准则；当主体认为条件是客观的，对于每个理性存在者的意志均有效时，这些原理是客观的，或者就是法则。这些话的意思其实就是说只有这些实践原理对每个理性存在者都是客观有效的，才能够成为普遍受用的法则，否则就是准则了，这些准则只能主观上受用。康德还明确地指出："实践的规则始终是理性的产物，因为它指定作为手段的行为，以达到作为目的的结果。"我试着去理解康德，去理解实践理性，这也许可以帮助我们去理解研究学者的价值与意义。

研究学者必须强调学术性，必须能够运用抽象的、理论性的表述，准确的引文以及规范性训练，这是基本技能，但是这不是学术本身，即便是詹姆斯·马奇（James G. March），一个被誉为一以贯之的数理科学倾向的学者，其核心也是一直围绕着人类的各种决策过程和问题的解决过程，以及这些过程在不同组织中的表现和意义。

研究主题的选择要基于某些管理实践中的问题并包含着对现实的启蒙，这就是研究学者能够贡献的价值。《墨经》上说：知，接也。人的知觉，是与外面物质界接触而生的。我依然觉得自己幸运，可以与中国企业的实践界充分接触，从而有机会去感受管理理论知识的意义与价值，并有机会把这些理论知识借助课堂传递出去，从而见证和参与了一些企业的成长和发展。

重新创造"道"

我曾经为我的一个班的学生写过一段毕业寄语，这段话比较完整地表达了我之所以写出这样多文章的原因。毕业寄语如下：

你们无疑会成为各自领域里的未来领导者，也正因如此，你们的品性与思想将会显得更重要，因为那会影响到很多人。所以，我决定手抄《德道经》送给大家，因为这是对我影响至深的，关于"道"的启悟。

很多人都相信每个人应该是一个充分认识自我的独特个体，尤其是在互联网技术的驱动下，每个人都相信自己应该活得真实，对真理保持忠诚。所以，我们都会为"如何成为一个更好的人"和"如何创造一个更好的世界"做出努力，这也是我想教授给你们的一种世界观。

因我们拥有着共同生长的训练，你不会让自己从整个世界中抽离出来，而是

让自己深深地融入现实世界中,因为你我都很清楚,唯有在实践与行动中,人的性格才会被培养出来。换句话说:我们不止于我们现在的样子,我们还可以成为更好的人。这项任务并不简单,这要求我们改变自己,而从你我认识的那一天开始,我希望改变开始发生。

我们再回到"道"。"道"并不是一个我们必须尽力遵循的"理想",而是一条通过我们自身的选择、行动与努力而不断去开拓的道路。

这套文集就是我的选择、行动与努力,集合了过去20多年我对于中国企业实践的观察、思考与判断。这套文集,我并不曾想如管理学家们,有系统、有组织、严格地、精准地,把思想凝练在一条线上,依照逻辑的推演,祈求创造出一个理论体系。我只是想把伴随中国企业成长过程中所遭遇的各种真实问题,展开真实的对话,让理论与实践之间实现动态呼应,让管理研究与管理教育,能够根植于中国企业的实践,能够面向中国企业实践,能够与企业管理者交流,并给实践以理论的回应和支持。

所以这套文集分为3集10卷,第一集《管理研究》,包含5卷,分别为:《组织与文化管理》《变革与创新》《企业家与领导力》《组织学习与知识管理》《本土管理研究》,这是我在管理学研究领域所发表的观点,我在自己定位组织与文化管理领域、关注组织与文化管理过程中所产生的问题,以及有关这些问题的答案。第二集《商业评论》,包含3卷,分别为:《经营》《管理》《成长》,这是围绕着每个阶段现实案例和企业实践所面对的现实问题而展开的思考,我曾经分别在主要的财经杂志开设专栏,及时与大家探讨中国企业面临的现实问题,并给出我自己的答案。第三集《春暖花开》,包含2卷,分别为:《不为彼岸只为海:陈春花人生感悟》和《正在发生的未来:陈春花商业洞见》,这是在我所主持的微信公众号"春暖花开"上所发布的一系列的随笔,虽然不是全部,但是也收入了大部分。在"春暖花开"公众号上,我不仅仅关注企业管理实践,也关注人们的日常生活,甚至是人生部分的自我管理与自我成长,这是我另外一部分的价值创造。

整理这套文集出版,是接受了华南理工大学出版社卢家明社长的建议,社长从学术价值如何得以更持久展开的视角,尤其是对于中国改革开放40年取得成效的视角,给了我这个建议,让我深受感动和鼓舞;编审罗月花老师细心地和我探讨具体的内容安排、文体以及相应的建议和帮助，罗老师从其专业的视角给出明确的指引和帮助，让我下定决心整理这套文集。整理这套文集整整花费了10个月的时间，在这10个月的时间里，苏涛、程城、李芷慧、王霞、袁璐、蔡明峡、刘祯一直陪伴着我，刘祯最后还承担了分类和分卷的工作。这些工作需要极大的耐心和细心，需要专注与认真，当我看到最后文集总成的文稿时，内心充满了感激，感恩学生们与我在一起，激励并启发我。而在这套文集整理好交付给出版社后，华南理工大学出版基金又给予了巨大的支持，让这套文集得以呈现在大家面前，正如我开篇说的那样，能够在华南理工大学学习与工作，是我的大幸！

整理出版这套文集，我需要着重强调，我坚持持续研究写作，也是为了鼓励我的同仁们采取行动。管理本身是知行合一的，而其核心在于"行"。在过去40年中国企业成长的过程中，管理研究与管理教育产生了很大的影响并贡献了价值，但是在学界和实践界也一直存在着质疑，质疑管理研究是否对管理实践真正发挥了应有的价值影响。我对这种质疑深表理解，但依然坚持认为管理研究与管理实践是合一的，并确信管理理论能够解决管理实践的问题，我是这样想的，也是这样做的，并借此希望，我的写作能够起到一种作用，促使管理学界付诸行动，让自己的研究面向企业实践，面对现实问题并对现实启蒙。

对中国企业来讲，我们来到了一个最重要的时代机遇点。这是中国企业从未有过的一个时间点，我们在改革开放40年前里一直都在跟随西方先进企业，并没有太多的优势，无论是在规模上，还是在技术、人才和资本积累上，都无法与传统强国企业竞争。但是，我们来到了一个特殊的时间点，互联网技术使得数据、协同、智能等全新的生产力要素能高效组合在一起，也就重构了整个商业系统。

处在整个商业系统重构的今天，无论是中国企业还是世界企业，都重新站在同一条起跑线上。所以，有人跟我讲我们要不要做"弯道超车"，我不同意这个词。我们今天没有弯道，我们共同站在一个全新的起点上，我们不需要在弯道超越谁，只需要站在一个新起点上重新开始就可以。

而且已有很多中国企业的确做到了。在彭博社公布的2017年4月份全球市值排名榜中，中国有两家企业进入前十，这在以前是不可思议的，可见中国企业进步的速度是非常快的。在2017年世界500强的名单中，无论是中国的国有企业，还是民营企业，都在彰显着它们的中国力量，也越来越多进入世界500强的排行榜。再看看中国的"新四大发明"以及很多的优秀产品案例,其实中国企业正在悄然地改变着世界。不仅仅是在规模和市值方面,我觉得最重要的是中国企业开始真正去创造一些全新的价值,这个价值跟人类所追寻的美好生活相关,蕴含着生活的意义。

如果说中国企业已经来到最好的时代机遇点上,这也同样意味着中国管理研究也已经来到最好的时代机遇点上。说到致敬改革开放40年,我们最好的致敬方式就是:站在这个时代最好的机遇点上,昂然走出一条全新的道路来。这条道路如果按照十九大的报告,用国家领导人的说法就是"中国智慧和中国方案"。我相信经历了改革开放40年的中国实践,肯定会为世界贡献一个优秀的中国方案,这就是我们研究学者的价值贡献,这是使命更是行动!

陈春花

2018年1月3日于朗润园

第一集

序

研究的三个关键词：规范、坚持、价值

我是从1992年开始步入管理教育领域并设定自己的管理研究主题的，1994年正式转入华南理工大学工商管理学院，从事管理教学与研究，有意思的是，在当时我就有一个梦想，研究面向中国本土企业的管理理论并为世界管理理论创新贡献价值。在我的认知里，管理学研究一定要回答本土的企业的问题并给出理论指导。所以，我当时就想，一定会有一天由管理研究学者来告诉大家：中国企业到底好在哪里？这个梦想在20多年前就放在我的脑海当中，带着这样的梦想踏上了我的中国本土企业研究之路。

在了解和认识企业的过程中，我对自己提出要求，一定不要以顾问和专家的身份去企业，必须以一个企业成员的身份在企业中，这样才可以知道这个企业到底在发生什么？能够真正发挥作用的东西是什么？唯有这样才能够真正理解它，理解它之后，才能去确定企业发生的问题是否具有理论研究的价值。

选择这样一条研究的路和三个人有关系。第一个是彼得·德鲁克，当我第一次看到《卓有成效的管理者》时，我知道这就是我要做的事情。第二个是苏东水教授，他所坚持研究的"东方管理学"对我启发极大。第三个是赵曙明教授，他一直坚持把中国管理的现实介绍给西方学者，并把西方人力资源管理理论与中国企业实践相结合，这些让我深受影响。

在持续20多年的研究中，我慢慢摸索出自己的研究感受，也不断分享给我的学生和研究团队成员，所以才有了入选《陈春花文集》第一集的内容，这些内容是沿着我在1992年设定的"中国领先企业成长模式研究"这一主题展开，以组织与文化管理作为核心脉络贯穿其中，产出了《组织与文化管理》《变革与创新》《企业家与领导力》《组织学习与知识管理》以及《本土管理研究》5卷内容。在

每一卷的最后一部分,我都放入了面向实践和未来的开放式思考,这些思考并未借助于研究范式去呈现,而是将来要转换为研究论文的相关思考和观点,这也是我自己的研究习惯,从实践和观察中得到研究的话题,不断思考与实践对话框定问题,并把这些思考分享出来,接受实践的检验,然后再用规范的方法,深入研究下去。

当我结集这些研究论文的时候,我也和学生们分享了我对于研究的一些心得。

1. 满足规范+创造价值

一开始选企业文化研究作为自己的研究方向时,朋友们基本都是反对的,他们觉得这个方向很难出成果。但是,设定一个伟大的目标会成为强的内驱力来驱动自己。在我看来,企业文化领域是最有本土化特征的,也可能会有独特的价值贡献,所以我还是坚持做下去。有了目标带来的内在驱动力,就可以展开持续的研究了。如何展开研究需要满足两个条件:一个是符合规范,一个是创造价值。规范是什么?是研究中共同认定的基础,只有在相同的规范上,才能与其他人交流,才会获得认可,在此基础上才有机会创造独特的价值。

掌握了研究范式之后,要给自己一个更高的标准,那就是创造价值。在入选的论文中我表达了一个观点:"界定问题,优于选择方法。" 2005年开始,有幸与一些学者借助于《管理学报》一同发起了"直面中国管理实践"的倡议,就是希望更多的学者能够对中国管理实践做出贡献。在过去的10年间,中国组织管理研究领域主要有两个方向,一是徐淑英教授提出的中国管理要有适应全球情景的方向,二是我们这些本土教授提出的直面中国管理实践的方向。令人高兴的是,经过10年的各自发展,现在殊途同归,研究学者们几乎都在做一个共同的方向:"实践本土化,理论全球化。"

2. 选定目标+坚定不移

做研究坚持很重要,你如果选定了一个研究点,不要犹豫,要一直跟踪,哪怕是10年、20年,甚至更久。我选择了自己的研究点——中国领先企业研究,就一直沿着这个方向往下走,现在已经26年了。我自己也不知道最终的结果会是什么,但是我认为这个研究点是我一辈子要去做的事情,不会因为其他的事情而动摇。更重要的是,这个研究必须可以面向管理实践,这是我的目标和价值追求。

选择了就要不断去研究它,坚持住,别赶时髦。比如,很多人都在做实证研究,大家就都选实证研究,但是实证研究到底要解决什么问题,其价值贡献是什么,如何从方法论到价值创造,很多学者甚至没有去深思和理解。我希望去寻求真正意义的实证,就是要进到企业去,与企业一同成长,用与企业共同成长的数据做实证。重要的还是要选择研究点,建立框架和逻辑,不断研究它,而不是满足于流行的标准。

我深受《论语》的影响，儒家讲求内圣外王，内心要有强大的坚持，成为圣人，外要有王者之态，在实际检验中获胜，这构成了真正意义上的儒家标准。所以，孔子虽然遭遇诸多挑战，但是他的目标始终不变，要辅佐君王建立更好的社会。更令人钦佩的是，他不会因为君王的要求或者不被赏识遇到挫折，就把他坚持的东西放弃了，他不会因为遭遇现实的挑战，就逃避现实而不再解决问题、接受挑战，这就是我所要学习的。

3. 没有窍门+发掘乐趣

研究要求不断读、不断看、不断思考、不断训练和反复努力。很多人问怎么做研究，我的回答是"多读、多看、多思考、多训练"。这其实是一个很笨的方法，但是研究是没有窍门的。爱因斯坦也说："学习知识要善于思考、思考、再思考，我就是靠这个学习方法成为科学家的。"即使你突然顿悟，找到了创新点，找到了新的研究方法，你还是会发现，在此之后依然是平淡的、大量的思考和工作，需要你投入精力去完成，研究是一个没有窍门只有辛苦的工作。

同时，研究要有趣。是因为研究者要通过研究感受到乐趣，才可增强坚持下去的内驱力。我必须承认，在一个人还没有修炼到一定境界时，外部检验和激励还是非常重要的，人需要通过外部的奖励来提升乐趣。所以我对学生们说：期刊发表，获得奖励，在学术会议上宣讲论文并参与交流，得到同仁的赞赏，等等，都是极为重要的。当有一天你不再需要借助外部检验，依然充满激情地做研究，我会特别为你高兴，因为你养成了研究的习惯。

4. 广泛交流+善用"求助"

做研究不是闭门造车，我们要有大范围的交流，甚至是跨学科的交流。研究很多时候是被激发出来的，一个人冥思苦想有时反而陷入困境。"求助"是我推荐的一种快速提升的方式，建立一个学术讨论的圈子非常重要。我的学生们在同门内部的交流很顺畅，这个习惯比较好。同样与外部其他同学和老师交流学习更加重要，包括学术会议等等。参加学术会议也一样，你必须写好论文才可以参加会议，如果你没有写文章，那你就是局外人了，听不懂会议在谈论什么，你的价值贡献也没有了。与同行交流是一个非常重要的选择，一定要多向同行请教，请教的前提是能够分享自己的研究。

胜辉在苏黎世大学读博士，他看文献过程中接触到一位加拿大教授，认为这个教授的研究很有趣，就和那位教授通信交流，之后申请到加拿大跟随教授学习一段时间，教授同意了，胜辉在加拿大学习几个月，并掌握了很好的研究方法。

要知道,当你有一些想法,而这些想法可以被理解时,是一件蛮美好的事情。

我之所以选择"中国领先企业成长模式"研究,也深受德鲁克先生《公司的概念》的影响,他在《公司的概念》中热情洋溢地赞颂大企业在现代社会中的核心地位。他说:"大型公司的雇员只占产业工人的少数,但是他们的劳资关系为全国树立了标准;他们的工资水平决定了全国的工资水平,他们的工资条件和工作实践也成为一种规范。大型公司的交易量虽然在全国不占多数,但它们的繁荣与否决定了国家的繁荣与否。当我们谈论美国的经济机会时,首先想到的是大规模生产的现代工厂和现代大型公司提供的机会;我们谈论美国的技术时,想到的不是统计上的平均值,而是龙头企业设立的标准值;我们谈论过去半个世纪中新出现的另外两种重要的社会机构——工会和政府管理部门时,也只是把它们作为大企业和大公司的社会产物。总之,只有大企业在自由企业经济体制下的具体组织形式才是具有代表性和决定性的社会经济机构,它为人们树立了典范决定了他们的行为。"

这使我从中感受到,大公司不仅通过大规模的生产为人们提供了赖以生存的生活必需品,而且其组织制度引导了社会中其他企业组织的制度,从而规范和影响着绝大多数人的工作和生活状态。在某种程度上可以说,大企业很大程度上承载着社会信仰、精神和希望。而我也很希望找寻到中国领先企业,并从中寻找到那些有价值的管理规律,并渴望这些研究能够真正传播中国优秀企业的管理实践、经营哲学和社会责任。

这个研究真正帮助了我,让我可以持续地获得研究的问题以及取得成果。除了这些研究论文之外,我还写了相关著作20多部,并产生了很好的影响。在《领先之道》新版发表时,我在序中写到:"从尼采那里借一个比喻来说,我们是被召唤来做宇宙舞者,不会沉重地停在一个定点上,而是轻盈地从一个位置转身跳跃到另一个位置。先锋企业正是宇宙舞者,当他们选择持续领先的时候,这种选择,充实了他们的品性,也保持了他们的活力。"

今天,很多中国企业已经站在世界的前端,这令人振奋的实践成果,让我持续地激励自己,持续地坚持研究,持续地与中国企业在一起,就如圣雄甘地所说:"把注意力转移到内在去。"这既是一种内在力量的唤醒,也是我寻求中国先锋企业持续领先的真正驱动因素。虽然还需要付出巨大的韧性和努力,但是会一步一个脚印地、坚定地走下去。

陈春花

2018年1月7日于朗润园

第一部分　知识和学习

浅谈知识经济时代的人文环境　/　002

知识管理中的主动遗忘管理　/　007

中国文化的特征分析及对组织学习的影响　/　015

提升知识型员工忠诚度的情感管理模型　/　023

主动组织遗忘与组织创新的关系研究　/　031

基于企业部门间知识转移的知识价值链模型研究　/　043

这三本书，引领了我的成长　/　049

第二部分　经典知识述评与发展

管理就是把理论变为常识　/　056

百年管理经典的价值贡献　/　061

泰勒与劳动生产效率
　　——写在《科学管理原理》百年诞辰　/　069

选择成就卓越

　　——吉姆·柯林斯最新管理研究成果综述　　/　080

经营、管理与效率：来自管理经典理论的价值贡献　　/　093

德鲁克管理经典著作的价值贡献　　/　109

德鲁克先生的价值贡献　　/　122

第三部分　教育与研究方法

经济发达地区地方高校与产业界的合作模式探讨　　/　126

经济发达地区地方院校生源的吸引与拓展　　/　132

关于导师作用的思考

　　——对管理学教授价值的解析　　/　137

案例研究的基本方法

　　——对经典文献的综述　　/　142

第四部分　集合智慧

2012"中国·实践·管理"论坛观点综述　/　154

把脉中国经济　探寻发展思路

　　——首届诺贝尔奖经济学家中国峰会述要　/　168

"协同管理"价值取向基础研究

　　——基于协同管理软件企业单案例研究　/　180

协同管理国内外文献比较研究

　　——基于科学计量学的可视化知识图谱　/　197

大公司崛起

　　——正在崛起的世界500强企业和他们的下一页篇章　/　213

第五部分　面向新时代

互联网时代下如何通过学习获得成长　/ 218

互联网+的逻辑：共生与共享　/ 222

互联网2.0时代，连接和智慧决定一切　/ 228

知识转化为商业必须是靠一个组织　/ 233

激活自我，让知识为自我赋能　/ 237

读《从0到1》的"适"与"不适"　/ 248

战略思维的生态内涵　/ 252

现在还会选择进入这个行业吗？　/ 256

离开竞争的第一个选择　/ 259

一条少有人走的路，但很多成长型企业在走　/ 264

成为价值型企业　/ 274

文化营销的核心是实现顾客价值　/ 282

商学教育的核心是唤醒　/ 289

这个时代没有旁观者　/ 294

第一部分

知识和学习

浅谈知识经济时代的人文环境

随着以信息技术为代表的高新技术及其产业的飞速发展，全球的经济增长越来越依赖于知识的生产和产业的发展。人类社会将随着信息技术等科学技术的发展步入一个快速发展的时代——知识经济时代。这正如斯坦福大学经济学家、诺贝尔奖获得者肯尼思·阿罗所言："信息的作用正改变经济的性质。"但绝不仅仅是经济性质的改变，人类的思维方式、生活方式及其他行为方式甚至人的价值原则等人文环境都要围绕最有利于知识生产潜力的开掘、人的创新能力的最大限度发挥而进行空前和深刻的改造。这种人文环境不仅仅是知识经济健康运行的重要条件，也是知识经济的重要特征。那么，知识经济时代人类究竟需要什么样的人文环境？本文首先剖析了工业经济时代人文环境的决定因素，并由此指出了由知识经济时代社会生产原则决定的人文环境内容，最后提出了实现这一人文环境的步骤。

一、工业经济时代的人文环境的决定因素

在工业社会，人类尽管获得了关于自然的有效知识，并赖此建立起了一个工业文明的社会，但却迷失了自我，丧失了内在灵性。正如席勒所看到的那样，随着机器技术的发展，工厂制度的建立，工业文明把人束缚在机器系统孤零零的断片上，机器的轮盘使人丧失了生存的和谐与青春的激情，人类在埋头寻找知识的根据，并努力向外部世界攫取时，却不问人生意义的根据。人类并没有在技术进步中丰富着生命的内涵。现代社会大量的运输与通讯工具，住、吃、穿的各种商品，造成了一种愈来愈舒适的生活标准，使人变成了只追求物质的人，丧失了追

求精神的自由；而娱乐与新闻事业的产品，则加强了对人们心理的控制与操纵，使人把社会的强制当成了个人的自由，丧失了批判的思维能力。为什么在人对自然获得辉煌胜利的同时，人却成了自己的创造力的囚徒呢？弗洛姆认为，这是因为技术的非人道化发展的结果。人类在追逐科学的过程中，获得了驾驭自然的知识却丧失了关于人文主义精神、生命价值的知识；获得了技术与物质的价值，却丧失了喜悦与悲伤等层次的情感体验能力。在弗洛姆看来，技术系统的两大原则规定与控制了工业社会的运作规则，从而决定了工业文明的基调。

第一原则就是，"凡是技术上能够做的事都应该做"。如果我们能克隆羊，我们就应该去克隆人，即使它可能毁灭我们自己；如果我们能登上火星，就应该不惜一切代价去探查，而不管地球上还有多少事情要做。如果不管一种技术会造成什么样的后果，只要有能力就去做，那么就会造成对自然资源、人类资源的极大的破坏，结果是自然界以一种特殊的方式——生态报复来最终报复人类，并导致人类精神家园的破坏。

第二个原则就是，"最大效率与产出原则"。在该原则下，生产越多越好，消费越多越好，而不管消费者的需求、自然资源的稀缺；人们用各种方式去追求量的增加，却不管质的改善，结果是整个社会的不平衡，人类生存的手段变成了生存的目标。

工业社会在两个原则的驱动下，迫使人也成为被动的机器，不再与世界发生积极地联系，人的创造能力被极大地扼杀。在工业化的过程中，一切支零破碎的为追求最大效益的技术、管理变革都无法真正激发人的创造性，没有对前人的批判、没有追求真理的精神自由，哪里会有创造性？

二、知识经济时代的社会生产原则及其决定的人文环境内容

当人类进入知识社会，人类经济发展的水平、质量从根本取决于知识的生产能力、知识的积聚能力、获取新知识的能力、对各种知识的综合运用的能力等。在这种情况下，机器不再是万能的工具；只有人，具有创造力的人才有这种能力。这样追求精神自由，追求灵性的人文环境建设重新得到重视。从工业社会发展的过程来看，社会生产的原则决定了社会文明，因而，知识经济时代的人文环境必定是适应于知识社会的生产原则，同时，这种人文环境也会促进知识社会的发展，两者相互协调实现人与自然的共生共荣。

从社会的发展情况来看，可以认为知识社会生产的原则是可持续发展原则与创新、灵活应变原则。

第一个原则，社会的可持续发展原则。知识经济是促进人与自然可协调发展的经济。工业经济在"凡是技术能够做的事情都应该做"的原则指导下，单一地、尽可能地利用自然资源，以获得最大利润，而不考虑或极少考虑环境效应、生态效益。而知识经济则产生在多种自然资源耗竭、环境危机日益加重的时代。它把科学与技术融为一体，使人类重又认识人与自然之间并不是征服与被征服、改造与被改造的关系，人始终是自然的一部分，并不独立于或高于其他部分，每一机体都有自己的内在价值。

第二个原则，创新与灵活应变原则。在工业经济时代利用规模经济追求最大效率产出原则。由于科学技术的发展，在知识经济时代，人类思维方式从绝对走向相对，从单义走向多义性，从线性走向非线性，从精确走向模糊，从确定性走向不确定性，从可逆性走向不可逆性，从分析方法走向系统方法，从定律性走向场论，从时空分离走向时空统一。也就是说，人类终于由量的确定走向质的改善。因而，知识经济在创新与灵活应变原则下去指导经济发展、社会进步。不言而喻，人的创造性重新得到认同，人类开始积极、建设性地运用他们的能力。

知识社会的两大生产原则决定了知识社会的人文环境内容具有以下特点：

（1）以高素质的知识分子为主体。知识分子作为知识的承载者，在知识经济的开拓和发展中具有关键的、主力的作用。俗话说，水能载舟，也能覆舟。那么知识分子的素质，尤其是道德素质在知识经济时代就尤显重要。一般而言，思想境界的提升与知识的拥有量成正比，人们利用知识提高理论修养，丰富审美情趣，并发展对全社会的人文关怀、终极关怀。但毋庸置疑，也出现了许多利用高科技犯罪的知识分子。目前众多活跃的网上黑客利用网络所进行的网上犯罪令人防不胜防。例如，如果敌人能把一个计算机病毒藏进"WIMEX"，即"全球军事指挥和控制计算机系统"中去，到时，只要激活这个病毒，干扰反弹道导弹系统，带有核弹头的导弹就能如入无人之境一般，通过反导弹屏障打到你的国土上。

（2）以明确的行为价值取向为指引。人的价值观决定了人的行为。因而，当务之急是尽快形成能被社会成员普遍认可的价值批判标准。这样才能在知识社会形成大家共同遵守的游戏规则，消除科技发展带来的负面影响。

（3）以良好的合作意识为基础。彼得·圣吉在《第五项修炼》中，将团队学习作为修炼之一。而这种团队学习就是以合作为前提的。彼得·圣吉指出，当一个团队更能整体搭配时，就会汇聚出共同的方向，调和个别力量，而使力量的抵消或浪费减至最小，发展出一种共鸣或综效，就像凝聚成束的激光，而非分散的自然光；它具有目的一致性及共同愿景，并且了解如何彼此取长补短。目前企业组织结构从金字塔变成了开放式蜘蛛网结构，这种结构的核心就是共担职责，共享回报。那么宏观化的企业—社会若要实现真正意义上的平等同样必须以合作为基础。但问题是，这能做到吗？如果要达到这些目的，该采取哪些措施呢？弗洛姆认为"我们的社会中的社会、经济与文化生活是按照这样的方式改变的，它激励并促进了人的成长和活力，而不是去损害他；它激活个人，而不是使他变得被动地接受；也就是说，是人，而不是技术，必须成为价值的最终根源；是人的最优发展，而不是生产的最大化，成为所有计划的标准。"

三、实现该种人文环境应采取的措施

（一）变革传统的教育方式

整个20世纪，由于科学技术的发展没有很好的人文价值和人文目标作保证，不仅危及人类的精神生活，甚至可能从根本上危及人类的生存。这种危机从一个侧面暴露了"以实证主义、唯科学主义为根据的教育观念的弊端"。由于这种教育观念带有明显的功利主义倾向，人们只有去追求有实利的知识和技术，成为知识和技术的奴隶。因此，应对学生进行人文教育，使他们建立一个正确的价值体系，形成正确的人文导向，即21世纪的知识分子不仅关心科学技术而且关心人类的发展和自然的存在，对科学扬"善"避"恶"。知识经济社会更强调合作，只有使人的命运、规则的命运和所处集体的命运紧密相连的时候，才能爆发出巨大的潜力，因而目前的素质教育要求道德素质与智力素质并重。

（二）继承和弘扬中华民族的优秀传统道德文化

历史不能割断，文化有一个长期形成的过程，不能离开传统文化。我们的教育引导对策必须把继承和弘扬中华民族的优良传统道德文化和伦理精神，作为一个重要内容摆到应有的位置上。因为传统文化的合理思想千百年来不仅已经积淀成了我们民族精神与民族性格，体现为我们民族群体的情感倾向与心理定式，而且同以集体主义为核心的社会主义道德有着不可忽视的历史联系。传统文化的核心就是"天人合一"，强调人与自然的和谐发展，这适应了知识社会的生产原则与可持续发展的要求。因而，一方面，我们要积极发展我国的科学技术水平，另一方面我们必须找到传统与现代化接轨的契合点，为市场经济和科技的发展创造良好的舆论环境、道德条件和文化价值机制，为我国迎接知识经济时代的挑战奠定人文环境。

（三）建立、健全社会创新激励机制

江泽民主席多次在各种场合强调建立国家创新体系的重要性，而其中的核心就是创新激励机制，通过激励机制的形成能保证全民族创新精神的形成。美国克林顿政府，从第一次竞选提出了兴建信息高速公路、振兴美国经济到1993年的NI计划、1994年的Gn，再到1996年的电信法，1997年又提出网络贸易不增加新的税种，把网络建成"免税区"，这是用国家的优惠政策去激励创新，是社会创新激励机制中的一种极其重要的方式。在国家政策的推动下，美国紧紧抓住了新技术革命的机遇，推动了数字化信息革命进程，促进了国家经济的发展。因而，我国必须以高屋建瓴的气概对待知识经济，依靠社会创新激励机制，为全民族创新精神的形成奠定人文环境。

（原载：《现代哲学》，1999年第2期；合作者：欧亚非）

知识管理中的主动遗忘管理

一、组织主动遗忘的概念

主动遗忘分为两个方面：主动遗忘旧的过时知识和主动遗忘新的有害知识。

（一）主动遗忘旧的过时知识：忘却学习（unlearning）

植根于组织文化和精神地图的过去的学习既可以成为有用的组织导向，也可能会阻碍组织进一步学习，于是产生了术语"忘却学习"。这一术语与赫德伯格（Hedberg，1981）在该领域的早期研究密切相关。从此，这个概念为学者弗里德曼（Freedman）、利普希茨、奥弗米尔（Overmer）、克雷布斯巴赫-格纳（Krebsbach-Gnath）、韦伯（Weber）和安托尔广泛使用，并激发了众多的想象。之所以需要忘却已学知识，是因为学习并非只是积累知识的过程，有时候为了发展新的行为和新的精神地图，尤其是技术范式转变时期，组织面临的"游戏规则"、标准和基础都发生了变化，很难对从实验和历史中得到的反馈信息做出解释，内部知识整合丧失了目标，大量知识的过时使公司在知识的运用方面迷失方向，组织必须对过去观察和办事的方式提出质疑并将它们抛弃一旁。忘却学习即指组织辨识出已过时知识并将它们抛弃的一种工作方法。

（二）主动遗忘新的有害知识：避免恶习

组织学习是一把双刃剑。组织和人一样，也可能学到一些坏习气——起反作用的知识。成功企业能够在这些知识进驻组织记忆库之前，将它们忘记。要做到这一点，公司必须辨识出有用的知识与可能有害的习惯之间的区别，必须设立相应的体系，确保组织在后者尚未站稳脚跟之前就将其遗忘。实际上，学习是一件很容易的事情，真正的挑战在于学习正确的东西。主动遗忘就是避免组织学到有害的知识。

（三）组织主动遗忘在知识管理中扮演的角色

人们认为，企业的管理其实质就是知识的管理。企业知识管理就是对以三种智力资本（人力资本、结构资本、关系资本）形式存在的知识所进行的管理。组织主动遗忘作为对组织学习的补充，在知识管理中扮演着和组织学习同样重要的角色。组织主动遗忘管理就是让组织极大限度地除去对组织已经过时或者将来有害的知识。组织主动遗忘管理在知识管理中的角色如图1所示。组织主动遗忘的管理是知识管理中更富有挑战性的工作，成为知识管理成败的重要标准。

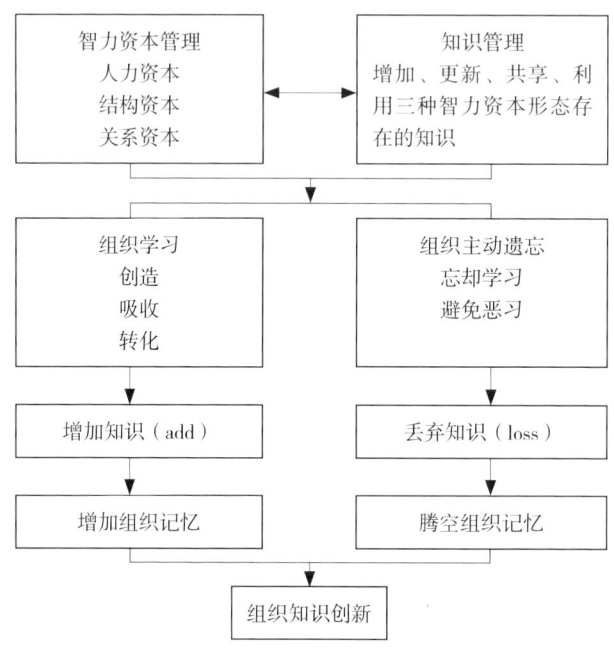

图1　组织主动遗忘在知识管理中扮演的角色

二、组织主动遗忘管理

（一）组织主动遗忘流程

组织不能真正进行人脑如遗忘等那样的心智活动，组织主动遗忘首先要靠个体成员去主动遗忘，个体在很大程度上决定了组织主动遗忘的发生。企业的主动遗忘过程可以从结构上分为两个层次：第一，个体主动遗忘指组织提供一些环境因素，这些因素利于进行愿景和观点交流，从而促进个体主动遗忘。第二，群体主动遗忘。群体主动遗忘需要完成两项使命：①将个人的已过时的或者被认为有害的知识编码化和集中化；②只有组织其他成员将这些知识丢弃后，才能使组织获得竞争力，为此，组织所掌握到的认为已经过时了的或者有害的知识必须扩散到组织的其他成员当中去。个体主动遗忘与群体主动遗忘这两个过程相互交织。

1. 个体主动遗忘

Schein（1993）认为，所有形式的学习和变化都是从不满或困惑开始的。Nanaka和Takeuchi（1995）认为，创造性混乱可以被利用来产生张力以激励组织成员进行主动变化。不论哪种情况，都需要成员找出问题，提出变化调整方案并在组织中引入新的方法。因此，Cegarra和Dewhurst（2003）认为，个体主动遗忘可以分为三个阶段：辨识问题、改变认知模式、引入新方法。

Schein认为，所有形式的主动遗忘和变化都是以组织成员经历某种形式的失败而开始的，这些失败是由于个人或组织的期望与所要达到的目标不一致所造成的。这导致旧的思考方式和行为或者新的有害的知识被丢弃，而引进新的方式。当组织面临问题时，该组织被认为是进入了一种混乱的状态，但恰是因为这种混乱导致组织内张力的增加，促使每个成员致力于发现问题和解决问题。这些行动将引发新的学习。

2. 群体主动遗忘

Nonak和Takeuchi（1995）以及Bontis和FitzEnz（2002）认为，知识管理包括三个主要方面：知识创造、知识整合、知识共享。与此一致，群体主动遗忘从结构上可分为三个阶段：知识分离（disintegration）、知识分享、知识丢弃。

知识分离（disintegration）：一个个体一旦发现了某种经验或心智模式形式存在过时的知识或者对组织有害的新知识，有必要将这种个体知识转化为组织知识，因而开始了知识分离过程。这个阶段解释了组织成员如何将个体对过时的知识的认知转化为显性知识，并编码化进入组织系统。群体主动遗忘最重要的前提就是成员的"组织认同"。组织认同很大程度上影响了员工主动遗忘的积极性。

知识分享：Nonaka和Takeuchi（1995）认为，知识分享是员工与他人分享知识的社会化过程。这需要组织内存在个人与群体之间社会化的结构基础。Hedlund（1994）认为，组织内有三种实现个人知识在组织内流动的催化剂：共同语言、自由沟通和相互调整。Dulati（1995）认为，当两个或更多人联合起来，他们之间的沟通将更顺畅，他们将分享经验，产生更多的看待问题的视角，公开以前工作错误，促进主动遗忘。在这样的环境下，个体将知道相互间各自的已过时的和有害的能力和知识分别是什么。

知识丢弃：知识丢弃是指确保员工不再使用前两个阶段已经被组织内化了的过时的知识或者被确认为有害的知识。Nonaka和Konno（1998）认为，员工丢弃有害的知识需要自觉性，但只能在管理者的促使下才能发生。为了在这一阶段取得成功，Allen（1977）认为，管理者或者技术掌门人可以作为组织主动遗忘的催化剂，他们在成功实现主动遗忘过程中扮演着重要的角色。Schein（1993）和Foley（2000）认为，为了丢弃有害的知识，员工应该被允许参与工作内容的确定和工作方式的选择。

（二）组织对知识好坏的辨别

企业在进行主动遗忘时，最首要也是最关键的就是对有害知识的辨识。那么，企业如何辨识知识是否有害，国外研究认为，这种对知识好坏的辨别主要建立在组织成员对企业核心竞争能力（core competence）的深刻认识和理解上，如果某种知识有利于增强组织核心竞争力，那它就是对企业有益的知识，反之，就是对企业有害的知识。因此，企业内每一个人都要对企业的核心竞争能力有理智和明确的认识，这样成员才有判断知识好坏的标准，组织才能选择主动遗忘哪些知识，才能管理好组织的主动遗忘。

（三）组织主动遗忘过程模型

组织主动遗忘是一个动态的过程，本文认为组织主动遗忘的动态性表现在学习发生的各个阶段，个体、组织和外界系统之间都有知识、信息的交流以及相互的影响。本文用一个三重维度的图形来描述组织主动遗忘动态过程的主要框架结构，图中的三个维度是：个体、组织和时间，分别描述组织主动遗忘进行的三个方面，其中时间也可以表述为组织工作的进展过程。一个完整的组织主动遗忘过程存在于组织工作的进行过程中，在主动遗忘过程中的每个阶段，都可能发生个体、组织和时间的相互作用，如图2所示。

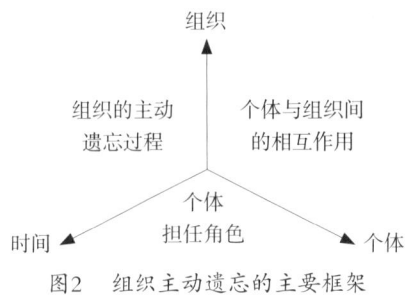

图2　组织主动遗忘的主要框架

模型中三个维度的两两组合分别描述着以下含义。

层面一：组织维度和时间维度结合，描述组织随着时间变化进行主动遗忘的整个过程。

层面二：组织维度和个体维度结合，描述组织主动遗忘过程中个体和组织的相互作用，个体主动遗忘与组织主动遗忘相互交织。

层面三：个体维度和时间维度结合，描述个体在主动遗忘的整个过程中充当着首要的角色，整个主动遗忘过程都有个体的参与；个体进行发现问题、改变认知模式、引入新方法等过程。总之，个体是组织主动遗忘行为过程的基本主体，是组织主动遗忘进行的客观基础。

三、影响组织主动遗忘管理的内部因素

（一）权力因素

集权会对企业创新活动的开展产生消极的影响，我们可以从纵向集权和横向集权两个角度对此进行考察。一是纵向集权。从知识（和信息）转换成本的角度看，权力的过分集中会加大知识的转换成本。从信息流动的方向看，随着纵向集权程度的提高，组织辨识潜在有用信息的难度加大，收集和处理信息的速度变得迟缓，对外部信息的吸收能力以及对内部信息的整合能力受到抑制。二是横向集权。企业内部横向权力分配也是影响信息利用效率和创新活动的重要因素。由于害怕创新活动会影响既有的利益分配格局，核心部门会对来自内外部的信息和知识进行筛选甚至是故意的扭曲。

在知识组织中，权力不再是以职位为基础，而是真正以员工的知识为基础。组织不能像人脑那样进行遗忘等心智活动，组织主动遗忘首先要靠个体主动遗忘，个体在很大程度上决定了组织主动遗忘的效果，这种知识管理要求组织下放权力，使得知识与权力匹配。

（二）文化因素

文化所倡导的价值观和行为准则是企业员工普遍认可、广泛赞同的，异质价值观基本上是不被接受的。从文化的开放度看，强有力的一元文化限定了企业员工的思维和行为模式的可选择集合范围。从文化的包容度看，企业应该允许内部非故意的错误的发生。文化开放度和包容度降低的结果就是组织趋向于保守，在

面临变革时裹足不前。如果企业文化能够营造一个互动和信任的氛围，允许不同价值观的存在，允许错误和失败的发生，将大大促进个体、群体和组织的主动遗忘。

（三）激励因素

知识生产、知识创新的特点，决定了对知识创新有利的组织必须既有利于组织成员个人知识的生产，又能促进组织对这些个体知识的运用和整合。Edstrom（1988）认为，每一个个体主动遗忘的目的不一样，但组织主动遗忘将受到组织目标生存或者成长的驱动。因此，组织成员对组织目标的认同将驱动组织主动遗忘。

个体进行主动遗忘的行为选择将耗费个体较大成本，如果这种行为对自己不会产生效益，即使它对组织非常有益，个体由于成本收益原则，必然放弃进行主动遗忘。为了激励个体进行主动遗忘，有必要对个人的评价指标进行扩展，发现使个人和组织一致的测量标准（比如，关注投入到产生新观点的时间，而不是关注产生新观点的数量）。管理者必须通过跟踪和激励使个体进行主动遗忘，使个体与其他成员进行知识分享。

（四）人力资源因素

随着企业的发展，个体心智模式之间的差异可能会因为长期的互动被逐渐同化，从而培育出组织成员共享的背景取向型心智模式。背景取向型心智模式呈现出封闭性的特征，抑制组织的活力。首先，限定了组织成员人力资本的多样性。其次，背景取向型心智模式会产生群体共同的认知偏好。再次，背景取向型心智模式通过角色塑造和角色定位固化了成员之间的联系。组织心智模式的封闭性将大大限制组织想象力和创造力的发挥，使组织无法主动忘却过时的知识，敏锐地捕捉到潜在的战略机会。企业必须采取措施克服这种群体思维，激发个体主动遗忘。

（五）制度和规则因素

组织规则和制度具有复制倾向。成功惯例的复制倾向会降低企业对未预期事件的应变力，当面临内外环境的变化时，决策制定者总是到组织的历史经验中去寻求先例。由于他们过于依赖过去成功的经验，往往会被那些相似性所蒙蔽。

这种历史的意识仍然会导致一个常规的反应。组织规则和制度具有严格性。严格的制度会促进成员技能的细化和深化，但与此同时，其负面影响也是显而易见的。企业成员只知道遵守规章制度而不会变通，局限于特定知识和技能而缺乏学习和交流，缺乏整体观念而难以意识到企业内部潜在的危机。在这种情况下，新理念或新创意难以从内部产生，个体主动遗忘较难发生。

企业管理者通过创造性决策可以克服制度和规则的刚性。企业家创造性决策就是企业家通过新创意、新构想，在对不同决策资源和要素进行更有价值的重新整合基础上，不断创造出新市场、新产业、新规则，为企业赢得持续发展优势的动态建构过程。企业管理者创造性的决策对组织主动遗忘起龙头作用，直接引导着组织内个体主动遗忘发生的正确方向。

四、影响组织主动遗忘管理作用的行业环境因素

组织主动遗忘能够使组织的绩效提高，但其作用受到企业所在行业特征的影响，即组织主动遗忘与组织绩效的关系受到行业特征的影响。组织主动遗忘能够促进组织知识创新、增强组织对外界环境的适应性。但当组织处于需要动态性适应的竞争环境时，组织主动遗忘的积极管理活动与组织绩效的关系更密切。以下就各行业具体特点逐一分析。

（一）资本密集度

资本密集度在管理和经济文献中占有重要位置。组织主动遗忘管理对资本密集度低的行业企业更有效。战略管理研究表明，资本密集度高的行业企业通常产生战略选择的刚性，因为固定投资费用很高，折旧费用也很高。资本密集度高的行业企业倾向于将注意力集中于使投资最大限度地产生回报，非常注重成本和效率的考虑。组织主动遗忘的管理是企业知识管理的一部分，也是对企业知识员工的管理，显然它在知识密集型企业中的作用更明显。

（二）市场增长率

市场需求增加与市场机会和竞争导致的变数增加，给管理者和员工提供更多的机会。高增长行业的特征是企业家式的创造性决策，具有更多市场创新的机会和更高的决策自由度。Hambrick和Finkelestein（1987）认为，行业增长会使企业战略选择的范围增加，从而减少企业的组织"惯性"。组织主动遗忘的积极管理将使企业及时把握住市场机会，居于行业领先的地位。

（三）行业差异化程度

在差异化程度低的行业中，各企业之间产品非常相似，各企业主要考虑成本和效率。相反，在差异化程度高的行业中，企业的成功通常是因为企业产品在特征、质量、设计等方面的独特性。在这样的环境中，企业可采取更灵活和更大范围的行为，去面对市场的竞争和顾客的偏好。因此组织主动遗忘的管理能增强企业差异化的程度，对企业的绩效产生巨大影响。

（四）行业动态性

行业动态性是指企业所面临的环境是稳定的、可预测的还是变化的、不确定的。

Hambrick和Finkelestein（1987）认为，动态的行业能够增加企业选择的范围，减少企业的组织"惯性"。在动态环境中，企业有必要进行战略适应性和结构适应性调整，不稳定的环境使企业增加信息处理量和复杂性，因此也要求组织成员有能力和意愿来应对这种复杂和变化的情况。所以高动态性行业企业更需要组织进行个体主动遗忘和群体遗忘。组织主动遗忘的积极管理对高动态性行业企业更有效。

五、总结与展望

组织主动遗忘比组织学习还要重要，极大影响到组织的竞争力，组织主动遗忘应该作为企业的一项战略来管理。本文对组织主动遗忘的一些特性作了定性研究，在以后的研究中，可以对组织主动遗忘对组织绩效的影响作用进行实证研究，将组织主动遗忘管理的研究进一步深化和推进，丰富组织知识管理的理论研究。

（原载：《科学与科学技术管理》，2006年第4期；合作者：金智慧）

中国文化的特征分析及对组织学习的影响

一、国家文化的研究纬度

文化学之父泰勒对文化做了描述性的定义:"文化或文明是一个复杂的整体,它包括知识、信仰、艺术、法律、伦理道德、风俗和作为社会成员的人通过学习而获得的任何其他能力和习惯。"萨姆纳和凯勒的心理性定义指出:"人类为适应他们的生活环境所作出的调整行为的总和就是文化或文明。"《辞海》对文化的解释为:"从广义上来说,指人类社会历史实践过程中所创造的物质财富和精神财富的总和。从狭义上来说,指社会的意识形态,以及与之相适应的制度和组织机构。"这里探讨狭义的文化,即精神领域的文化现象,它是人类在社会实践和意识活动中形成的价值取向、审美情趣、思维方式等形成的精神内核。

为了区分不同国家的文化特征,Kluckhohn-Strodtbeck(1961)构架确定了5项基本的文化维度:与环境的关系、时间导向、人的本质、活动取向以及个体与他人的关系,Adler在此基础上增加了空间概念文化维度。Hofstede(1980,1983)提出了文化维度框架理论,他以文化维度来区分不同国家的文化。不同国家组织行为的差异表现在民族文化的5个维度上:个人主义与集体主义、权力距离、不确定性规避、生活数量与生活质量和短期倾向与长期倾向。Taylor和Easterby-Smith(1999)在Hofstede(1991)文化维度框架的基础上,提出了组织学习的5特征模型:短期倾向与长期倾向、生活数量与生活质量、个人主义与集体主义、权力距离和主观性思维与客观性思维。

本文根据以前文化研究纬度的成果,结合组织学习文化特征的基本范畴,提出了6纬度的文化研究框架,对组织学习的影响进行研究,它们分别为:对人的观点、个人主义与集体主义、权力距离、不确定性规避、短期倾向与长期倾向和与环境的关系。

对人的观点。不同文化对主体意识的认知有所不同,有的文化以人为本,强调人的主体意识;有的文化以事为中心,着眼于对事的管理。不同文化对人的自觉性和能动性的认知不尽相同,有的认为个体可以自我修炼和完善,有的认为个体只是被动、机械地学习。

个人主义与集体主义。集体主义文化强调群体关系以及对团体的忠诚,认为个人的身份以群体成员关系为基础,群体作决策是最好的,群体保护个人来换取个人对群体的忠诚。而个人主义认为人们对自己负责,个人成就就是理想,人们不必过分地依靠组织和群体。

权力距离。权力距离大的文化认可组织内权力的巨大差异,成员对权威显示出极大尊敬,称号、身份及地位占据着极为重要的地位。而权力距离小的文化则认为组织内成员应该互相尊重、平等相处、充分交流。

不确定性规避。不确定性规避是不同的社会以不同的方式对不确定性做出反应。强不确定性规避表现为:不确定性被认为是一种持续的威胁,人们对此非常焦虑不安,害怕事物的发展与变化。弱不确定性规避表现为:认为生活中有不确定,冒险是正常的,人们对此不感到有什么压力,对事物的发展与变化持积极的态度,人们有一种强烈的创新意识。

短期倾向与长期倾向。这个维度表明一个民族对长远利益和近期利益的价值观。具有长期倾向文化的国家和地区比较注重对未来的考虑,对待事物以动态的观点去考虑,注重节约和储备,做任何事情留有余地。而具有短期倾向的国家和地区则倾向过去与现在,看重眼前的利益。

与环境的关系。人们在对与环境的关系上有3种取向:一是被动屈从于环境,人们无法改变外部环境,只有向其屈服;二是希望寻求与自然的和谐关系,人们可通过改变自身去主动适应环境;最后是认为能够控制,人们有改变环境的力量。

二、组织学习的概念

组织学习的概念由Argiris和Schon在20世纪70年代《组织的学习》中正式提出,是指"发现错误,并通过重新建构组织的'使用理论'(theories-in-use)而加以改正的过程"。自此，这个概念就不断得到发展。Argiris也不断对此概念进行修正，认为组织学习就是减少组织的习惯性防御。其他研究者也从不同的角度对组织学习的概念进行了界定。Fiol和MLyles（1985）认为，组织学习是通过理解和获得更丰富知识来提高行为能力的过程；Levitt和March（1988）将其定义为，对过去行为进行反思，从而形成指导行为的组织规范；彼得·圣吉（2003）认为组织学习是管理者寻求提高组织成员理解和管理组织及其环境的能力和动机水平，从而使其能够决策如何不断提高组织效率的过程；Huber（1991）将其看作是通过信息处理而改变潜在行为的过程；Edmondson和Moingeon（1998）视组织学习为组织成员积极主动地利用有关资料与信息来规划自己行为，以提高组织持续适应能力的过程。从以上这些定义中可以看出，不同研究的着重点不同，有的强调认知的改变，有的强调行为的变化，有的二者兼顾。总而言之，组织学习应是改变组织成员的认知，进而改变组织行为的全员学习过程。

组织学习是组织创新的重要途径之一，它可以增强组织对外部环境的适应能力，提高组织生存能力和竞争能力。处在21世纪的商业环境，不确定性将成为一种常态，学习能力将成为企业的必备能力之一。文化因素是影响组织学习的重要因素。经过悠久历史的积淀，中国形成了极具东方特色的本国文化，中国文化的特征在很多方面影响组织学习的效果。

三、中国文化特征及组织学习的影响

国家文化会通过组织的载体影响组织学习的体制和有效性，如Taylor和Easterby-Smith（1999）认为，不同的国家有不同的文化，不同的文化会导致不同的组织学习特征。按照霍夫斯蒂德的国家文化模型的指标，我国属远东文化群。以各指标最高值为100，中等为50，我国在模型中5种指标分别为：权力化程度89，不确定性规避44，个人主义39，男性主义54，长期取向100。根据本文提出的6纬度文化分析框架，中国文化在对人的观点、个人主义与集体主义、权力距离、不确定性规避、短期倾向与长期倾向和与环境的关系方面影响组织学习。

（一）对人的观点

中国文化注重以人为本和人的修炼与自我管理。中国文化以人为核心，天地人相参是哲学家一贯的组织和理想。儒家的"三纲八目"修养论，"正己"就能"正人","成己"就能"成物"的言行,都是事在人为,以人为本的一种哲学表现。中国的管理注重以人为本,注重人的作用和人的价值的实现,管理逻辑顺序是情理法,人情很重要,同时它又强调等级(见图1)。高扬主体意识贯穿于中国传统文化的方方面面,中国文化把发挥主体意识,以便与"天"一致,看作精神境界的升华和完善。把人看作主体,强调其内心的修炼、超越、升华,这一点在中国传统思想中也占有重要地位。孔子有云:"君子务本",从管理学的角度理解,这个"本"就是要充实个体修养。"克己复礼为仁",克己,自我克制,亦即自我管理;复礼,履行礼节,同样代表自我修炼,自我约束。孔子对这种自我修炼、自我管理的境界,甚至用"仁"来称许,充分证明了这种自我修炼在孔子思想中占有根本性的重要地位。道家哲学偏重于向内的精神体验,强调通过精神上的自我完善,提升人的道德境界,从而达到与自然合为一体的自由境界。组织学习也以人为核心,强调个人的主体意识。只有组织中的个体思考与互动方式发生改变,组织才可能改变。学习型组织中每个人都在不断地自我修炼、自我管理、自我超越,人们不断扩展他们创造生命中真正心之所向的能力,从个人追求不断学习为起点,从而形成组织学习的精神。中国文化和学习型文化均以人为本,强调人的主体意识,提倡通过自我修炼来实现自我超越和改善心智模式。从这个层面讲,中国文化对组织学习有利。

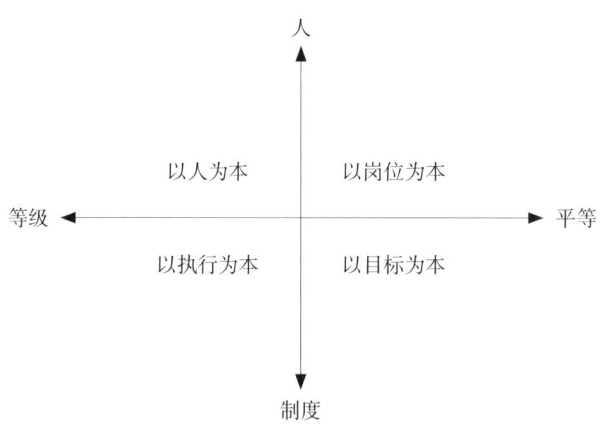

图1 管理的四象限图

资料来源:陈春花(2006)《中国管理10大解析》

（二）个人主义与集体主义

中国文化具有集体主义的特征。按霍夫斯蒂德的国家文化模型的指标，中国文化中的个人主义得分39，低于50分的中等水平，说明中国文化强调集体主义的价值观。中国社会始终都是集体主义文化占统治地位的。中国传统儒家文化的修身、齐家、治国、平天下之术，推崇的就是以大家庭为核心的治理模式。中国文化一直推崇集体利益高于个人利益，国家利益高于一切的价值观，相对忽视个体的价值。集体主义对组织学习至关重要，团队学习是学习型组织五项修炼的重要内容，它是组织学习最为有效的学习单位。中国文化的集体主义特点有利于组织学习由个体层次上升到团体层次，它不仅让组织成员理解整体利益的最大化，而且能促使其个人目标向组织目标靠拢。但中国的集体主义重关系，强调和谐，它的局限性较大，往往只囿于家族内和小圈子里，这会使组织失去活力，抑制组织的创新，降低组织的智商，所以，这又在一定程度上不利于组织的学习。

（三）权力距离

中国文化具有权力距离大的特征。在霍夫斯蒂德的国家文化模型的指标中，中国文化的权力距离程度得分89，属于高权力距离文化。中国社会注重等级，自古以来，人们生活在等级森严的社会体系当中，人们崇尚仕途，向往高高在上的权位，以等级为特征的官僚体制促进了高权力距离的形成。中国的民主意识相对西方国家比较薄弱，听从上级的指令往往成为他们的一种习惯。在中国社会里，人们普遍认为等级是自然、必要和不可避免的，从董仲舒的"三纲五常"，宋明理学家的"存天理，灭人欲"到"没有言论自由，人们不能有异议"的儒家文化，这些都束缚了人们的思想和行为。而学习型文化则具有平等、开放、民主以及互相尊重与支持的氛围。激励组织成员大胆尝试，在错误中学习，并且增强成员的安全感和相互的信任感。权力距离大的中国文化将不利于组织的学习，组织成员不能坦诚相对，它阻碍了组织内信息的高效交流，影响了组织学习的有效反馈，扼杀了组织成员主动学习的积极性和创造性。

（四）不确定性规避

中国文化具有强不确定性规避的特征。中国文化中的不确定性规避得分44，低于50分的中间状态，有较强的不确定性规避反应。中国文化对"不确定性因素"极不容易适应，"安于现状"和"求稳定"是中国人的传统观念。中国社会的"求稳"价值取向来源于对未来的高度忧虑以及对变革的恐惧。加之以上中国社会历来已久的等级制度原因，造成在沟通上的"由上至下"的"单向"方式，这样导致的结果就是创造力和主动性的压制。在强"不确定规避"的社会里，成员倾向于"安分守己""安居乐业"以及"随遇而安"，把主动尝试新工作视为是冒险活动，因而中国员工养成了工作被动消极的态度。这从另一方面也反映了中国老板认同后两类员工的原因。学习型的文化认为世界是易改变的，组织有能力改变环境，使之有利于组织的发展。它强调学习的主动性，善于质疑现状，只有主动去修正心智模式和建立新的心智模式，才会有组织创造性（双环）学习和再学习的发生（见图2），而求稳、畏惧变革的中国文化不支持这种高层次学习的发生，只会让组织学习停留在适应性（单环）学习的低层次学习上。组织学习基于外部环境的变化，换言之，没有变化，组织学习便没有必要。中国文化强不确定性的特性明显与组织学习的前提与基础相悖，这不利于组织的变革、创新，抑制了组织学习的主动性，成为有效组织学习的阻碍因素。

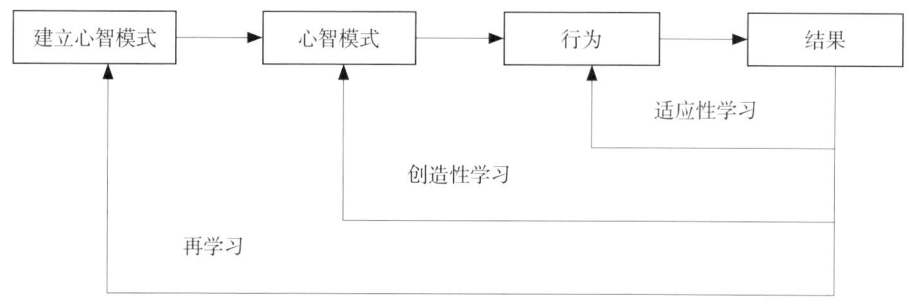

图2 三种类型的组织学习

资料来源：Snell和Chak（1998）

（五）短期倾向与长期倾向

中国文化具有长期倾向的特征。按霍夫斯蒂德的国家文化模型的指标，中国文化中的长期倾向得分100，在所有被测国家中最高，说明中国文化属于典型的长期取向文化。中国传统文化的儒家哲理，其特点是一方面人们强调的是长久的未来、注重教育和培训、做事持之以恒、勤俭节约、延缓眼前的喜悦、花大量的时间来建立长期友好的相互信任的人际关系，这种长期取向高的文化有很多表现，如我国人民的储蓄从丰，消费节俭，愿为将来投资等。同时中国文化在一定程度上也有只注重眼前利益而忽视长远利益的倾向，如有的企业为了眼前的经济利益，不惜以环境的破坏为代价。在西方国家里，企业非常重视短期的绩效，如近期公司股票的表现和公司的月度或季度绩效等，中国的企业更重视长期的表现，如年度业绩和长期规划等。因此有这种文化背景的组织会选择能够在长期带来效果的学习模式，而具有短期导向文化背景的组织则看重短期见效的学习模式。基于中国文化的组织学习将注重投入时间与财力来学习知识与技能，即使这些知识与技能可能要很长时间才能见效。同时，与中国长期取向的主流文化不相协调的短视文化与行为实践将对组织的学习产生不利的影响，如同在组织学习中，形成了恶性循环的自我加强系统，使组织的绩效更加恶化。

（六）与环境的关系

中国文化以重和谐为重要特征。天人合一是我国传统文化的基本理念，天，天理，天道，即自然界发展变化的规律。人，人性，人道，即人类社会活动的实践。合，即和谐、协调。天人合一的理念放弃了物我之别，主张物我之间亲密无间，强调人与自然界的和谐统一。中国文化这种既不主动征服自然，也不被动接受外部环境的和谐观，在构建社会主义和谐社会的命题中得以充分体现，社会主义的和谐社会"应该是民主法治、公平正义、诚信友爱、充满活力、安定有序、人与自然和谐相处的社会"。学习型文化主张组织与环境的适应。一般来说，一个组织不能去改变它所面临的环境，而被动屈从于环境将意味着组织的淘汰。处在不断变化的环境中，组织只能通过不断的学习和持续的变革才能适应环境，达到与环境和谐的状态。在过去30年里，全球《财富》500强企业的淘汰率异常之高：1970—1980年，500强企业中有32%消失；1980—1990年，这一数字提高到了47%；1990—1998年之间，更是达到了54%，9年间有一半以上的企业退出了500强的行列。能够保持领先，甚至是基业长青的企业，如GE、微软等，它们都是善于学习、能适应商业环境、与环境和谐共处的优秀组织。中国注重"天人合一"的和谐文化与组织学习适应环境的出发点一致，可促进组织的学习。

四、结论

中国文化特征对组织学习影响显著。中国文化以人为本，强调个体的自我完善，这也是组织个体学习的基本要件和学习型组织的重要修炼；它的集体主义特征有利于团队和组织层面的学习；它的高权力距离会造成组织沟通和信息交流的困难，成为组织学习的障碍；中国文化的强不确定性规避特征也同样是组织学习的障碍，它抑制变革和创新，不敢质疑自身；中国属于典型的长期倾向型，中国式的组织学习必定具备长期导向的学习特征；在与环境的关系纬度，中国文化表现出和谐的特征，这与组织学习的前提和基础相吻合，是组织学习的积极文化因素。在中国的文化背景下开展有效的组织学习，必须学会扬长避短，借助文化力提升组织的学习力。

（原载：《理论与改革》，2006年第6期；合作者：刘国江）

提升知识型员工忠诚度的情感管理模型

现代管理大师彼得·德鲁克指出,知识是今天唯一影响深远的资源。传统生产要素土地、劳动和资本虽没有消失,但已经变成第二位。信息技术革命的浪潮将世界经济推向了知识经济时代,这是以无形资产投入为主的经济,知识、智力的投入起决定作用。在知识经济时代,知识型员工的范畴不断扩大,在企业中所占的比重越来越大,并发挥着日益重要的作用。但是由于知识型员工劳动成果的隐性特征,使得绩效考核难以进行,缺乏有效性,所以培养知识型员工的忠诚度,增强其自我管理意识是提高企业绩效的有效途径,因而我们不得不重视企业知识型员工的忠诚度问题。情感管理是一种集刚性管理和柔性管理思想于一身的管理方式,它要求管理者坚持"以人为本"的管理理念,并强调用心去管理心,用情去感动情,通过管理者与管理对象之间心与情的交流与沟通,达成情感共鸣和"心灵共振"。在知识经济时代下,知识型员工占主导性地位。因此,如何运用情感管理以提高知识型员工的忠诚度具有重要的意义。

一、知识型员工与忠诚度

(一)知识型员工的含义

美国著名的管理学家彼得·德鲁克(1999)给知识型员工所下的定义是:知识型员工是指能充分利用现代科学技术知识提高工作效率,本身具备较强的学习知识和创新知识的能力的人。另外,关于知识型员工的含义存在着多种多样的解释,其中较有代表性的阐述如表1所示:

表1 知识型员工的内涵

提出者	定义
FHoribe	知识型员工就是那些创造财富时用脑多于用手的人们。他们通过自己的创意、分析、判断、综合、设计给产品带来附加价值
安盛咨询公司	知识型工作要求员工具备智力输入、创造力和权威来完成工作
BGates	在Windows上工作,多把时间花在用微软的文字处理软件Word阅读与撰写文件、仔细研读Excel电子表格,或参加用PowerPoint演示的会议
张望军,彭剑锋	知识型员工通常在研究开发、产品开发、工程设计、市场营销及广告、销售、资产管理、会计计划、法律事务和金融、管理咨询等领域工作
汪群,王颖	知识型员工一般是指具有从事生产、创造扩展和应用知识的能力,为企业(或组织)带来知识资本增值,并以此为职业的人
黄河	知识型员工指的是会电脑、懂技术或掌握管理技能和能够不断自我更新知识的大中专学历以上的员工

综上所述,知识型员工应该是具备相对专业的知识、具有较强的学习和创新能力,能充分利用现代科学知识提高工作效率的脑力劳动者。相对于一般员工,他们更具备创造性,更注重追求自主性、个性化和多样化,更注重自己的尊严和自我实现的价值。

(二)知识型员工的特点

概括地讲,知识型员工是追求自主性、创新性、个性化和多样化的员工群体。因此,知识型员工的特点可以总结为以下4点。

(1)较高的个人素质。知识型员工一般都具有较高的个人素质,拥有较高的学历和其他方面的能力素养,不再是仅仅出卖劳动力的"机械",不仅对于专业知识,而且对于经济、管理等都有较多的认识,掌握着最新的技术。

(2)很强的自主性。知识型员工是一个富有活力的群体。与流水线上的操作工人被动地适应设备运转相反,知识型员工更倾向于拥有一个自主的工作环境,不仅不愿意受制于物,反而更强调工作中的自我引导。

(3)很高价值的创造性劳动。知识型员工从事的主要是脑力劳动而不是简单重复的体力劳动,这就需要他们在易变和不完全确定的系统中充分发挥个人的才干和灵感,应对各种可能发生的情况。

(4)强烈的自我价值实现愿望。知识型员工的需求一般在比较高的层次上,他们往往更在意自身价值的实现,并强烈期望得到单位或社会的认可。他们并不满足于被动地完成一般性事务，而是尽力追求完美的结果。因此，他们更热衷于具有挑战性的工作，渴望展现自我价值。

（三）知识型员工的价值

知识型员工具有很强的创新能力，能帮助企业在激烈竞争的市场环境中发现商机赢得优势，所以对企业而言，他们的能力是非常稀缺、无法替代的。然而，知识型员工的能力要在企业里得到充分发挥还必须依靠一个重要的因素，下面的公式说明了这个问题：

知识型员工价值=稀缺性×忠诚度。知识型员工的价值实际上就是企业的智力资本，包括企业所拥有的版权、研究成果、运作良好的数据库、品牌形象等。它的创造过程很大程度上依赖于知识型员工的专业判断、主动性和创意等。

一般来说知识型员工都具备一定的稀缺性，因此，通过公式可以看出，忠诚度对知识型员工价值的实现起到至关重要的作用。一个具有极高稀缺性但不忠诚的员工对企业的发展可能会造成更大的负面影响。例如泄漏企业核心技术、战略投资方向等商业秘密。即使不发生品德方面的问题，企业也会因为过高的离职率增加管理成本，造成企业智力资本的贬值。由此可见，企业必须要提高知识型员工的忠诚度才能提升他们的价值。

（四）知识型员工的忠诚度

忠诚度是指员工对群体、企业组织的认同和竭尽全力的态度以及行为，是行为忠诚与态度忠诚的有机统一。它不是对企业管理者的忠诚，也不是对职业的忠诚，而是对企业的忠诚。"智力资本=能力×忠诚度"，这个公式直接而简洁地说明了忠诚度的重要性。忠诚度的缺失最主要体现为知识型员工的流失，组织内保持一定的员工流动率能够为组织带来一定生机，但如果非正常的员工流动过于频繁，组织则会缺乏一个比较稳定的员工队伍。

知识型员工的忠诚度是指知识型员工愿意长久地为本企业贡献出自身的知识资源，从而为企业创造财富的态度及其行为。任何组织如果没有对组织保持忠诚的知识型员工的支持，组织必然会因为缺乏人才而面临被淘汰的危险。知识型员工往往掌握着组织的重要信息和技术，他们的流失对组织运转会造成极大的影响。因此，提高知识型员工的忠诚度已成为知识经济时代每个组织都亟待解决的问题。

二、情感管理

（一）情感管理的含义

20世纪30年代，在对科学管理内在缺陷和功能局限批判性反思的基础上，人本主义管理（简称人本管理）理念和实践越来越受到人们的重视。它强调管理要"看重人、满足人的需要"，重视被管理者"人的尊严"，为人们提供更多的自我实现机会，调动人的积极性，从而提高管理效率。我们在这里谈到的情感管理就是人本管理三个层面中的最后一个层面（注：其余两个是利益管理和智能管理）。

所谓情感管理就是管理者以真挚的情感，增强管理者与员工之间的情感联系和思想沟通，满足员工的心理需求，形成和谐融洽的工作氛围的一种管理方式。情感管理注重员工的内心世界，其核心是激发职工的正向情感、消除职工的消极情绪、通过情感的双向交流和沟通实现有效的管理。它是从内心深处来激发每个员工的内在潜力、主动性和创造精神，使他们能真正做到心情舒畅、不遗余力地为企业开拓新的优良业绩。

（二）情感管理的特点

情感管理是柔性管理范畴中一个从内容到形式都极其丰富的管理，它具有自己的鲜明特征。

（1）质的方面，情感管理表现为模糊性。因为管理的对象是人，人们心灵深处的东西本来就是模糊的，因此，管理者必须面对这样本质上是模糊的问题进行模糊化处理，在决策中只能寻求"满意解"，而不是"最优解"。

（2）功能的方面，情感管理的要求为塑造性。提升知识型员工忠诚度的情感管理模型。情感管理用先进的思想观念、道德规范、科学知识去引导人、塑造人，久而久之达成共识、形成传统、深入人心，由不习惯走向习惯，由不自觉走向自觉。

（3）效果方面，情感管理表现为滞后性。与刚性管理相比，这是情感管理的一大特殊性，它没有立即生效的原则，也没有立竿见影的效果。它要求人们对事物要理解，行为要自觉，即把外在的规定变成内心的承诺，从而不仅主动执行，而且自觉维护。显然，在完成这一转化过程中是需要时间的，这就是产生滞后性的根本原因。

（三）情感管理提高知识型员工忠诚度的必要性

跨入新经济时代的21世纪，知识型员工的范畴不断扩大，在企业中所占的比重越来越大，并发挥着日益重要的作用。但是由于知识型员工自身的特点和企业对知识型员工管理的不完善使得大多数知识型员工对企业的忠诚度和对工作的敬业度较之普通员工差，所以培养知识型员工的忠诚度，增强其自我管理意识是提高企业绩效的有效途径。

现今管理界已经开始认识到情感管理对提高员工忠诚度的重要作用。国内就有不少学者从情感管理的原则和实施方法上进行总结，但是这种总结呈现凌乱化、流于表面化，并未结构化、模块化，这给企业在实践中的实施带来了许多困惑。可见，系统地去描述和总结情感管理的内涵，从而形成情感管理模型，最终实现知识型员工价值最大化显得尤为重要。

三、提高员工忠诚度的情感管理模型

本文根据知识型员工的价值公式，在假设稀缺性一定的情况下，将忠诚度的培养分解为三个部分：成就感，稳定感和归属感。同时借鉴了国内外优秀企业对知识型员工进行情感管理的内容，建立了提升员工价值的情感管理模型，如图1所示。

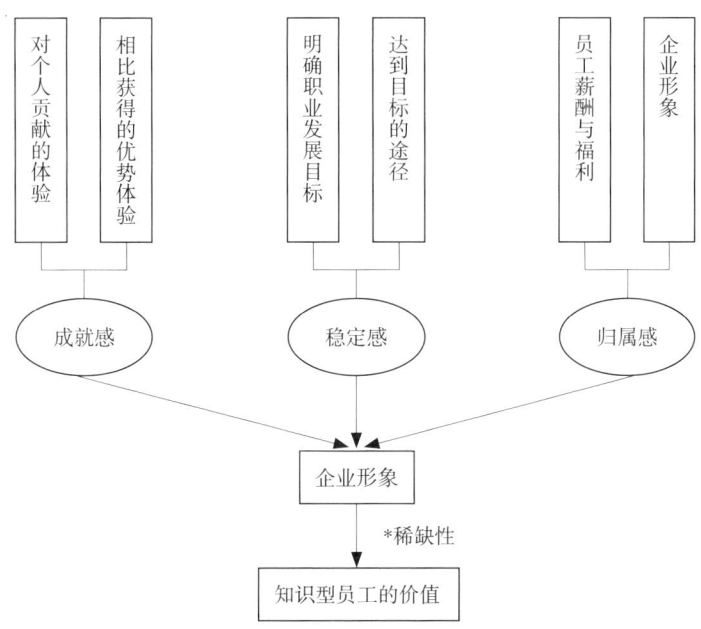

图1　提升知识型员工价值的情感管理模型

（一）成就感

由于知识型员工自身的特点，使得他们相比较普通员工而言对获得成功有着更强烈的追求，因此他们乐于接受挑战，总是尽力把事情做得比以前更完美、更有效。他们更多的追求的是个人成就感而不是成就之后的奖赏，而这种成就感又分为绝对和相对两种。

1. 对个人贡献的体验——绝对成就感

一般情况下，知识型员工对工作成果中凝结的个人贡献体验越强烈，成就感就越强烈。在实际工作成果一定的情况下，个人贡献的份额取决于以下几个因素：工作团队的大小、个人在团队中的地位、工作中自主性的大小。一个任务由一人单独完成还是由三人或十人完成，个人的贡献份额是不同的，因此导致的贡献体验也就不同，团队越小，个人贡献体验越大；从心理上讲，单独工作取得的成就可以提供最大的成就感；个人在团队中的地位越重要，成就感越强烈。在工作过程中，人们享受的自主权越大，成就体验越大，领导干涉过多，只能降低员工的工作成就感，适度地放权，让员工在一定范围享有充分的自主权，可以极大地激发员工追求成功的欲望，从而提高企业的绩效。

2. 与他人相比较获得的优势体验——相对成就感

在工作中，知识型员工不仅会对自己贡献的绝对量有心理体验，而且会将贡献与别人进行横向比较。当通过比较认为自己的贡献大于别人时，会产生一种优越感，或称为优势体验。这种优势体验可以来源于自己，即不管业绩是否真的比别人好，只要自己认为比别人好，就能产生优势体验；也可以来源于周围人的评价，即在旁观者的眼中我比其他人优秀。这种优势体验越强烈，人们的成就感就越强。因此，企业应当为知识型员工创造公平的竞争环境，提供更多比较的机会，这样工作绩效突出的员工产生优势体验的机会也越多，成就感也就越大，心理需要得到极大满足的时候自然会提高对企业的忠诚度。

（二）稳定感

企业如果时常让员工感受到失业的威胁或者没有前途的绝望，这就注定了它不会有任何的发展，在市场激烈的竞争中只能一败涂地。因此，让员工感受到稳定和安全，对企业的发展来说至关重要。尤其是稀缺性的知识型员工，他们是企业的无形资产，让他们获得稳定感才能提高他们对企业的忠诚度，从而形成强大的人才队伍支持企业长远发展，通常企业要做到以下两点。

1. 明确职业发展目标

知识型员工对知识、个体和事业的成长不懈地追求，某种程度上超过了他对组织目标实现的追求。所以企业要充分了解知识型员工的个人需求和职业发展意愿，为其提供明确的职业发展目标，给员工创造个体的发展空间，给员工更大的权力和责任，从而让员工能够清楚地看到自己在组织中的发展前途，使其以更大动力为企业尽心尽力地贡献自己的力量。但实质上企业的最终目标是通过实现知识型员工的愿望来实现组织自身目标的，所以组织必须找到一方面能够最大限度地激发员工的自我实现愿望，一方面又能够使被激发起来的、自我实现愿望强烈的员工紧跟组织，与组织共同发展的两全其美之策，例如实践中一种有效的手段就是职业生涯管理。即将知识型员工个人职业生涯管理与组织职业生涯管理紧密结合起来，并提供以职业发展为导向的培训，从而通过个人职业生涯的实现来达到组织的目标。知识型员工的个人职业生涯规划和组织职业生涯规划的结合将知识型员工的个人需求与组织需要有机地统一起来，使员工能够清楚地看到自己职业生涯的未来，从而产生安全感和稳定感。

2. 明确达到目标的途径

实现职业发展的终极目标属于自我实现的需求，它是知识型员工最高层次的需求，企业想要提高知识型员工的忠诚度就须帮助他们明确达到目标的途径，提供实现目标的机会。设计双重职业发展途径。在知识型员工当中，一部分人希望通过努力晋升为管理者，另一部分人却只想在专业能力上获得更大提升。因此，企业应该针对不同价值观员工的职业发展需求安排不同的活动或培训作为实现最终目标的途径。当员工看到企业提供了所有他想要的东西时，就会自然而然地产生一种安全感和稳定感，追求这种感觉的知识型员工不会选择流向其他企业，这在一定程度上提高了员工的忠诚度，有助于企业留住知识型人才。

（三）归属感

员工归属感是指员工经过在企业一段时期的工作后，在思想、心理、感情上对企业产生了认同感、公平感、价值感、工作使命感，这些感觉最终内化为员工的归属感。归属感的形成是一个渐进、复杂的过程，但是它能够让员工产生极高的忠诚度，会使员工对企业的发展目标产生强烈的认同感，从而为达成个人及企业目标而不断强化自我。一般来说，薪酬福利和企业形象对归属感的形成有明显作用。

1. 薪酬与福利

在这个现实的社会里，付出就一定要有所回报。知识型员工在获得知识资本的过程中必然付出过成本，从成本收益的角度来看，知识型员工期望凭借自己所掌握的专业技能拥有和享受当前以及未来比普通员工更高层次的生存条件、生活质量以及更加稳定的发展前途。另外，在市场经济条件下，经济报酬也是衡量知识型员工价值大小和成就高低的重要尺度之一，它标志着一个人在企业或社会上的地位。知识型员工更希望自己的贡献能够被社会所认可，因此在较低层级的"生理需要"方面他们会有更高的要求。纵观很多能够蓬勃发展并百年不衰的企业，他们能够吸引优秀人才、保留人才的根本原因就在于他们能够提供在同地区甚至是同行业都具有竞争力的薪资报酬和丰厚的福利。由此可见，薪酬福利不是唯一留住人才的筹码，但是没有优厚的薪酬福利是很难一直拥有最优秀的人力资源的。

2. 企业形象

企业形象是企业价值观的外在表现。良好的企业形象对企业来说是一笔巨大的"无形财富"，它不仅可以引导消费者购买企业产品，而且能够对优秀人才产生巨大的吸引力，此外还有利于建设优秀的企业文化。企业良好的社会口碑会使员工产生强烈的自豪感、荣誉感和归属感，真正实现"我和企业合二为一"。同时由于企业形象的塑造不仅仅是靠大众传播媒介的宣传，更重要的是全体员工的共同参与，员工就像是企业形象的天然代言人。当员工有了这样的意识以后，就会自觉地产生共同的行为取向和价值观念，形成一个和谐、共享、信任的文化氛围，实现员工自身价值，增强员工对企业的认同感，进一步深化员工的归属感。

四、结论

知识型员工能够为企业创造的财富是无法衡量的，因此要想充分发挥知识型员工的价值，就要采取有效措施让他们从"我为企业工作"转变为"我要为企业工作"，但是由于知识型员工本身的特点，传统的刚性管理显然无法做到，由此可见，通过培养知识型员工的成就感、稳定感和归属感提高员工忠诚度，最终实现提升员工价值的情感管理模型的构建有着重要的现实意义。

（原载：《科技管理研究》，2011年第3期；合作者：马彬）

主动组织遗忘与组织创新的关系研究

一、引言

创新是一个民族进步的灵魂,是一个国家兴旺发达不竭的动力,之于组织而言亦是如此。知识是创新的基础,知识的获取、整合有利于组织创新行为产生。当今世界已进入知识经济时代,为了在环境中求得生存与发展,组织需要不断进行学习和创新。然而,学习是一把双刃剑,如果组织不善于甄别知识的价值性,不能避免损害组织竞争力的知识,不会遗忘已存在组织中的逐渐削弱组织竞争力的固有知识,不会在学习中学会遗忘,就会阻碍企业竞争力的提升。因此,组织不仅要学习,也要学会遗忘。

以往组织学习和组织创新的研究主要集中在组织为适应不断变化的环境,对存在于组织内外的知识吸收、共享、应用、创造和记忆,以促进企业创新的角度进行的,却忽视了组织遗忘也是提高组织学习能力、促进组织创新的因素。本研究从组织主动遗忘,即对存在于组织内外无效或有害知识进行扬弃的角度入手,探讨主动组织遗忘、组织学习能力与组织创新的关系。

目前组织遗忘的研究并不多,学者多从知识管理的角度来探讨,认为组织遗忘是知识管理的重要组成部分。研究表明,主动组织遗忘能够促进组织知识创新、增强组织对外界环境的适应性,当组织处于需要动态性适应的竞争环境时,组织主动遗忘的积极管理活动与组织绩效的关系更强。Holanetal(2004)首次对组织遗忘模式作了较为系统性的研究,根据组织的遗忘意识和知识的新旧程度将组织遗忘分为:记忆缺损、无法捕获、忘却学习、避免恶习四种模式。基于Holanetal（2004）对组织遗忘的分类，本文集中探讨主动组织遗忘包括忘却学习、避免恶习对组织创新的影响。本文通过对来自于珠三角地区219家样本企业的调查数据，用信度分析、回归分析方法等对主动组织遗忘、组织学习能力与组织创新之间的关系进行实证研究，旨在为我国企业提高组织学习能力、建设忘却型组织提供理论指导。

二、理论与假设

（一）组织忘却

组织遗忘的研究，始于组织学习的相对面"组织忘却"的研究。组织学习由Argyris和Schon（1978）提出。Hedberg（1981）随后提出组织忘却，认为组织在完整的学习循环过程中产生的知识在组织循环中也会被忘却，该忘却指无意识的组织遗忘，即组织在不受控的情况下，忘却了组织知识。Nystrom和Starbuck（1984）建议组织忘却部分组织资源以应对近远期的组织危机，即组织有意识地主动忘却不利知识。Weick（1993）从知识的新旧整合的角度来说明组织忘却的必要性，认为组织如果没有准备好新知识和认知框架的空间，新知识将不能在组织中得到培养，这就引起了新、旧知识之间的矛盾，具有阻碍作用的旧知识在新的知识产生之前必须忘却。

（二）组织遗忘

随着组织忘却研究的深入，一些学者用组织遗忘代替组织忘却，并对组织遗忘赋予更丰富的含义。Engostrometal（1990）对"遗忘"从不同角度做出了定义：从笛卡尔哲学和认知学的角度来看，遗忘是在储存和恢复进出思维的信息过程中所经历的技术失败；从心理学的角度来看，遗忘是一种不愉快的压抑，即社会性失忆。John（1999）将遗忘定义为"无法记起"，并且将"忘却"归入到遗忘的概念之中。Handy（1994）强调组织遗忘的重要性：组织遗忘是企业商业流程再造和变革的重要组成部分。Holanetal（2004）区分了忘却学习和组织遗忘：组织学习是指组织知识增加并提升能力的过程，组织遗忘是组织知识丢失的过程，当遗忘发生，组织无法执行它曾经可以完成的事情，而忘却学习则是组织遗忘的一种模式。吴欣和郭蕊（2006）将组织遗忘定义为：对存在于组织中的知识，在一定条件下不能再认识和回忆，或者在再认识和回忆中发生错误的行为；

倪文斌等（2006）认为应该从组织学习和组织知识两个角度去理解组织遗忘。

结合国内外学者观点，本文认为组织遗忘是组织在学习的过程中，丢失和扬弃组织知识的过程。其中，组织遗忘可以分为主动组织遗忘和意外组织遗忘两类。本研究的重点在于分析主动组织遗忘对组织创新的影响。根据Holanetal（2004）的观点，主动组织遗忘包括忘却学习和避免恶习。其中忘却学习是指组织有意识地丢弃或过滤有碍组织发展的旧知识。避免恶习是指新知识进入组织系统前，组织有意识地过滤这些知识，避免学到新的坏习惯。

（三）主动组织遗忘对组织创新的影响

陈春花等（2006）指出，组织主动遗忘在知识管理中扮演着重要的角色，是知识管理成败的重要标准，组织主动遗忘能够促进组织知识创新、增强组织对外界环境的适应性，组织主动遗忘能够使组织的绩效提高。吴欣和郭蕊（2006）认为组织知识的积累有助于提升组织的竞争力，但组织如不能甄别无价值的知识，不善于遗忘固有知识，也可能形成竞争力的刚性。倪文斌等（2006）的研究表明不受控制的组织遗忘会削弱组织的竞争力，而受组织控制的组织遗忘则是组织学习的必要步骤，因此组织必须采取适当的策略管理组织遗忘，避害趋利，提高组织学习效果，增强组织创新力。

主动组织遗忘发生在知识获取和知识存储的过程中。在知识获取的过程中，主动组织遗忘主要发生在新知识和旧知识的整合过程中，在这一过程中组织可能有目的地遗忘知识，以过滤不适合的知识，避免整合到组织记忆系统中；存储在组织中的知识，在适当的时候可能需要再次拿出来运用。当使用储存在组织记忆系统中知识的时候，组织要根据企业所处环境的变化，来决定这些旧知识的使用价值。否则，这些旧观念和习惯就会成为影响组织进一步发展的障碍。因此，主动组织遗忘是知识管理的重要组成部分。李贺（2006）认为，知识管理对组织创新起着直接的影响作用。因此，提出以下假设：

假设1（H1）：主动组织遗忘有助于提高组织创新：

H1a：忘却学习对管理创新有直接正向影响；

H1b：忘却学习对技术创新有直接正向影响；

H1c：避免恶习对管理创新有直接正向影响；

H1d：避免恶习对技术创新有直接正向影响。

（四）主动组织遗忘对组织学习能力的影响

Holanetal（2004）指出，组织遗忘是组织学习的一个过程，组织学习经常依赖组织遗忘，组织不仅要学习新知识，也要忘记以前的旧知识。Brunsson（1998）认为，学习会为任何一个组织带来益处，忘却学习会帮助组织更好的学习。Hedberg（1981）认为忘却学习与学习能力的平衡是组织长期生存的关键，忘却是为组织更好地交流和对外部环境及时反应提供充足的空间，更有利于组织知识的产生、调整和更新。学习通常是在忘却学习的基础上发生的，没有忘却，学习很难发生。管理学家威克认为组织从不会因为遗忘某些事情而陷入困境，相反，组织更多的是因为记得太多和过于坚持以前惯例而走入困境。在知识急剧爆炸的今天，组织学习更需要主动的组织遗忘，以便对知识进行更有效的管理。因此，提出如下的假设：

假设2（H2）：主动组织遗忘有助于提高组织学习能力：

H2a：忘却学习对组织学习能力有直接正向影响；

H2b：避免恶习对组织学习能力有直接正向影响。

（五）组织学习能力对组织创新的影响

Mabey和Salaman（1995）认为组织学习是组织维持创新的主要因素。Stata（1989）发现组织学习可导致创新，尤其是在知识密集的产业中；组织只有通过学习进而引导创新，才能成为组织中唯一可持续竞争优势的来源。Glynn（1996）指出组织的学习能力不仅会影响到组织创新的初始阶段，而且会影响到创新的执行阶段。毛建军等（2008）以394家中国企业为问卷调查对象，对组织学习能力与企业绩效之间的关系进行了实证研究，他们将组织创新中的技术创新和管理创新作为中间变量，研究结果表明，组织学习能力对组织的管理创新和技术创新都有显著的直接影响。因此，提出如下假设：

假设3（H3）：组织学习能力有助于提高组织创新：

H3a：组织学习能力对管理创新有直接正向影响；

H3b：组织学习能力对技术创新有直接正向影响。

三、研究方法

（一）研究架构

根据前文提出的相关假设，本研究的理论框架如图1所示。从统计学的角度来讲，所谓模型，是以系统方式来描述观察变量和潜变量间的关系。结构方程模型（SEM）是一种理论模型检定的统计方法，是用来检定关于观测变量和潜变量之间假设关系的一种多变量统计分析方法，即以所收集的数据来验定基于理论所建立的假设模型。结构方程的优点在于可以同时计算多个因变量之间的关系，特别是应用中介效应的研究。如在组织理论中，变量A不是直接影响变量B，而是通过变量C作为中介来影响，结构方程会给予这类问题最综合恰当的分析。本研究包含了潜变量与观测变量的关系，同时包括中介效用的研究，因此，选取结构方程分析方法。分析软件应用的是AMOS 17.0。

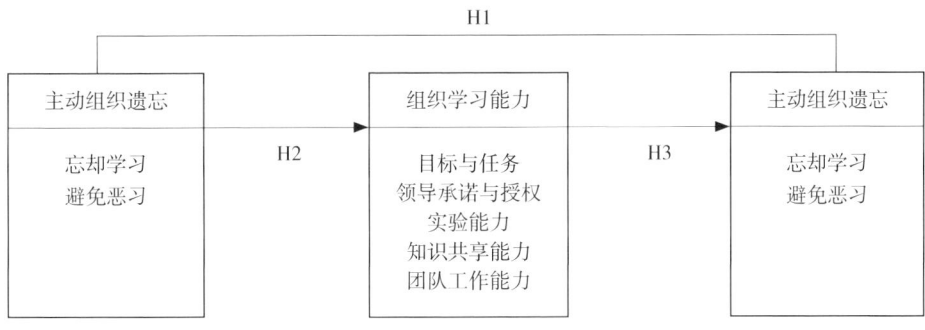

图1　研究架构图

（二）量表设计

为确保测量工具的信度与效度，本研究采用国内外现有文献已使用过的量表，同时根据研究的目的，在访谈及调查的基础上进行修改，并作为搜集实证资料的工具。在变量的测量方式上，问卷采用了通行的Likert五级量表形式，从1至5代表认同程度从最低到最高。

过文俊（2004）认为企业要成为忘却型组织，必须忘却该忘却的，包括：陈旧的思维模式、陈旧的运营模式、陈旧的价值观、过时的战略环境假设等。郭雯（2003）基于诸多国外学者的研究，从员工的经验及技巧、新知识引入及新技术获取、考评体系、新客户、操作规程、工艺流程、营销方式、研发工作等11个问题项提出了忘却学习测量量表。综合学者的研究结果，本研究从企业价值观、运营模式、流程、制度及新技术等方面提出了主动组织遗忘测量量表。组织学习能力的测量参考了Goh和Richards（1997）提出的组织学习能力测度模型。围绕明确的目标和任务、领导的承诺和授权、实验和激励、知识转移、团队工作和团队解决问题等5个维度来测量组织学习能力。组织创新量表来自谢洪明等（2006）的研究，主要从用人与管理创新、组织与规划创新及技术与工艺创新等三个变量来衡量组织创新。

（三）研究样本

本研究采取问卷调查方法进行数据收集，设计好的问卷经预测试后，我们对广东省珠三角地区企业进行了较大范围的正式调查。调查对象限定公司高管人员或中层管理人员，要求他们对知识管理及组织遗忘有一定的了解，而且至少在该企业工作3年以上，以更好地从战略层面反映中高层管理者对组织主动遗忘的看法。本次调查共发放问卷1200多份，收回问卷256份，回收率21.33%，经分析处理后得到有效问卷219份。

接受调查企业中，从企业性质来看，国有企业、外资企业和民营企业分布均匀，所占比例分别为30.59%、34.70%和34.70%，各自比例相当；从企业规模来看，本研究样本中既有不到100人的小企业，也有万人大企业，但其中以500～3000人的企业相对较多，所占比例为57.11%；从企业年龄来看，样本企业既包括成立5年以下的企业，也包括长达20年以上的老企业，总体上本研究以企业年龄在5～10年的企业居多，所占比例为33.79%；从企业销售额来看，从1000万资产的到10亿资产以上的企业都有涉及，但是1亿～10亿之间的企业最多，所占比例为35.16%。另外，被调查人员高层管理人员占到了4.11%，中层经理和部门经理合计占了94.52%，这些都在很大程度上保证了本研究结果的客观性与全面性。

四、研究结果

（一）量表的信度与效度

根据采集到的样本数据，本文对问卷进行了信度检验，以Cronbach's α系数来检验变量信度，经过SPSS16.0软件信度分析，检验结果见表1，各变量的信度水平α均大于0.65，表示本研究所依赖的数据具有较好的信度。

在效度检验方面，研究对问卷量表的内容效度和建构效度进行了检验。就内容效度看，本研究使用的测量指标多是借鉴过去较为成熟的文献，很多学者都曾使用这些指标测量相关变量，而且本研究问卷的确立经过了预测试和修正的过程，保证了问卷有较好的内容效度。而构建效度则通过验证性因素分析（CFA）来检验。经过LISREL8.50软件进行CFA分析，各项指标均达到可接受水平，表明问卷具有较好的结构效度。

表1 量表信度

变量	维度	平均值	标准差	Cronbach's α
主动组织遗忘	忘却学习	3.78	0.52	0.717
	避免恶忘	3.81	0.55	0.826
组织学习能力	目标和任务	3.59	0.57	0.723
	领导承诺与授权	2.92	0.60	0.654
	试验能力	3.57	0.55	0.685
	知识共享能力	3.66	0.53	0.707
	团队工作能力	3.57	0.57	0.659
组织创新	管理创新	3.56	0.53	0.806
	技术创新	3.42	0.53	0.754

（二）模型的适配度

为检验整体理论模型，本文用SEM分析多变量间的相互关系。整体理论模型见图2，潜变量以椭圆形来表示，观测变量则以矩形来表示。

（1）基本的适配标准。用来检测模型的误差、辨认问题或输入是否有误等，可从测量指标的测量误差不能有负值，及因素负荷量不能太低（低于0.5）或太高（高于0.95），并且是否都达到显著水平来加以测量。从表2可以看出，所有变量的因素负荷量都大于0.5，各因素的测量误差都为正数，由此模型总体上符合基本适配标准。

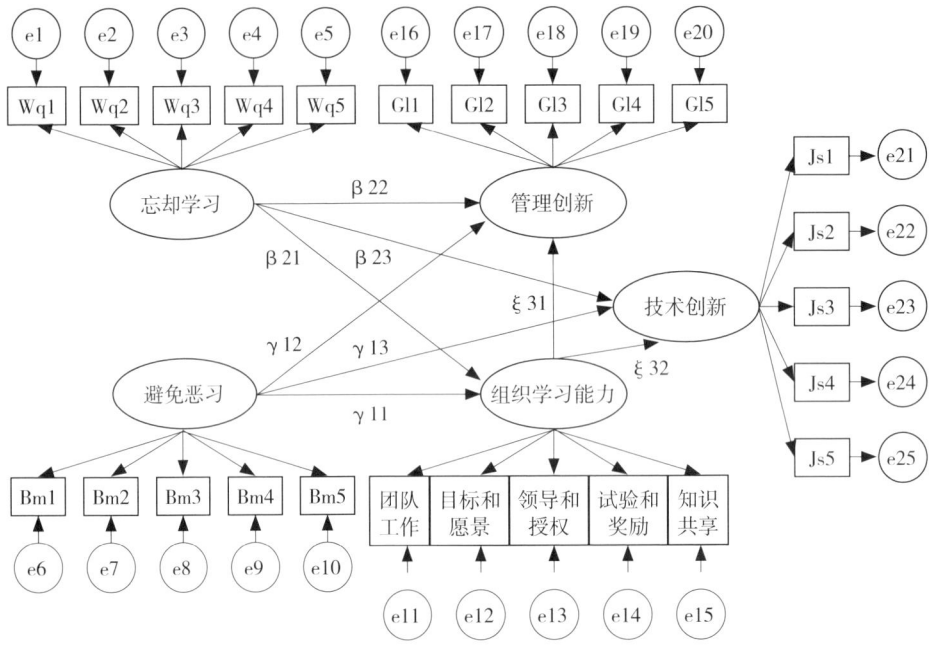

图2 整体理论模型

表2 整体理论模型的衡量模式分析

量表问项		MLE的估计参数	
		因素负荷量	衡量误差
主动组织遗忘	忘却知识	—	—
	避免恶习	—	—
组织学习能力	目标和愿景	0.84	0.70
	领导和授权	0.52	0.27
	试验与奖励	0.74	0.54
	团队工作	0.58	0.33
	知识共享	0.78	0.61
组织创新	技术创新	—	—
	管理创新	—	—

（2）整体模型适配度。用来检验整个模型与观察数据的适配程度：①绝对适合度衡量：$\chi^2=979.602$，d.f.=266，GFI=0.932，RMR=0.035，RMSEA=0.078，可见卡方统计值、RMR、RMSEA、GFI都在可以接受的范围；②增量适合度衡量：AGFI=0.876，NFI=0.770，CFI=0.921，都在可以接受的范围；③简要适合度衡量：PNFI=0.644，PCFI=0.686，这两个指标都很好。模型拟合指数如表3所示，综合各项指标的判断，模型的整体模型适配度很好。

（3）模型内在结构适配度。用以评估模型内估计参数的显著程度、各指标及潜在问题项的信度等，可以用个别项目的信度、潜在问题项的组合信度及潜在问题项的萃取变异量来加以评鉴。个别项目的信度须在0.5以上。潜在问题项的组合信度代表测量指针能测潜变量模型的程度，应大于0.7。潜在问题项的萃取变异量是指潜变量模型可以解释指针方差的比率，应在0.5以上。

表3 模型拟合指数

	拟合指标	模型估计	解释
绝对拟合指数	X^2（概度比率卡方考验值）	968.309	$2<x^2/df<5$，模型可以接受
	d.f.	266	
	GFI（良性拟合指标）	0.932	可以接受，大于0.80
	AGFI（调整的良性拟合指标）	0.876	
	RMR（残差均方根）	0.035	很好，小于0.05
	RMSEA（近似误差均方根）	0.078	很好，小于0.08
相对拟合指数	CFI（比较拟合指标）	0.921	非常好，大于0.90
	IFI（增值拟合指标）	0.823	基本可以，大于0.80
	NFI（规范拟合指标）	0.870	
	RFI（相对拟合指标）	0.825	
	TLI（Tucker 2 Lewis指标）	0.886	基本可以，大于0.80
简约拟合指数	AIC（阿凯克信息标准）（理论模型）	603.174	
	PNFI（简约比较拟合指标）	0.644	很好，大于0.5
	PCFI（简约比较拟合指标）	0.686	很好，大于0.5
	x^2/df（卡方值与自由度的比值）	3.640	

（三）假设检验结果

为进一步验证本研究的假设，本文采用巢状模式法进行分析。在虚假模型与理论模型之间建立8个巢状模式，即与理论模型相对应。巢状模式分析法以理论模式为基础，分别以各种相关模式的卡方值与之比较，再以卡方差异度检定来验证假设的显著性。卡方差异度检定是将欲检定的路径系数设为0，再计算此限定模式与未限定模式（即理论模式）间的卡方值差异，若卡方值差异达到显著水平，则拒绝此系数为零的假设，而支持此路径关系存在的事实。分析结果如表4和表5所示。假设H1c、假设H2a、假设H2b、假设H3a和假设H3b的P值都小于0.05，可见这些假设都得到验证，而假设H1a、假设H1b、假设H1d的P值都大于0.05，没有得到支持。修正后整体理论模型如图3所示。

表4　巢状模式法的比较分析（$n=219$）

模式	X^2	DF	ΔX^2	GFI	CFI	NFI	PCFI	RMR
Mt：理论模式	509.17	143	—	0.832	0.821	0.770	0.686	0.085
M1：$y11=0$	577.54	144	63.37	0.821	0.788	0.739	0.663	0.098
M2：$y12=0$	519.84	144	10.67	0.831	0.821	0.770	0.691	0.085
M3：$y13=0$	509.28	144	0.11	0.831	0.821	0.770	0.691	0.085
M4：$\beta 21=0$	516.29	144	7.12	0.831	0.818	0.767	0.689	0.091
M5：$\beta 22=0$	511.29	144	2.77	0.831	0.820	0.769	0.689	0.091
M6：$\beta 23=0$	509.28	144	0.11	0.831	0.821	0.770	0.690	0.085
M7：$\xi 31=0$	525.87	144	16.70	0.827	0.813	0.762	0.685	0.087
M8：$\xi 32=0$	519.49	144	10.32	0.832	0.821	0.770	0.691	0.085
M9：$\delta 4=0$	525.98	144	16.81	0.825	0.83	0.762	0.685	0.085

注：★$P<0.05$（$X^2=3.84$），★★$P<0.01$（$X^2=6.63$），★★★$P<0.001$（$X^2=10.83$）。

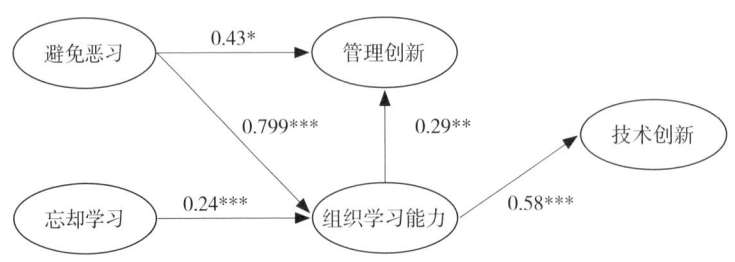

图3　修正后的整体理论模型

表5 假设验证结果

变量间关系	路径系数	P值	对应假设	检验结果
忘却学习→管理创新	0.11	0.162	H1a	不支持
忘却学习→技术创新	0.07	0.396	H1b	不支持
避免恶习→管理创新	0.43*	0.008	H1c	支持
避免恶习→技术创新	−0.10	0.534	H1d	不支持
忘却学习→组织学习能力	0.24***	0.000	H2a	支持
避免恶习→组织学习能力	0.79***	0.000	H2b	支持
组织学习能力→管理创新	0.29**	0.001	H3a	支持
组织学习能力→技术创新	0.58***	0.000	H3b	支持

注:路径系数为标准化值,***表示$P<0.001$,**表示$P<0.01$,*表示$P<0.05$。

五、结论与讨论

本文以组织学习能力为中介变量,联结主动组织遗忘对组织创新的影响,目的在于探讨主动组织遗忘、组织学习能力与组织创新间的影响关系。本文通过文献研究提出了主动组织遗忘与组织创新的关系模型,并进行了实证检验,获得了以下有价值的结论:

组织学习能力有助于组织创新。实证结果表明,组织学习能力对管理创新和技术创新都有很强的直接正面作用,所以,企业如果希望提高自身的创新能力,提高组织学习能力是重要的方式。

主动组织遗忘有助于组织学习能力的提高。主动组织遗忘是组织在学习的过程中,主动扬弃组织知识的过程。其程度越高,表明组织主动扬弃内部和避免外部不合时宜、有碍组织发展的知识的能力越强,从而使得组织能腾出更多时间、空间来更好地学习,有利于学习能力提升,进而提高学习效果。

主动组织遗忘有助于组织创新。组织创新的实质是组织在原有知识结构基础上,不断吸收外部知识,并与内部知识整合,不断产生新知识和知识的新应用。在吸收外部知识的过程中,组织应根据企业战略目标,主动避免恶习,过滤掉影响企业竞争力的知识。在知识的应用过程中,由于固有的知识形成于过去的环境,能较好地适应过去的环境,但当外部环境发生巨变时,这些知识将会出现不适应的情况,因此组织需要根据动态环境的变化,主动忘却学习,及时忘却固有的知识,从而避免产生组织惯性,保证组织变革的顺利进行。通过避免恶习和忘却学习,使得我们的组织可以不断地变革和创新,从而保证组织持续具备核心竞争力。

本研究构建并验证了主动组织遗忘与组织创新间关系的理论模型,丰富了组织遗忘研究领域,为后续的理论与实证研究提供了有益的借鉴,同时也为管理者今后谋求组织学习能力和组织创新的提高带来逆向思维的管理启示。研究在理论构建与验证上虽力求符合科学的原则,但在一定程度上,仍存有一些局限,表现在:①未考虑不同行业的影响,后续研究可以针对行业中的一些特殊特性加以研究,针对不同的行业进行对比,以找出行业特性对这一关系的影响。②本研究的样本主要来自我国珠三角地区13个城市中有代表性的6个城市:广州、深圳、佛山、中山、珠海、惠州,虽然结论在这部分地区得到验证,但尚未在长三角等我国其他经济发达地区得到验证,这也是将来的一个研究方向。③主动组织遗忘对组织创新的影响不是立竿见影,而是需要一个过程,由于人力、物力等因素的限制,本研究只能采取横断面的研究方法,无法进行长时间的纵向研究,在未来条件允许情况下,也可动态分析主动组织遗忘对组织创新的影响过程。

(原载:《科研管理》,2012年第8期;合作者:曾俊健,李洁芳,刘祯)

基于企业部门间知识转移的
知识价值链模型研究

一、企业部门间知识转移

部门间的知识转移与组织间知识转移有类似之处,因此研究时首先不能脱离组织间知识转移。组织间知识转移是指一个组织在被另一组织的知识与经验影响的过程中,将有价值的知识进行传播、共享和利用,从而提高知识的产出和价值,为组织的绩效服务。组织间的知识转移要考虑两个主体之间的双边关系、所处的环境或网络特性。企业内部进行知识转移的部门,所处的环境就是一个对市场做出反应的业务流程,因此要紧密结合业务流程的特点来进行研究。企业的业务流程是一系列对产品和客户服务做出反应的活动,是一个价值增值的过程。业务流程在进行提升时包括了一系列的知识管理活动,是一个知识密集的协调过程(Ravi等,2009)。可见,业务流程是与知识转移密切联系的。

部门间知识转移的过程主要包括3个层次,其他部门知识向本部门的转移、本部门内部知识转移、本部门知识向业务流程中的下一个部门的转移,而这3个层次的转移在实际操作中需要靠不同部门的个体来进行,因此这个过程也受到个体间知识转移的影响。当部门间知识转移处于第一层次与第三层次时,部门间所处的业务流程影响较大。当部门间知识转移处于第二层次时,知识在部门内部流动和转化,此时则具备了知识转移的一般过程,包括知识的获取、选择、创新、内化以及外化。

总的来说,企业部门间知识转移以业务流程为基础,也具备了知识转移的一般过程。

二、知识价值链的内涵

（一）价值链与知识链的内涵

为了能够更好地分析基于业务流程的部门间知识转移，本文引入了知识价值链的概念。迈克尔·波特认为企业中相互不同但又互相联系的经营活动构成了一个创造价值的过程，即价值链。波特的价值链模型探讨的是企业利润的增长，而企业在知识转移的过程中也不断进行价值的创造和积累，因而也存在一条知识链，使得知识得到增值。许多学者对知识链的研究认为，知识链是一个链式结构，以企业为核心，知识在参与活动的不同组织（比如企业、大学、研究所、供应商、用户等）之间流动，最终实现知识共享和知识创造。引用这个概念，本文认为，每一个部门就是拥有不同资源的组织，知识链让知识在这些部门间的流动会不断得到升华和创新，最终向客户输出价值。

（二）知识价值链的形成与内涵

学者们将价值链与知识链相结合，运用到知识转移中，形成知识价值链。知识价值链显然不是价值链和知识链的简单加和，而是两者的有机作用，不仅是价值活动的有序过程，更是知识转化、升华、创新的过程。知识价值链是一系列结构化且相互协调的活动，能使知识管理更加有效，比如知识转移过程中的创造、分享、储存和使用。知识价值链还可以将科学概论类的知识转化为企业实际工作过程中的运用与实践。

三、企业部门间知识转移的知识价值链模型

（一）知识价值链模型的研究现状

香港中文大学的ChingChyiLee等学者（2000）认为知识价值链的模型是由知识管理的基础活动、知识管理的过程活动以及最终的绩效所构成，其中知识管理的基础活动是包括知识型员工的招聘、知识储存能力、顾客或供应商的关系、首席知识官和管理。过程活动包括知识获得、知识创新、知识专利保护、知识整合以及知识传播。随后，他们认为每一个企业经营价值链中的活动，包括物流、生产、销售、服务等都有一条属于该活动的子知识价值链，所有的子链构成该企业内部的知识价值链，最终影响企业的核心竞争力的形成。

现今比较受推崇的知识价值链模型是由美国学者Holsapple等人（2001）提出

来的（见图1），他们将知识价值链的活动分为基础活动和次级辅助活动。基础活动主要包括知识的获取、选择、创新、内化和外化5个过程，次级辅助活动则是组织中与知识管理相关的管理活动，包括领导、协调、控制和测量4个活动。其中基础活动会有知识产出，辅助活动帮助形成组织学习，这两个方面相互作用共同增加企业的竞争能力。

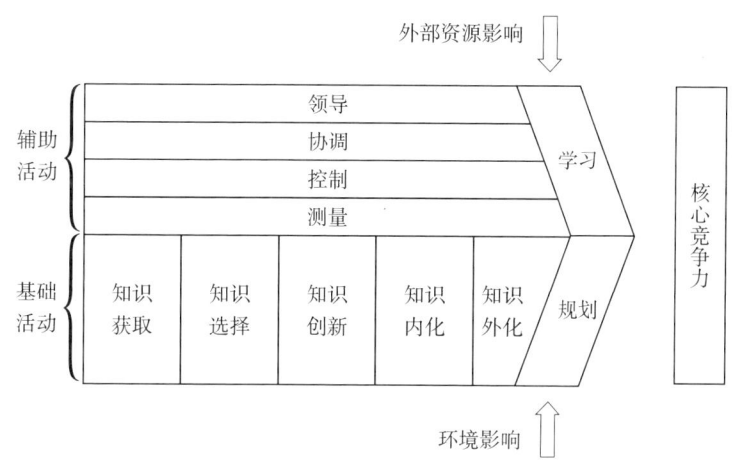

图1　Holsapple的知识价值链模型

五项基础活动可以帮助形成核心竞争力，对企业产生多方面影响，包括优化产品、提高企业的灵活性、支持创新以及强化企业的社会声誉。然而国内的学者吴金希认为，这个模型的知识链没有与外部知识网进行动态匹配，缺乏环境适应性，同时又没有体现出知识的无限循环与反馈，缺乏动态性。因此吴金希等人又在该模型中加入外部知识网，他们认为外部知识网会与基础活动和辅助活动相互影响，从而使知识价值链更具有动态性。

在设计适合知识管理的知识价值链模型时，彭锐和吴金希（2003）在前人的基础上用二维分析方法，将知识管理的主要活动分为4个部分——知识获取、共享、创新和应用，而知识管理的辅助活动则扩展到5个——知识测评、组织、控制、技术和领导，这个模型可以揭示企业核心能力培养至关重要的管理活动。同时这两位学者认为，每一个经营活动都对应着支撑其发展的知识价值链，而所有这些知识价值链构成了企业内部知识价值链的体系，并且企业内部的知识价值链体系也可以跨越企业边界拓展到整个行业。

（二）基于部门间知识转移知识价值链模型构建

Holsapple的辅助活动全面概括了企业内部知识管理的全过程，彭锐和吴金希又提出了"知识技术"这项活动，强调开发和配置各种信息系统等技术性活动来支撑知识管理，因此本文选取领导、技术、协调、控制、测量作为模型的5个辅助活动。

ChingChyiLee提出的企业各个价值创造活动所形成的子链构成总的知识价值链模型的思想则与本文所研究的部门间知识转移比较契合，与彭锐和吴金希的"知识价值链体系"的思想也有异曲同工之妙。因此本文结合ChingChyiLee、彭锐、吴金希以及国内一些学者的模型，突出企业经营价值链活动中的业务流程与知识转移的相互影响，强调企业知识价值链的体系性，创造适合企业部门间知识转移的知识价值链模型。

根据以上的文献和综合分析，本文认为，适合企业部门间知识转移的知识价值链模型，包含3个部分——知识转移基础活动、企业内部知识管理活动以及企业价值增值活动所需要的业务流程。其中，知识转移基础活动包括知识获取、选择、创新、内化以及外化，内部知识管理活动则是测量、控制、协调、技术和领导，企业价值增值活动所需要的业务流程则包括产品生产、人员招聘、市场策划、销售、售后服务、投诉处理等多个流程，随着企业的类型和活动不同而有所不同。在一个业务流程中，部门间进行知识转移时，会发生知识的获取、选择、创新、内化及外化等基础活动，同时在企业内部知识管理活动的辅助作用下，在整个业务流程中产生知识增值，业务流程的作业也会影响着知识转移基础活动和知识管理活动。单个知识价值链的模型如图2所示。另外，每一个业务流程的知

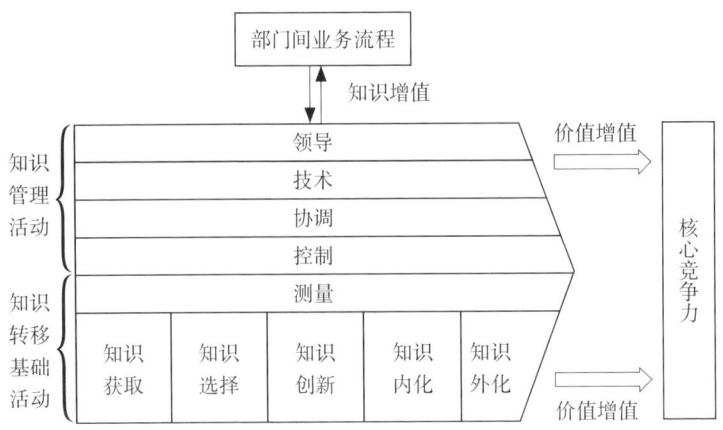

图2　单个知识价值链的模型

识转移存在一条子知识价值链，从而构成知识价值链体系。企业部门间知识转移通过知识价值链体系产生的知识增值，为企业创造价值增值，最终强化企业的核心竞争力。

（三）知识价值链模型的内涵阐释

企业部门间知识转移的知识价值链模型的具体内涵，根据模型的形成，主要从3个方面来解释。

（1）知识转移基础活动。知识转移基础活动涉及5个方面。知识获取是指主体接收来自外部的知识；知识选择是主体从外界选择性地接受他所需要的知识；知识创新是指主体从现有的知识或发现中挖掘产生新知识；知识内化是指主体分配和存储所获得的知识从而改变企业的知识资源的状态；知识外化是指将知识向环境中的其他人进行传播。在部门间知识转移活动发生时，这5个基础活动存在于前文所讲的部门间知识转移3个层次中，体现了知识的运动、转化与增值的过程。

（2）企业内部知识管理活动。企业内部知识管理活动包括领导、技术、协调、控制和测量5项活动。知识领导是指创造有利于知识转移的活动与环境；知识技术是指开发信息系统、数据库等各种技术性支持工具的活动；知识协调是保证在合适的时间有适合的流程和资源可以管理知识；知识控制是通过监督和维护保证高质量知识处理和多数量知识资源；知识测量是对知识源、知识处理和调度的价值进行评价。企业内部知识管理活动是一类辅助性活动，为部门间知识转移创造一个良好的内部环境，从中观的角度影响企业部门间的知识转移，强化知识转移基础活动所产生的知识增值。

（3）企业价值增值活动所需要的业务流程。知识只有在流动的状态下才能实现知识的获取、选择、创新、内化及外化，达到增值的目标，而促使知识流动的关键取决于业务流程。企业的业务流程是由若干个作业流程构成，由不同岗位的人共同完成，帮助企业实现价值的一系列活动。部门间所涉及的业务流程包括生产、市场策划、销售、服务、投诉处理、招聘等活动，这些活动根据企业内部情况的不同而有所不同。

部门间知识转移并不是发生在单一的业务流程中，而是一个业务流程体系中。知识转移会因为所处的业务流程不同而有所不同，因此每个子知识价值链也有所不同，构成了企业内部部门间知识转移的知识价值链体系。

四、结语

　　本文的研究参考了许多国内外学者的研究，在部门间知识转移的研究缺口中，找到了知识价值链作为切入点，构建了适合企业部门间知识转移的知识价值链模型，与前人的研究有所不同的是，模型更强调了企业部门间知识转移因为业务流程而对其产生的影响，更强调知识价值链体系的形成，具有一定的创新性。在分析企业内部部门间知识转移时，要认识此时的知识转移因为业务流程的不同而呈现出多样性，不能一概而论，要有针对性地对不同的知识价值链进行分析，才能帮助知识进行更好地分类、管理与升华。同时，也要认识到企业内部知识管理活动对部门间知识转移产生的辅助性作用，不能忽略知识管理系统的建设。最后，要认识到知识价值链体系所产生的知识增值能够为企业带来价值增值，强化企业的核心竞争力，要积极地构建、分析、评价和改进知识价值链体系。

（原载：《管理现代化》，2012年第5期；合作者：林海燕，曹洲涛）

这三本书，引领了我的成长

编者按：4月25日，在北京大学国家发展研究院举行的"2017《财经》奖学金学友会"上，北大BiMBA院长陈春花教授结合自己的阅读和成长，和学友们分享了对她影响至深的三本书：《居里夫人》、林语堂的《人生的盛宴》和彼得·德鲁克的《卓有成效的管理者》。陈教授的分享引起了在场学友的强烈共鸣，以下是陈春花教授的演讲内容整理，经演讲者确认。

尊敬的各位领导、各位校友、各位同学，很高兴来参加大家的回校日。4月23号是"世界读书日"，你们25号回来，我就谈谈读书的事情。

刚才听到学友们的分享很感慨，有转型有坚守，转型很难，坚守也不易。一个人在职业发展中有一点是很笃定的，那就是你自己的能力。你拥有了这个能力之后，你是可以应对或拥抱各种变化，所有的变化反而会是给你提供更多的机会。

所以我认同今天的机会比以往更多，你坚守的时候也不用觉得很困难，这是因为当你坚守的时候，反而可以创造你所坚守领域的全新价值。如果你能够赋予它新的价值和新的意义，你就会发现，其实你并不是在坚守，而是在创新。所以我相信，能够十年在某个岗位某个部门没动过的人，一定是这个岗位具有了与时俱进的价值，正是因为你拥有与时俱进的价值，所以可以做十年、二十年。转型也很好，我相信那是因为你转型的时候，找到新的有意义的事。

我想讲的是，你可以把握的是什么？你完全可以把握的，就是自己对自己的打造。当你可以自己打造自己的时候，规划也好，选择也好，主动权都在你手上。今天我就讲讲，我是怎么打造自己的。我发现，我打造自己的方法是读书。

很多年前我去埃及，别人问我，肯定第一个是去看金字塔，我说不是，我第一个要看的是亚历山大图书馆。之所以我对知识有极高的敬畏，就是因为这个人类最早的图书馆。这个图书馆经历过两次大火灾，保存到今天，这个图书馆有巨大的意义，它决定了人类文明的长度。当年亚历山大在建造这个图书馆的时候，只是想做能够收集全世界有文字记录的书，当时这里是一个很重要的港口，要进港的船只把书留下来给他们抄录一本，传说结果他们留下来的都是原件，把抄录件还给了人家。所以我去埃及选的第一站就是这个。如今是信息社会，每个人能够拥有的知识的容量非常大，几百倍、几万倍于这个图书馆所拥有的知识量。但是我们看这样一个图书馆所支撑的文明历程对人类历史的影响，到今天都没有人敢不去敬畏和敬仰它。

我们谈人类社会的成长，在我看来其实就在讲三本书。最早的一本是《易经》，从这里可以知道人类智慧的发端和成长；接着是《金刚经》，再就是《圣经》。这三本书把人类几千年形成的普世价值、内在定律和追求都呈现出来了。呈现的过程，恰恰是人类成长的过程，从如何面对自然，到如何面对你的内心，再到你怎么去面对你所遭遇的挑战和苦难。这就是书和阅读对我们的影响。

我们可以看到，书所具有的价值极其特别。每个人会给它很多的定义，我们会发现，书真的就是可以持续不断和年轻人做连接的东西。如果说有什么能够让年轻人和浩瀚的历史做直接对话，那就是书。从这个意义上讲，如果我们确实把书作为内在灵魂的工具，你可以拥有超越环境的、真正可以内在对话的东西。

我的成长就源于我在阅读上获得的帮助，书写是各位媒体人的职业，你们先天具有一个优势，你们和书有天然的关联。回顾我的成长，影响自己最重要的也是三本书，因为这三本书，我长成现在这个样子：第一本是我中学时读的《居里夫人》，第二本是大学时读的《人生的盛宴》，第三本是工作时读的《卓有成效的管理者》。我们可能看了很多书，但能与你相遇的书是不多的。

从《居里夫人》到《人生的盛宴》

我就读的中学很偏僻，没有机会看到很多书，很巧的是我遇到了《居里夫人》这本书。它给了我巨大的帮助，就是不管什么样的出身、什么样的背景，只要自己努力，还是可以做成一些事的。所以到今天为止，我一直不太受出身的影响。

我读《居里夫人》，知道当时她要读书的时候，学校是不收女生的，她就在旁边听，很认真地参加所有考试，老师被她打动，说只要你考第一就正选进来，她就真的考了第一，最后不得不让她进了巴黎大学。从居里夫人的经历你可以看到，一个人是可以不受外部条件约束的。后来我们看到她所做的努力，这给我的启示是：做任何事情只要出于付出和贡献去做，这件事情就能永久地帮助你，你也就能看到自己的真正价值。

这就决定了我在考大学的时候，考的是工科，我是无线电系毕业的，因为当时我想当个科学家。其实，很多时候人的选择是非理性的，你看姚洋老师，如果他可以理性选择，应该是写小说去了，结果他非理性选择，当了经济学家，当得还不错。所以我们一般说，非理性选择加上理性行动，你就会非常成功。选择很难理性，除非像薛兆丰老师那样。你在选择时，会有各种各样的因素是你无能为力的。我个人逻辑：就是非理性选择，一旦选了，就理性地去做。如果你一开始很理性的话，我估计很多人连婚都结不了，因为恋爱通常不是理性的行为，你发现没有办法理性。

等我到了大学，因为是工科，我就看了非常多工科的书。同时，我很喜欢哲学，林语堂的《人生的盛宴》深深地打动了我，这本书给我巨大的帮助在什么地方？我突然发现你要学会看人生、看生活。如今在北大，这些书就不用看了，你可以直接找北大的门卫探讨人生问题就行了，他会问你：你是谁，从哪里来，到哪里去？所以有人说，北大的学生基本没有什么人生困扰，一进校门就解决了几个基本问题。

我上大学时遇到林语堂这本书，给我的第一个帮助是，让我认识到人生是一场盛大的宴会。我性格乐观，就是因为这本书，它告诉你人生是个盛大的宴会，你只要赴宴就好，你赴了这场宴会，人生就很盛大。我真是很受这本书的影响，乐观的心态，也很包容。林语堂告诉我，真的了解中国人的人生，就会是一种醒觉，从而成为非常明慧的、悟性上的达观的人。

我以前在另外一所学校工作，有位女教授爱挑别人毛病，所以大家跟她说话都很紧张。有一次她在路上遇到我，说春花老师我不喜欢你。我说没关系，如果你不喜欢我让你很快乐，我觉得也很快乐。她就愣在那儿，她不知道我为什么这样回答。她回去想了一个月，之后她说我得跟你做朋友。我就紧张了，我说还是算了吧。

中国哲学最大的帮助，就是可以让你变得很宽容，很包容，可以找到路径来开解自己。有些人可能会认为这是不好的一面，从我的角度来讲，我认为蛮好的。所以我牢牢记住了几个观点，这些观点形成了我的一些价值观。

一是热情加智勇。光有热情不行，还必须得有智慧和勇气。我们很多人有热情，但是没有智慧和勇气，有些人有智慧和勇气，但是没有热情。我是比较害怕太过成熟，我有时候看一些小孩子讲出大人的话，我就很紧张，一个人最重要的是纯真、简单和单纯。当你简单和单纯的时候，对自己很好的保护就是不受干扰。人生其实挺残酷，必须有热情才可以应付这个残酷的环境，但如果没有勇气和智慧，你也应付不了。很多时候我都是很单纯地做事，别人问你做这个事情不想后果吗？我说没有想过。你为什么要做，我也没想，就做好了。我的学生问，我不会做怎么办？我说你不会做好，做坏总会吧，但如果不做，你肯定什么也没有。

第二个观点对我也非常有帮助，如果我们很客观接受这个世界，就不要期待它很美好。有些时候，我们没有把自己和环境摆好位置，没有理性客观接受它的所有，我们总是期待它如何，一旦现实和我们的期待不一致，我们就失望。这是你的训练不够。在今天的社会环境里，我为什么特别喜欢北大朗润园，因为我们非常认真地接受中国现在的情形，又用理想推动它的进步。你一定要很清醒地接受这个环境，有了知识不能了解，有了批评不能欣赏，有了美没有爱，有了整理而缺乏热情，有了公义而缺乏慈悲，有了礼貌而没有一颗温暖的心，这个世界是非常可怜的。反过来，我们要真正理解环境就是这样，如果你有知识能够了解，有公义又慈悲，有礼貌又温暖，你会发现，这个世界和你可以相处得很好。

第三个帮助，是让我学会了怎么跟不谋面的人交流。我和学生讲，一定学会找人对话，不是找人聊天，而是真正的对话。要真正对话，最重要的是去找那些有智慧的人。我可以很负责任地告诉大家，有智慧的人都在书里。我现在悄悄地写书，写很多书，一百年后如果它们还在，我就可以跟百年后的人对话。真正的对话不是聊天，一定是平行的，平行的东西才可以真正帮助你思考。

我通过林语堂爱上中国画，所以现在我也想办法学中国画，我觉得中国画和西方画最大的区别在于，它总是把人放在宇宙里，总是留白，真实呈现人与自然的关系。中国画都是树很大、山很大，连石头都很大，就是人小小的，为什么这么画？原因是中国人有宇宙观和自然观。这种理解可以让你比较安然，因为个人比较渺小，你做错一点事没有什么关系。在大学里，这帮助我做好准备接受外面所有的变化。

成为《卓有成效的管理者》

我开始工作的时候，一个选择是当管理学老师。管理到底能做什么事情？我看了一大堆管理学专业书，其中德鲁克这本《卓有成效的管理者》对我影响很大。

我看这本书，不只是对书的理解，而是它给我的两个重要帮助。一是我理解到管理者必须有成效，每个人其实都是管理者，管谁？管自己，因此我们必须让自己有成效；二是这本书告诉我管理学的方法，要深入企业实际，我大概是在中国管理学教授中最早走这条路的人之一，这么多年下来，就走成现在这个样子。

这本书到底给我带来什么具体帮助？我认为是这几个最重要的观点：

第一，管理者必须面对现实。今天我们看到新技术对传媒和传播的影响，不管是平媒还是在电视、互联网或是其他方式，有一点你必须接受：所有人理解信息的方式变了。比如，我们现在只能坐在这里听5分钟的课，很难听45分钟，大家刚才说参加90天的奖学金课程，我觉得蛮难的，以后你可能只参加9天。既然人们接受信息的方式变了，对于这个现实，你得接受。我是属于接受现实，并认真对待现实的管理者。无论做哪个行业或者给企业当顾问，我能很快和他们达成一致的原因，是我很快接受现实然后去找解决方案。

第二个帮助是掌握自己的时间，做你觉得最重要的事情，你要付出时间给这些最重要的事。我们做老师，最重要的事情是做研究，另外是上课，做好这两件事的时间一定要给足，除此之外的时间，有就给，没有就不给。说到个人职业规划，最重要的是发挥人的长处，而不是改正或者弥补短处。有人说，他不擅长演讲，就天天练演讲，我对此表示反对。因为你可以支配的时间其实很短，你去练演讲的时间，不如用来把能写的长处放大，一直放大到那些最能讲的人都不得不讲你写的东西，不就OK了吗。这就是我们说的有效性，你不要担心你的短处，你接受就好，但是你一定要知道你的长处是什么，因为只有长处才会给你带来成效。

这些帮助促使我做了一件事情，德鲁克说管理不同于技术和资本，因此我决定当一个像德鲁克那样的人，运用所学的知识，解决中国企业的管理问题。我立定做这件事情，要抛开所有浮华找它背后的东西到底是什么？所以我今天给大家讲的核心就是一句话，如果你想在巨变环境下保持自己的价值，只需要不断地问自己一句话："我能够贡献什么？"你要不断问这句话，无论转行或不转，我相信你都是最重要的一个人，都可以用这样一个价值贡献的思维（做选择），如此你在职业发展中一定会越来越好。

我就是按照这套逻辑来培养自己，我能贡献什么？20年来，我做中国管理研究只关注两个问题：一是中国企业为什么维持成长这么难？二是中国企业到底需要什么样的努力才可以持续获得成长的机会？

因为不断地研究，我也有机会做实践。我们如果坚持做有价值的事情，中国企业的机会极其巨大。比如海尔、华为、阿里、高铁这些中国品牌，如今都可以在世界上说话。但是仅仅在20年前，这些品牌都还是不成立的。20年前我们做管理研究的时候，一定是做西方或美国的，但是20年后，这些中国品牌在世界一流的位置上和别人对话，甚至成为世界的标杆。这让我们看到，再巨大的环境也一定是变的，如果你坚持你的价值贡献，你有你的定力，你可以有你的价值创造。

从自然法则看，人无异于一根芦草，人真正的价值来源于你有思想。芦草可以在很多样的环境中成长，人却是脆弱的，但人又是很强大，因为我们的的确确有思想，这是我们有价值的一部分，你坚信这个就可以了。

对于知识工作者来讲，我们比别人有更高的意义，因为人类自己要精神上的成长。你和我在职业概念中，我们的价值可以很独特地确定，因为我们就推动人的精神成长，这是非常美好的事情。我们努力做这个美好事情的时候，也会把人类赋予的工作呈现出来。我非常希望我们还是通过阅读获取这种成长的营养，这个成长的营养可以让你现在、过去和未来都不断有一个源泉。这个源泉就推动我们持续进步。

所以当我有机会去波兰的时候，我就跟自己说，一定要去找居里夫人的故居。我同事听说后就去找，找到了居里夫人的故居，于是我在这个巨幅照片下照相。居里夫人说其实我们应该在理想主义当中寻找精神上的力量。

这也是北大朗润园最吸引我的地方，这绝对是充满理想主义的地方，但这种理想主义不是让我们来骄傲的，而是让我们把希望和梦想放到更高的理想主义之中。如果理想主义让我们骄傲，又让我们脱离现实，这个理想主义就没有任何意义。很多时候，我遇到的人说"我是一个理想主义者，所以我不愿屈就这个现实"，这其实是不对的，理想主义是把你放得更高，但是脚一定踩在地上。这是居里夫人给我巨大的帮助，永远站在非常高的位置追求她的理想，但是她从来没有忘记她的祖国和她身边的人，从而使得她的付出具有巨大的价值。

非常希望各位来到朗润园埋下一颗种子，种下这些树，我非常喜欢朗润园的花，每一次花开，每一次绿芽的生长，都会让我看到千百年后的结果。我想这就是《财经》奖学金班和我们的关系，我们同在朗润园种下一棵树，有了这棵树我们能够憧憬到人类的幸福。欢迎大家回来，我们一起憧憬幸福。

（原载：《哈佛商业评论》2017年第7期。感谢北京大学国家发展研究院陆静斐老师的大力协助）

第二部分

经典知识述评与发展

管理就是把理论变为常识

在最初讲授组织管理课程的时候，我就一直为这样一些问题困扰：为什么同样的资源和人，交给不同的管理者进行管理，结果却相去甚远？为什么这样多的人，陷入无效的、甚至毫无意义的工作中？影响人们有效工作的关键因素是什么？为什么这么多人觉得组织并没有让他们发挥作用？管理真正的价值到底在什么地方？

对于这些问题的思考和研究，一致贯穿在我整个教学和研究中，我知道，如果我们不能解决这些问题，我们就会浪费很多人的付出，让人们变得毫无价值；而解决了这些问题，就可以让人们做出巨大的贡献，管理的确关系到我们每一个人的切身利益。导致出现这些问题的核心因素就是：没有很好地理解管理。无论是对于管理相关概念的理解，还是对于管理相关理论及其规律的认识，都产生了偏差，甚至在很多基本概念的理解上存在错误。这些认知上的偏差，导致了管理行为的偏差，也就影响了人们的绩效。换个角度说，因为管理者自身对于管理认识的偏差，导致人们无效地工作。

无论是从管理实践的角度，还是从管理教学的角度，我了解到：

管理是"管事"还是"管人"？

人与组织到底是什么样的关系？

组织结构在什么情况下才能够改变？

领导如何发挥作用？

人为什么要工作？

群体决策还是个人决策有效？

为什么计划没有变化快？

……

这些都是在日常管理中必须面对的话题,如果我们没有正确的认识,就会产生很多管理行为的误差,而这些误差就会导致绩效结果受到伤害。事实上,在大部分效率低下、内部无法协同的组织中,由于管理误解所导致的因素占了绝大多数,很多时候,我并不认为是员工的素质不行,更不认为是我们的企业文化不行,遇到管理不畅,员工能力弱的情况,首先需要检讨的是管理者自身,管理的认知和行为是否正确,只要管理者具有正确的认知和行为,所有人的绩效就一定会展示出来。

因为研究和课程的缘故,我有幸担任过山东六和集团的总裁,在此之前和之后也一直担任一些公司的顾问,我在每一家公司都看到相同的情况:对于管理的职务、功能和效果缺乏认识和思考,很多人只凭借经验、情感和责任来进行管理工作。我所看到的是个人绩效的损伤、组织效率的消耗,而这一切,只要从管理的基本概念出发,整理清楚,就可以避免,于是我决定来梳理这些概念,从最基本的部分入手,来解决问题。

在我的内心里,最希望看到的是:每一个人都可以在组织中充分发挥作用;每一个人都有能力解决自身的问题;而每一个管理者都可以让下属拥有绩效,并获得成长;更重要的是,因为管理者有效的管理行为,本不能胜任的工作得以胜任,同样的资源投入获得更大的产出。

有关管理的各种问题都会呈现在每一个管理者的面前,这些问题纷繁、琐碎,几乎涉及组织的每一个人、每一个环节,我也深知最重要的不是陷入在这些问题中,最重要的是解决问题,因此我抽离出最基本的管理概念,就让我们从最基本的概念入手,了解什么是管理、组织、领导、计划、决策、结构和激励,从这些日常管理中不断面对、习以为常的管理概念入手,整理清晰,明确内涵,为此我写了一本书《管理的常识》,而在这本书里我诠释了这个概念。

什么是管理?管理是人、物、事三者的辩证关系,不同的组合就会得到不同的结果,而管理,就是确保人与物结合后能够做出最有效的事情来,这也正是管理的魅力之所在。因此,管理就是让下属明白什么是最重要的;管理没有对错,管理就是面对事实解决问题;管理是"管事"而不是"管人";管理就是让个人目标和组织目标合二为一;管理就是让一线员工得到并可以使用资源。

什么是组织?组织是指为了实现目标系统化的人的组合,组织是为目标存在的,组织最大的功效就是让本不能胜任工作的人可以胜任。因此,正式的组织更强调责任、权力和目标,而非情感、兴趣和爱好;在组织中人与人公平而非平等，承担更大责任的人会获得更大权力，从而具有更高的地位和尊重，某种程度上讲，在组织里最重要的是"正式身份"；分工是个人和组织联结的根本方法；组织因目标而存在意味着任何组织离开任何人都是没有问题的，只要这个组织的目标是明确而有生命力的。

什么是组织结构？组织结构有着自己的特性，一方面结构的作用是保持稳定，只有稳定的结构才可能产生效率，另一方面每一次结构的调整和重组，都意味着对于变化的适应。组织结构所要解决的就是权力与责任关系是否匹配的问题，只有在匹配的权力和责任的关系中，组织管理才会发挥作用。所以组织结构需要清晰地设计出沟通线、控制线、责任线和权力线，其中权力线和责任线是组织结构的纵向安排，沟通线和控制线是组织结构的横向安排。组织结构的纵向安排必须依照：谁责任大，谁权力大的原则，让承担责任的人具有最大的权力，离总经理最近；组织结构的横向安排必须依照：做同一件事的人需要在一个部门里交由一个经理来负责，尽可能地减少部门。纵向安排以实现绩效、贴近顾客为主，横向安排以提升效率、降低成本为主。组织结构一定要依据责任而不是权力来设定，组织结构可以建立组织和个人之间的心理契约，组织结构需要配合企业发展的需要，影响组织结构变化的因素是策略、规模、技术和环境，因此领导人变更并不是组织结构改变的影响因素。

什么是领导？领导是指影响别人，以达到群体目标的过程。这个定义意味着领导是一个施加影响力的过程，是一个管理职能，因此每一个领导者以及每一个管理者都需要发挥领导的职能。但是领导者和管理者却有着根本的区别，领导者需要做的是：订立方向、构建团队、促进变革；管理者需要做的是：解决问题、保持稳定、按章行事。换句话说就是领导者对成长负责，管理者对绩效负责。领导这个职能最重要之处就是如何把人用好，在日常的管理中，用人会出现两种情况：做好事情和做不好事情。如果所用之人可以把事情做好就应该授权，如果所用之人做不好事情，也只有两种情况，一是不会做，二是不愿意做。不会做就提供培训，不愿意做就要激励，因此，领导的职能如果在管理中发挥的话，应该是授权、激励和培训。如果我们可以这样理解领导的职能，就不会出现在管理中找不到合适的人来做事的情况，因为不管员工的能力如何，只要管理发挥领导职能，就可以产生绩效，因此没有不好的士兵只有不好的将军，就是在说明这个道理。

什么是激励？激励就是如何使人更好地、更愿意地工作。首先我们需要了解到人为什么工作？人要工作的理由是非常多的，但是归结起来大约是5个方面：

赚钱、消耗能量、社会交往、成就感以及社会地位，而激励正是从这个5个方面展开。在激励中需要我们注意以下这些问题：涨工资并不会带来满足感，只会降低不满；最低层次的需求如果得不到满足影响力最大；人不流动也许是因为安于现状不求发展；人的需求很难满足所以需要引导需求；满足高的员工并不一定带来高绩效；不公平是绝对的，公平是相对的；人会成为他所期望的样子；在三种情况下激励不发挥作用：工作超量所造成的疲惫；角色不清、任务冲突；不公平的待遇。如何使激励措施有效：重要性、可见度和公平感，从这个意义上看，金钱是最重要的激励措施。

决策如何有效？决策是领导者的日常管理行为，一方面需要快速决策，另一方面又要保证决策有效。经常很多人问我，如何保证决策是正确的，我几乎无法回答，因为这个问题本身就偏离了决策的方向，决策是为了能够执行，而不是追求正确性，或者说决策正确性指的不是决策本身而是决策得到执行的结果。重大的决策必须是理性决策，而在这个决策的过程中，需要遵循这样的原则：集体决策，个人负责。我之所以强调这一点，是因为很多决策其实是个人决策，集体负责。如果每一个参与决策的人不能够真正承担责任，这样的决策是无法理性的。我们需要了解到个人决策的局限性，也需要了解到群体决策一定不是最好的决策，而是风险比较小的决策。当遭遇到重大问题的时候，决策是为了控制风险，这一点请大家一定要了解。

什么是计划？计划就是为实现目标而寻找资源的一系列行动。计划是管理中最基础的职能，但也是大家最容易忽略其管理价值的一个职能。对于很多管理者而言，计划只是一个纸面的文本，是年初上缴的提案，年底总结的参照，而在管理过程中用计划职能来工作的人并不多。但是计划的确是所有管理的基础，因为企业管理所有活动中最基本的活动是目标与资源，围绕着目标展开责任、流程、控制等一系列的管理活动，组织目标决定管理的所有活动的出现以及这些活动的价值。我偏爱计划管理还因为这个职能具有解决企业健康成长问题的能力。企业在其成长过程中需要协调三对矛盾：长期与短期，变化与稳定，效率与效益。计划管理确定高层管理者对投资回报和市场占有率的增长负责，而这正是长期和变化的基础；中层管理者需要对生产力和人力资源负责，而这正是稳定和效率的基础；基层管理者需要对定额、品质、成本负责，这也正是效益和短期的基础。在理解计划时最需要提醒各位的是：第一，目标因为是基于对未来的预测而无法合理，计划可以确保实现目标的行动是合理的；第二，目标必须是每一个人的目标；第三，计划没有变化快的原因是，计划没有包含变化。

这些基本概念的正确理解才是组织与管理的真实内涵，很多管理者没有很好地理解这些基本的概念，导致组织内部效率低下，很多人做的是无效的工作，甚至更多的人并没有感受到工作的成效，无法获得成功的喜悦，而是疲惫不堪，这一切都源于管理者不能够把理论变为常识，把理论依然看作是理论，而在实际工作中依然借助于经验，这是特别需要改变的地方，我想到一段禅：

峨山禅师是白隐禅师晚年的高足，年老的时候，有一次在庭院里整理自己的被单，信徒看到后觉得很奇怪。

信徒问："您有那么多的弟子，这些杂事为什么要您亲自整理呢？"

峨山禅师道："老年人不做杂务，那要做什么呢？"

信徒说道："老年人可以修行呀。"

峨山禅师非常不满意，反问道："你以为处理杂务就不是修行吗？那佛陀为弟子穿针，为弟子煎药，又算什么呢？"

信徒因而了解到了生活中的禅。

一般人对于修行的最大误解，就是把修行与做事分开来看，这是概念的误区。其实，无论是修行，还是任何其他的事情，如果不能够运用于生活之中，不能够运用于日常行为中，那就不是最好的，管理的理论也是如此。管理就是把理论变为常识的过程。

（原载：《经济界》，2010年第4期）

百年管理经典的价值贡献

在中国的经济发展中，我们欣喜地看到中国企业取得了令人骄傲的成就。2010年中国企业500强的营业收入总额相当于世界500强的17%，资产收益率首次超过世界500强。中国企业500强的经营绩效保持领先，国际竞争力在逐渐增强，与世界企业500强的规模差距继续缩小。但另一方面，我们也看到：中国中小企业目前平均寿命仅3.7年，而欧洲和日本企业平均寿命为12.5年、美国企业8.2年、德国500家优秀中小企业有1/4都存活了100年以上。过去20年，中国工厂工人的平均生产率已提高10倍，但仍不及美国同项指标的1/3。中国走过30年，成长和快速发展的同时我们都遇到了一些困难，这些困难使得我们不得不检讨和重新审视，我们是不是走了一些弯路。

如何重新认识经济增长的来源，是目前发展中的一个关键问题。我们知道，经济增长率=劳动投入的贡献+资本投入的贡献+全要素生产率（TFP）。30多年来，劳动投入对经济增长的贡献是显而易见的，劳动力所带来的竞争力帮助中国企业获得了世界分工的机会。最近10年来，资本投入的贡献也开始显现出来，借助于资本的力量，中国企业也具有了进入市场的机会。所谓全要素生产率是用来衡量生产效率的指标，它有3个来源：一是效率改善；二是技术进步；三是规模效应。可是长期以来，我们似乎只关注了规模这个要素，在效率和技术方面，我们却有着明显的差距。而从以上的事实和数据我们也可以清楚地看到，中国企业在效率方面还需要做出更多的努力，我们的管理对于效率的贡献还不够。那么管理与效率到底是怎样的一种关系呢？或许，我们可以从百年管理经典中得到智慧的启迪。

我们称之为经典的东西，它会超越时空，超越很多东西，也包括人类所有的智慧。为什么历史可以不断地重演？为什么我们看到的很多东西可以在变化当中保持它的核心价值？因为，即使世界在变、环境在变，但是有一些东西是不变的，是恒定的。在管理中也有恒定的东西。研究管理学领域的问题，我们需要了解管理演变的历程，我们应当不断地回归到管理的基本问题上。回归到经典的著作和研究成果有助于我们理解管理的基本问题，理解管理本身的作用和价值，而这也会是我们理解百年管理经典所创造的价值的根本途径。

一、管理经典的基本特征：源于实践并指导实践

管理是一种实践，其本质不在于知，而在于行；其验证不在于逻辑，而在于成果；其唯一的权威性就是成就。这是德鲁克对于管理本质的精辟阐述，而管理经典正是源自于对管理实践的关注与洞察，并通过与实践的互动来引领实践，此即管理经典的实践性。基于此，这些经典的研究成果在两个关键的方面为我们的管理实践贡献了价值：框定问题与概念化。

我们始终可以受益于那些引领管理实践变化并创造出无数价值的经典研究成果：泰勒的科学管理原理解决了劳动效率最大化的问题；韦伯的行政组织与法约尔的管理原则解决了组织效率最大化的问题；赫茨伯格的双因素理论解决了激励与满足感之间的关系问题；波特的竞争战略解决了如何获得企业竞争优势的问题；德鲁克让我们了解到知识型员工的问题。这些经久的研究，正是基于对管理实践中重大问题的提炼，与企业有效地互动，带动了西方管理实践的高速发展，并引领了世界管理的方向。

如果我们所有人可以回到最基本的问题上思考，可能所有的问题都变得很简单。从这个意义上讲，在近百年的管理实践中，不管外界环境如何变迁，科学技术生产力如何发展，管理大师们在那些经典研究成果中所提出来的管理问题依然存在；他们所总结的管理经验依然有益；他们所研究的管理逻辑依然普遍；他们创造的管理方法依然有效。为什么？因为这些研究都是面向管理实践的，其实践性的本质决定了这些研究对于管理实践活动的深刻洞察和归纳提炼，从而推动实践成效的提升。因此，实践性正是这些经典的管理研究成果的价值贡献的首要内涵。

管理一定是来源于实践的，没有企业实践的成效，我们无法真正获得管理经验的总结和理论。因此，我们需要学习的正是这些管理大师们观察实践并深入实践的能力，学习他们理解实践并与实践互动的能力，学习他们框定问题并将复杂

问题简单化、概念化的能力。

当我们从实践性的角度来审视管理研究的价值贡献时，我们的管理研究成果面对这样两个问题：第一，所研究的问题在管理实践中的重要性如何？第二，研究成果是否对问题提出简明概括的解决方案？而对这两个问题的回答，也正构成了这些百年管理经典贡献价值的两条重要途径：正确地框定研究问题，并以强大的概念化能力将复杂的问题简单化。

真正的管理知识一定会源于实践中关键问题的把握和系统的实证数据的研究。另一方面，管理的关键之一就是如何达成共识，共识的基础就是拥有对概念的明确理解。而将管理现象和实践问题概念化的过程，就是复杂问题简单化的能力。那些贡献了重大管理理论价值的研究者都具有这样的能力：分工理论、计划管理、竞争战略、人力资源与人力资本、知识员工、企业文化，等等。当我们学习并理解这些概念时，可以清晰地知道企业运行背后的复杂性以及解决之道，这也是大师之所以被称为大师的根本之处。一直以来，许多中国企业的管理者希望通过复制管理体系的方式来借鉴先进的企业管理经验，但是这样的努力并没有带来实质性的成效。其根源在于，只了解这些优秀企业的管理体系，却没有了解到这些企业管理中的关键要素，也就是那些核心概念。而那些能够经受住实践检验的百年管理经典，恰恰为我们的实践提供了这些强大的核心概念。

因此，大师们的经典研究成果为我们的管理实践贡献了巨大的价值：经典都源于实践，经典把握了管理的本质问题，经典为我们提供了强大的核心概念。而西方的管理经典在这3个方面为我们在探索管理理论和规律时提供了良好的范本，从而使我们能够更好地融合全球化的管理知识，并通过深刻把握中国管理实践的特征来推动本土实践的发展。在这一过程中，管理的经典著作与本土实践互为推动：经典著作为本土实践的发展提供了思想启蒙与智慧支持，本土的实践则为经典著作提供了诠释与创新。

二、从管理理论的演变看管理经典的价值贡献

管理的目的是为了提升效率，这是德鲁克给予我们的启示。也就是说，管理从根本意义上是解决效率的问题。那么，我们的效率从何而来？相应的管理逻辑又是怎样的？这正是我们今天在发展中遇到的问题。也许通过回顾管理理论演变的历史，我们可以找到答案。管理理论演变的第一个阶段是科学管理阶段，代

表人物是泰勒，这个阶段所解决的问题就是如何使劳动效率最大化；第二个阶段是行政组织管理阶段，代表人物是韦伯和法约尔，这个阶段解决的问题就是如何使组织效率最大化；第三个阶段是人力资源管理阶段，包括人际关系理论和人力资源理论，这个阶段解决的问题就是如何使个人的效率最大化。因此，如果对管理所关注的效率做细致的划分，就是劳动效率、组织效率和个人效率。首先解决的是劳动效率，然后是组织效率和个人的效率，当顺序颠倒时我们会发现管理无效，因为个人的效率是需要支付条件，而支付条件是需要组织给出的，如果没有劳动生产力的产出不可能有组织效率，没有组织效率不可能有个人效率。而这些基本的认识，正是百年管理经典对我们的管理实践贡献价值的典型代表。

（一）科学管理阶段：对于劳动效率的贡献

1911年泰勒发表了《科学管理原理》，他不仅让管理实现了从经验到科学的飞跃，而且提升了人们对于劳动效率的关注和认识。这是管理史上的一座丰碑，正如德鲁克所说："当我们想要了解知识工作者的工作内容，并学习如何提升知识工作的生产力时，我们甚至还要回过头来研读泰勒的著作。"因为泰勒，我们知道什么是科学管理，因为泰勒，我们知道工业化的依据，因为泰勒，我们能够得到流水线的概念和实践，同样因为泰勒，我们发现管理其实是一种分工。泰勒倾其毕生精力所要探讨的问题，恰恰是管理的本质问题：管理要解决的就是如何在有限的时间里获取最大限度的产出，也就是如何使生产率最大化。他在《科学管理原理》中把管理从经验变成了可以复制的科学，并清晰地阐述了获得劳动生产率最大化的4条原理：①科学划分工作元素；②员工选择、培训和开发；③与员工经常沟通；④管理者与员工应有平等的工作和职责范围。他认为这是最大限度提高工人劳动生产率的手段。

这4条原理让我们明确地了解到，提高劳动生产率的最好手段就是分工。科学划分工作元素作为第一条，是告诉我们工作分工需要基于科学的角度，而非纯粹凭借经验。但是做好了划分工作元素的工作还不够，还需要对于承担分工的员工进行选择、培训和开发，这是第二条。泰勒第一次把员工摆在最为重要的位置，也是第一次告诉大家劳动效率取决于员工的素质和训练的结果，所以管理者必须和员工进行有效的沟通，必须明确两者之间有着清晰的分工和相应的职责，保持了这4条原则，劳动生产率就可以实现最大化。

海尔的管理实践成效，正是得益于泰勒的科学管理对于"劳动效率"的贡献。海尔成功的OEC管理模式正是从泰勒的分工管理思想中汲取了智慧。OEC管理方法的含义是全方位地对每个人每一天所做的每件事进行控制和清理，每天的工作每天完成，而且每天的工作质量都有一点儿（1%）的提高。泰勒科学管理思想的基本出发点就是提高效率，泰勒将提高劳动生产率视为管理的核心。因此，他十分注重操作方法和生产流程的标准化，通过制定科学的作业方法并实施培训、建立激励性的报酬机制来提高生产效率。海尔集团在创业初期，也同样面临着如何提高生产效率、提升经济效益的问题。在领悟了科学管理思想的精髓以后，根据海尔发展的实际，张瑞敏在创业伊始就在车间流水线上分解操作环节，减少不必要的、赘余的环节，使每条流水线、每道工序上工人的动作都做到最简化、最优化，从而有效节约了生产时间、提高了工作效率。此外，美国工业应用泰勒的科学管理理论和方法，训练了大批以前完全不够格的工人，其中不少是在前工业环境中长大的农民，或者足不出户的家庭妇女。海尔也用了类似泰勒的方法，把招聘的农民在一个月内就训练成合格的流水线作业工。由此，我们可以看到泰勒在框定"劳动效率"这个关键问题的深刻洞察，以及"分工"概念在简化复杂问题时的有效性。

（二）组织管理阶段：对于组织效率的贡献

在一个高度发展和竞争的环境中，随着环境变化的加剧，对于组织的要求越来越高，组织一方面需要保持与外部环境变化相一致，另一方面，又需要保持组织效率本身对于变化的超越能力。于是，在管理理论演变的第二个阶段——组织管理阶段，我们看到了韦伯和法约尔对于组织效率的贡献。

马克思·韦伯是德国著名的古典管理理论学家、经济学家和社会学家，19世纪末20世纪初西方社会科学界最有影响力的理论大师之一，被尊称为"组织理论之父"。他的官僚组织模式理论（行政组织理论）对后世产生的影响最为深远。他的组织管理原则约定：权力是组织的而非个人的。组织管理的核心就是让权力从个人的身上回归到职位上，也就是组织本身上，只有在这种情况下管理效率才会得到。他的经典理论让我们了解到：当权力是职位的含义时，就要求权力表现出专业能力，简单地说也就是权力需要承担责任，没有职责的权力是不存在的。在今天这个"个人时代结束，团队时代开始"的环境中，我们需要像韦伯一样思考和理性地设计组织，让个人的权力不再是组织的核心要素，使每一个职位的分工与协作成为组织的核心要素。

法约尔在1916年所发表的《工业管理与一般管理》中所提出的著名的"管理要素"和14条管理原则，标志着一般管理理论的诞生。他告诉我们：组织效率最大化的手段是专业化水平与等级制度的结合。而对于专业化能力和等级制度这两个关键问题的理解，构成了组织管理的基础，也就是影响组织效率的两个关键要素。一方面，我们需要强化专业化的能力，无论是管理者、领导者还是基层人员，只有贡献了专业化的水平，我们才能够算是胜任了管理工作；另一方面需要明确的分责分权制度，只有职责清晰的分工，权力明确的分配，等级安排合理，组织结构有序，管理的效能才会有效地发挥。法约尔告诉我们，专业化水平与等级制度的结合正是组织效率最大化的来源。今天，我们之所以出现组织效率的困境，是因为忘记了组织管理自身的一般规律，忘记了专业化水平的提升和等级制度的建立，从而偏离了组织管理的轨迹。无论环境如何改变，如果想和环境变化保持一致，那么我们就必须不断地反问自己：什么类型的专业化和等级制度才能使组织效率最大化？

从美的集团的管理实践中，我们看到了韦伯和法约尔对于组织效率的价值贡献。而美的成功实践成效也为这些管理经典提供了完美的诠释。美的集团通过事业部制改革创建了一个稳定、均衡的权力配置体系——集权分权体系，用其总裁何享健所总结的正是"集权有道，分权有序，授权有章，用权有度"。而这也推动了组织的专业化水平不断提高并发挥绩效。美的集团的组织管理状态，处于职位明确、责任明确、激励明确的组织管理体系中，事业部经理人所展示出来的良好职业心态正是源于理想的设计权力与职位关系的结果。每一个经理人都很清楚，对于他们来说职位就意味着责任，同时也意味着权力，他们很好地理解了权力真实的含义，理解了职位和责任的真实含义，并全力地贡献出自己的专业化水平，所以他们产出的成效也推动了美的集团成为中国家电企业的领跑者之一。

（三）人力资源管理阶段：对于个人效率的贡献

解决了劳动效率和组织效率后，我们还需要关注人的效率。于是，当我们的古典管理理论走到第三个阶段——人力资源管理阶段时，我们看到了"管理学先知"（德鲁克语）——玛丽·福列特对于个人效率的贡献。她在其著作《福列特论管理》中提出了许多重要的人本观点，同时也解决了我们管理当中的一个关键问题，就是人的效率从哪里来。每个人的效率应该如何获得，我们可以从她的著作中感受得到：以人为本；人存在于组织环境中，而不是社会中；人际关系中的关键活动是激励人；激励是以团队精神为导向的；透过集体既能满足个人需求，又能实现组织目标；个人与组织都想以最小的投入获得最大的产出，等等。这些都使得我们明白个人效率的发挥来源于：创造机会、组织环境、满足需求、发掘潜力。

福列特认为领导者应当认同个体的价值，激励创新，使每个人知道自己的任务，把不同的意愿联合起来成为群体的内在动力，从而使组织管理的对象从个人转到团队；继而，个体需要在团队中进行协作并整合冲突，从而发挥更大的价值。管理必须平衡员工需求与组织发展的目标，以及短期目标和长期目标之间的冲突，只有两者都能够得到关注并实现，管理才能够有效。她的研究成果让我们对管理中"人"的因素有了更深的认识。为了得到效率，需要服从、规范、严格的约定和控制，但是，这一切界定的应该是"事"而不是"人"。我们需要服从的、规范的、控制的是所做的事情本身，相对于管理者所要面对的"人"而言，是理解、尊重以及责任。因此，相对于管理中的所有资源来说，人是最重要的资源，对人的激励也是最重要的，我们需要在这方面具备充足的认识以及行动。

华为的管理实践在发挥个人效率方面的努力，让我们看到福列特的管理思想至今仍然深具价值。华为的狼性文化中所强调的团队协作以及基于团队的激励，正是其实现个人效率最大化的途径，也在很大程度上反映了福列特著作中的经典理念。借助以互助为核心的团队精神，在团队环境中释放了个人的效率，从而激发了团队的力量。另一方面，华为是深圳企业中最早将人才作为战略性资源的企业，很早就提出了人才是第一资源、是企业最重要的资本的概念。在人才的使用上，华为特别注重员工内在素质与潜能的培养与开发，有效地整合了员工需求与组织发展目标。为确保企业成为良好的学习型组织，华为最早在企业内部建立起适合企业需求与人才成长特点的分层分类的人力资源开发、培训体系。此外，在《华为基本法》里我们看到更多的条例并不是企业对员工的"要求"，而是企业对每一个员工的承诺。华为管理层将"我们决不让雷锋们、焦裕禄们吃亏，奉献者定当得到合理的回报""我们强调人力资本不断增值的目标优先于财务资本增值的目标"作为对每个员工业绩的承诺。当员工从该法则中明确了华为管理层是一个讲求公平、尊重劳动、发展人才的职能部门时，认真投入工作以回报公司对个人的付出就成了自然而然的行动。

三、重读经典，回归管理的基本命题

重读大师们的著作，我们可以看到对于管理的最基本的理解，并且可以清晰地了解到百年管理经典在与实践的互动过程中保持着持久的价值。在回顾管理理论演变的过程中我们发现，管理经典都来源于对于重大实践问题的认识。泰勒正是认识到提高工人劳动生产率是极其重大的问题，才有了以分工理论为核心的科学管理理论。韦伯和法约尔正是关注到组织效率的问题，才有了官僚行政组织的设计和一般管理的5个要素以及14条原则。福列特则是前瞻性地关注到了科学管理中被忽视的人性因素的相关问题，并从团队和激励的角度对如何发挥个人效率的问题进行了回答。从这些百年管理经典中我们看到了管理大师们对于管理最基本的理解：效率。

在我们的管理实践中，很多人非常努力地在尝试着新的管理理论。20世纪40年代，人际关系训练被看作是组织成功的关键；而在50年代，德鲁克提出的目标管理理论又被视为解决管理问题的新方法；进入70年代，我们看到了企业战略。而90年代随着电子信息技术的进步，更多的新方法层出不穷。当进入21世纪的时候，我们认为管理创新理论引领变化。其实这些都是非常重要的，因为对于中国的企业来讲，所有的管理理论和方法都是需要面对和接受的。但是，我们往往无奈地发现中国的企业活得很苦，因为付出非常多却没能得到相应的回报。这其中根本的问题就在于我们没有理解管理的基本命题到底是什么？我们的管理发挥了什么作用？当我们对管理的基本理解不够的时候，后面所有的东西都是没有价值的。

百年管理经典蕴含着对于管理实践的深刻洞察与理解，通过正确地框定管理实践中的基本问题，将复杂问题概念化对管理实践贡献价值，这些经典为我们提供了丰富的思想素材和智慧启迪，值得我们不断深入挖掘和学习。而真正的挑战是，如何让这些主要是在西方成型的管理经典在中国落地，并使其转化为中国管理者自己的智慧，帮助其在当下的环境中产生价值。直面中国管理实践，我们依旧需要重读经典理论、经典著作，从中获取智慧的启迪；回归管理的本质，深刻地洞察那些基本的命题，与实践同行，让百年管理经典的价值贡献获得持久的生命力。

（原载：《经济界》，2011年第6期；合作者：陈鸿志）

泰勒与劳动生产效率
——写在《科学管理原理》百年诞辰

一、认识泰勒

认识管理的人,一定认识泰勒(2009),因为泰勒,我们知道什么是科学管理,因为泰勒,我们知道工业化的依据,因为泰勒,我们能够得到流水线的概念和实践,同样因为泰勒,我们发现管理其实是一种分工。

一百年前,管理史上的里程碑之作——《科学管理原理》出版发行,它标志着一个新的管理时代的到来。泰勒的影响日渐广泛,遍及全球。1914年,泰勒在纽约的演讲吸引了6.9万听众。1915年,泰勒病逝于费城,终年59岁。在他的墓碑上,刻着"科学管理之父"。多年前,我被泰勒打动,并不是因为他在管理学领域的盛名,而是在泰勒的《科学管理原理》里,我第一次明确地理解管理的真实的作用。在泰勒之前,管理就是一直存在的,只是并没有去了解,每一个人所作的努力是否有效,也没有人去分析习惯的做法是否可以改变,泰勒却关注到了这些问题。

我们可以回顾一下泰勒的生命历程:22岁的泰勒加入米德维尔钢铁公司,并一路从机械工提升为车间管理员、技师、工长、总工程师。1883年,泰勒在新泽西州斯蒂文斯技术学院获得机械工程学位(次年,甘特图的发明人亨利·甘特也从该学院毕业)。在米德维尔期间,泰勒开始奠定科学管理的理论基础。1889年,泰勒离开米德维尔,继而担任了不少管理工作。1895年,他的《计件工资》发表。1898年,泰勒来到伯利恒钢铁公司,开始他著名的改革。他同怀特一起革新了工艺流程,对金属切割技术进行了彻底的改革,从而使批量生产的出现成为可能。可惜的是,这些工作并没有完全得到世人的认可。1901年,他被解雇了。自此,泰勒开始了无偿的咨询工作,进行了一系列的演讲,撰写了很多管理文章。1903年,他的《工厂管理》发表。1906年,泰勒出任美国机械工程师协会主席。1911年,管理史上的里程碑之作——《科学管理原理》发表。

二、《科学管理原理》:诞生及学界影响

认识完泰勒本人以后,我们还要对《科学管理原理》做进一步认识。首先,《科学管理原理》是一本书,是一项研究成果,是一个传载科学管理知识的载体,它不仅仅是思想,但因为有了其本身作为载体的属性,让其能够成为"科学管理"的标志,并有机会得以广泛传播。同时,作为管理理论研究的重要基点对学界产生影响。也正是如此,2011年作为管理百年才能称之以"开端",如果仅仅是实践或者思想,我们就无法清晰明确地界定,这也反映了管理理论研究的重要性。管理学作为一门应用学科,强调管理是一种实践,也不否认思想的价值,但是作为学科还必须要将实践和思想以理论的形式加以呈现和传载。

其次,《科学管理原理》的诞生不是偶然,借助今天我们常常运用的战略思维,《科学管理原理》作为一件合适的事情,必定是在合适的时间和合适的地点出现,并且,由合适的人来做了这件事情。

第一点中我们讲了《科学管理原理》本身作为科学管理实践与思想载体的意义,但是我们还不能凭此而定论该点为充分条件,这里我们还要问:为什么被誉为"科学管理之父"的是泰勒,而不是更早的同样可以集数学、哲学甚至文学于一体的查尔斯·巴贝奇,为什么是《科学管理原理》作为标志而不是巴贝奇、杜宾和尤尔等人的著作?我们可以从泰勒所呈现的成果更多的是理论而不是思想的角度出发,但这不足以说明,我们需要了解更为深层次的时代背景:早期著作强调的是技术,而非管理本身,借用管理史学专家的比喻,当时人们的重心还在学习走路上,语言能力就被忽略并延迟了(霍恩,2009),此时,技术天才、发明家占据主导地位,人们的关注也在于此,对于企业的成败,归因重点皆在于此,而泰勒恰恰赶上了人们热心于语言的时代,这种时代的推崇成为诞生科学管理的社会文化思潮,此外,从知识传播技术本身的角度(霍恩,2009),早期少有人识字,同时书籍价格昂贵,早期的著作也就失去了许多被广泛阅读的机会,而泰勒也"幸运"地"错过"了这个阶段,这也是一方面原因。因此,克雷纳在《管理大师50人》中写道,"泰勒是他所在时代的产物,这是值得铭记在心的"(克雷纳,2000)。

《科学管理原理》的实践来源于美国。19世纪美国手工工场与机器化工厂的出现以及大规模生产的到来可以视作该书诞生的经济原因。生产能力的提高是造成大规模生产的根本原因，但当时提高产量的主要方法是增加更多的机器和工人，采用这样的生产方法的工业一直为劳动密集型。直到进入20世纪，他们的生产方式依旧同那些早期的纺织工厂相似，也因此，单纯依靠机器和工人来增加产量的方法致使美国工人的收入极端微薄（钱德勒、麦克劳、特德洛，2007）：1932年美国劳工的平均日工资仅为0.52美元，在接近60年之后，1990年才增长至1.5美元，而1969—1990年美国劳工收入没有发生任何增长，甚至呈现下降趋势。这些收入与后文提到的泰勒、福特给予工人的收入以及全国的平均收入形成了鲜明的对照，虽然只有短短20年的时间变化。与此同时，美国政府也开始对效率予以关注，如同泰勒在《科学管理原理》的序言中所写，"罗斯福总统在白宫向各州长预示：保护我们国家的资源，只是提高全国性效率这一重大问题的前奏"，而在泰勒看来，由于管理者的重大失误、指挥不当而造成工人在工作中的浪费正是罗斯福总统所指的"全国性效率"不足，同时美国人对此的认识却模糊不清，泰勒用出版《科学管理原理》的实际行动来应验了政府的预言。

有了政治、经济、文化、技术方面的天时地利，要促成《管理科学原理》的诞生，我们还必须要关注另外一个非常关键的因素：人和。我们首先需要肯定泰勒本人的贡献，今天倒过头来我们对其进行各种评价，称其是哲学家、管理学家、管理科学家、发明家、机械工程师、问题解决专家、管理咨询专家、心理学家、甚至体育运动健将，《管理百年》更将其概括为"使用秒表的文艺复兴式人物"（克雷纳，2003），这些评价都反映出其个人的杰出才华，但从某种意义上说，《科学管理原理》虽然是由泰勒所著，但其又并非泰勒一个人的成果，泰勒还有一个优秀的效率工程团队，包括被称为泰勒最正宗门徒的卡尔·巴思、以创造出"甘特图"而名声大振的泰勒"最不正统"的门徒亨利·甘特、以动作研究见长的吉尔布雷斯夫妇，他们都对此书的诞生做出了重要贡献，但对于《科学管理原理》本身而言，还有一位贡献更为直接但却又低调的幕后英雄：莫里斯·库克。

相比其他几位贡献者，库克的名气并不大，因为贡献"不明显"，其也较少被教科书中的泰勒团队收录，但其却是该书的重要促成者。1895年，库克从利哈伊大学获得机械工程学士学位后进入工业领域工作，因为泰勒在该领域发表的文献和名气，库克成为泰勒作品的忠实读者和思想的主动拥护者，泰勒见到其后留下了很好的印象,并私人出资资助其进行效率研究,两人结下深厚友谊,1907年泰勒在家中发表他的关于任务管理(科学管理的曾用名)的"波土里讲话",库克整理了泰勒的讲话,并且告诉泰勒,他打算写一本书,叫"工业管理",内容以该讲话为基础,以使人们理解泰勒的管理体系,由于大部分是在复述泰勒的演讲及经历,因此,在手稿中库克写到"这就像他亲自所著一样。"(霍恩,2009),由于种种原因,该书没有出版,但其中的69页被纳入到《科学管理原理》中,同时,泰勒也把所有版税交给库克。事实上,版税对于他们都已经不重要,库克每年可以通过泰勒获得非常可观的顾问咨询收入,但版税更像是一种姿态,如同管理史学专家雷恩等的评价,"库克为《科学管理原理》一书贡献了努力,但并不是他创作了这本书,他在波土里的家中编辑并充实了泰勒的发言,也因他的付出得到了版税,这是他们之间同意并实现的约定,体现了他们之间深厚的情谊。"(霍恩,2009),作为最忠诚的追随者,库克还践行了泰勒在《科学管理原理》序言中所写的"同样的原理能以同样的效力运用到所有社会活动中",将效率工程带入了公共事业管理领域,雷恩等人尊称其为"非工业组织的福音"。

最后,我们还要认识《科学管理原理》作为一本管理学著作对管理学界的影响。《科学管理原理》出版后,也引来一些争议,如科学管理是否把人当成了机器,以及关于一流员工的争论。对于前者,吉尔布雷斯曾经回答,与其争论其是否是机器,不如把精力放在把一个人训练的更加有素上面(霍恩,2009),泰勒更是做了比喻,科学管理不适合一只只能唱歌但不愿意唱歌的鸟,这只能算是二流(钱德勒、麦克劳、特德洛,2007)。恰恰是因为这些争论和批评,使得《科学管理原理》与后来的主流研究不谋而合,早期的工业心理学就与泰勒制保持了很大的连续性(沃纳,2009),包括战后心理学家开始的对于工业企业的研究。而后来的人际关系学科领域的内容,如晋升前景、朋友式的指导、合理的工作节奏和明确的工作目标等激励因素,这些今天的管理实践仍旧关心的问题,泰勒最初也都有所强调(沃纳,2009)。事实上,《科学管理原理》呈现的不仅仅是一场效率革命,更是一场心理变革。当然,20世纪中期以后组织行为学与人力资源管理学科的发展使得这些问题的研究变得更为具体,但的确可以在这部著作中找到研究大树的枝干,只是《科学管理原理》作为一本以科学管理为主的著作,并没有也无法面面俱到并细致分解。

尽管相比同期的另外一项重要研究《工业管理与一般管理》而言,《科学管理原理》对组织本身的讨论不多，但泰勒并没有忽略关于职能和结构的部分。事实上，《科学管理原理》正是在讲管理者应该做什么的一部著作，借用《管理百年》中所讲，"即使到了今天，对管理者实际上是做什么的这个问题的研究仍然是非常稀少的"（克雷纳，2003）。这个后续研究代表性的成果是明茨伯格的《管理工作的本质》，虽然哈罗德·孔茨（Harold，1980）在《再论管理理论的丛林》中将其独立为一个流派，并且指出丛林仍在持续增长，但这一学派同样可以在《科学管理原理》当中找到根源，其他学派诸如：德鲁克作为案例学派的代表，在其代表作《管理的实践》中借助的一个重要案例正是受益于科学管理而成功的福特汽车公司。德鲁克还做了进一步补充，企业组织不仅仅需要科学管理，还需要分权管理，巴纳德作为社会学派，其代表观点即为让个人对组织目标予以贡献，而这正是泰勒科学管理致力于通过个人效率要解决的问题，决策学派、数量学派延续了科学管理中定量科学精神，并且使得研究更加严谨，这些都让我们更加了解到《科学管理原理》作为百年管理起点的重要价值。

《科学管理原理》并非一本完美的书，但却是一部可以令人常读常新的经典著作，其构成了管理学百年历程的重要根基。之所以能够成为管理学的奠基之作，除了上述原因，还在于《科学管理原理》对于管理本质问题的研究，这就回到要对该书内容本身的学习上来。

三、科学管理原理解决的中心问题：劳动生产效率

在这本书里，泰勒开篇名宗，提出了科学管理原理解决的中心问题，他明确地说："没人会否认，在单个人工作的情况下，只有其劳动生产率达到最高，也即只有在其实现了日产出最大时，才可实现其财富最大化。"

对于两个人一起工作的情况，上述事实也十分清楚。为说明这一道理，假设你和你的帮手工作技能熟练到每天可制作两双鞋，而你的竞争者和他的帮手每天却只能生产一双鞋。显然，与每天只能制作一双鞋的你的竞争对手相比，在卖掉两双鞋以后，你可以支付你的帮手更多的工资，而且你可以比你的竞争对手赢得更多的利润。

在更复杂的制造企业中，事实也非常清楚，只有以最低的全部支出（包括人力、自然资源和以机器、建筑物形式存在的资本费用）完成企业的工作，才能为工人和雇主带来永久的最大化财富。或者，用另一种方式来说明这个道理：只有

在企业的工人和机器的生产率达到了最大,也即,只有当工人和机器的产出达到了最大,才可实现财富的最大化。道理很简单,除非你的工人和机器比其他企业的工人和机器制造出更多的产品,与你的竞争对手相比,否则,你便不能向你的工人支付更多的工资。因为你可以比较两家彼此直接竞争的公司哪家公司可以支付更多的工资,用同样的方法,你可以比较同一国家的不同地区,甚至相互竞争的两个国家哪个可支付更多的薪酬。总之,财富最大化只能是生产率最大化的结果。

如果将这一问题细化,我们可以看出,泰勒更加关心的是,因工人所付出的劳动不能带来理想的产出而带来的资源浪费问题,泰勒在序言中写到,"我们能够看到或者感觉到物质资源的浪费。可是,人们对业务不熟、工作效率低下或指挥不当却视而不见或看不真切。要认识到这些,就要肯动脑筋并发挥想象力。每天,来自人力资源上的损失要比来自物质资源上的浪费大得多。也正是认识上的问题,导致人们对前者感慨万千,对后者却无动于衷",在正文的第二章中,泰勒更加清晰地表达了其对这种"无用功"或者"看不见的浪费"的洞察。"当工人搬起一块重达92磅重的生铁时,站着也好,移动也好,人感到的劳累程度是一样的。不管其是否移动,在这种情况下,他手臂的肌肉处于高度紧张状态。但是,如果静止不动,他就没有产生任何'马力'。这就解释了下面的道理:在一个人可实现的'马力'和对工人造成的疲劳反映之间没有恒定关系"。可以看出,这一问题正是泰勒写作《科学管理原理》并且倾其毕生精力实践该原理的真正初衷所在,同时也是管理的本质问题所在:管理要解决的就是如何在有限的时间里获取最大程度的产出,也就是如何使生产率最大化。

四、科学管理原理的本质:通过分工实现劳动生产率的最大化

在我自己学习管理理论的时候,第一个深深影响我的就是泰勒的《科学管理原理》,所有人都知道泰勒在1911年发布这本书的时候,在此之前管理都是凭经验,只有到了泰勒的时候管理才成为科学。改革开放之后我们开始学习管理,但是在那个时候,我们还是把理论归为理论,经验归为经验,我们实际上没有把管理变成科学。泰勒的贡献不仅仅是把管理变为科学,而是让我们知道,管理之所以可以变为科学在于它可以复制,正如泰勒反复强调的,"在各行各业,即使在那些微不足道的细节上,用科学的方法代替单凭经验形式的方法,也将带来巨

大的收益"，正文中描述的吉尔布雷斯夫妇的成功实践，正是归功于将泰勒在钢铁行业的科学管理方法复制到其所从事的切砖行业中，甚至，泰勒在序言中提到"同样的原理能以同样的效力运用到所有社会活动中，这些活动包括家庭管理、农场管理、大小商人的商业管理、教堂管理、慈善机构管理、大学管理以及政府各部门的管理，等等"。

科学管理原理如此重要，而我们要理解科学管理原理的本质，还是要回归到其产生的背景和过程，也就是要理解科学管理与经验管理的本质区别，泰勒在书中做了清晰而又具体的回答，在经验管理中"工人单枪匹马，工人很少按照业已存在的科学或工艺原则和规律去行事""车间由工人自己管理，而不是由班组长管理"，而在科学管理中"管理人员必须接手并完成那些本该由管理者完成的工作""管理者要承担过去想都不敢想的新的职责"，这些新的任务正是泰勒提出了科学管理的4条基本原理：

第一，提出工人操作的每一动作的科学方法，以替代过去单凭经验从事的方法。

在搬运生铁的实例中，泰勒写到，"这项工作是如此原始，如此初级，以至于我深信完全可能把一头聪明的猩猩培养成生铁搬运能手，它有可能比人还能干。可是，读者将看到的是，搬运生铁所包含的科学非常深奥。"随后我们可以看出，泰勒之所以称其"深奥"，就在于剔除"无用功"后的科学方法与人们惯用的经验方法在生产力方面显示出巨大差异。

第二，科学地挑选工人，并且进行培训和教育，使之成长成才，而不是像过去那样由工人选择各自的工作，并各尽其能地进行自我培训。

每个人的能力有所不同，而科学管理下的工作也有其明确的岗位需求，需要具备相应能力的员工来满足。在搬运生铁的实例中，泰勒写到，"对把搬运生铁作为经常职业的人来说，最基本的要求是：愚蠢、冷漠，在体力上便显得更像一头公牛，而不是任何别的动物。也正是由于此，智力上机警和聪明的工人则完全不适宜于这种活"，对于钢珠检验的工作，"不同的人的'个人系数'存在很大区别，对自行车钢珠检验员而言，最重要的是'个人系数'要低"，泰勒的第二条原理使得员工的能力和岗位需求得到匹配，使得每个员工的长处得以充分发挥，因此，这一原理后来被人们称为"一流工人原理"，即每个人只要充分发挥了自己长处都可能成为一流的工人。

第三，与工人密切合作，以确保所有工作都按照所指定的科学管理原则行事。

关于泰勒在序言中提到的人力资源的浪费，实际上在本书中体现在两个方面，一是"无用功"，二是"磨洋工"，前者对应着劳动效率，后者则体现了劳动态度，"无用功"通过科学的方法得以解决，而"磨洋工"正是管理者和工人合作过程中面临的一大障碍，也是泰勒所谓"看不见"的浪费的来源之一。如果得不到解决，同样无法实现效率的最大化。

"磨洋工"的本质是在经验管理背景下形成的一种组织文化，泰勒在书中称之"游戏规则"。泰勒在米德维尔钢铁公司任命班组长的第一天，就有人找上门来，"好吧，弗雷德，我们很高兴你来当班组长。你和我们友好相处，什么事儿都没有。可是，如果你试图打破已形成的任何一项作业速度，等着瞧吧，我们会把你孤立起来。"。而一批曾经服务于泰勒的员工经过跳槽后又重新回到泰勒身边的理由则清晰地反映在泰勒和其中一位的对话当中，"帕特里克，怎么又回来了？""到那儿以后，我和吉米连同8个人被分配到同一节车皮干活。正像在这儿一样，我们开始铲铁砂。大约半小时后，我注意到身边的一个小恶棍几乎什么都没有干，我就对他说'你为什么不干活。如果不把这些砂矿从车上卸下来，到发工资的日子，我们就没什么钱可拿。'他转过身来冲我说，'你管得着吗？你别多管闲事，要不我就把你扔下车去。'所有的人都搁下了铁锨，看样子在支持他。于是，我绕道走到吉米那里，并大声说，'好吧，吉米，那个小恶棍铲一锨，你我也铲一锨，多一锨也不干。'于是，我就盯着他。只有他铲，我们才铲。发工资的时候到了，结果，我们的收入反倒比在伯利恒时还少。"，泰勒通过不懈地推行科学管理形成了"伯利恒文化"，而为了寻求个人利益更大化的员工跳槽融入经验管理下的"游戏规则"后发现个人利益反而变小，最终还是选择了回到伯利恒，这种利益的反差实质是反映了泰勒与员工促成有效合作的激励手段，即基于经济人的人性假设，做到个人利益的最大化，从而让其听命遵照科学的方法行事，正像是泰勒讲到的施密特，只要他每天的收入从1.15美元提升到1.85美元，那么管理者"让你怎么做，你就怎么做，而且不顶嘴"的"命令"就会被欣然接受，当然，这里的前提是，要在有科学管理方法的前提之下才可能带给员工最大限度的利益驱动，最终同时实现雇主和雇员的财富最大化。

需要指出的是，激励的假设前提并非单一的和一成不变的，根据泰勒科学管理实践的效果，认为其在特定时期针对特定对象所持的经济人假设是合理的。

第四，管理者与工人的工作和职责几乎是均分的。管理者应该承担起那些自身比工人更胜任的工作，而在过去，管理者把几乎所有的工作和大部分职责都推给了工人。

　　管理者和员工各司其职,管理者的任务是找出科学方法并设法让员工去落实,而员工的任务则是按要求实施这些方法,这正是泰勒在书中称"科学管理"为"任务管理"的缘由所在。现实的管理中常常出现的是,管理者一味地忙着埋头做事情,而员工却不知如何把事情做好,这种任务分配的错乱致使管理无效,而管理者和员工"做各自该做的事情"的思想早在泰勒的科学管理原理中就已经体现出来。

　　总之,这4条原理,明确地让我们了解,对于提高劳动生产率来说,最好的手段就是分工。如果以上推理正确,那么工人和管理者双方最重要的目标是培训和发掘企业中每个人的技能,以便每个人都能尽其天赋之所能,以最快的速度、用最高的劳动生产率从事适合他的等级最高的工作,这也正是科学管理原理的本质所在。科学的划分工作元素作为第一条,是告诉我们工作分工需要基于科学的角度,而不是凭借经验。但是做好了划分工作元素的工作还不够,还需要对于承担分工的员工进行选择、培训和开发,这是第二条,泰勒第一次把员工摆在最为重要的位置,也是第一次告诉大家劳动效率取决于员工的素质和训练的结果,所以管理者必须和员工进行有效的沟通,必须明确两者之间有着清晰的分工和相应的职责,保持了这4条原则,劳动生产率就可以实现最大化。

　　在与一些企业家交流的过程中会发现企业常常面临"效率不足"的问题,他们期望通过涨工资来改变劳动效率,但实际上涨工资与劳动效率本身并不直接相关,真正的相关因素泰勒很早就告诉大家,只是因为没有学习泰勒所以没能做好。真正理解泰勒后就会知道,效率不够的原因在于管理没有产出,分工不明确、不科学。

五、结语:践行管理本质的先行者

　　科学管理相对于经验管理的进步已经不言而喻,然而任何一项进步都来之不易,相信细读了《科学管理原理》的人都会被一种精神所打动,在推行科学管理方法的初期,泰勒受到了无比的压力,"实话说,很少有工长能真正顶住车间里全部工人的联合压力。""每当我出现在大街上,人们就会骂我'工贼'或更肮脏的话,我的妻子就会受到凌辱,我的孩子就会遭到石块的袭击。有几次,我在工厂的一些朋友曾劝我不要走着回家,我回家时经过的是沿着铁路线大约两英里半的偏僻小路。我被告知，如果继续与工人作对的话，将会有生命危险。"，而面对压力泰勒做出的回应更是令人叹服，"我告诉这些工人，并请他们转告车间里其他工人：我打算每天晚上仍从铁路旁的那条小道步行回家，不曾也不准备携带任何武器，他们可以向我开枪，将我打死。"也正是这种"泰勒精神"的存在使其最终实现了管理学史上从"经验管理"向"科学管理"的巨大变革，而这一变革最大的贡献就在于让管理者开始重视管理的本质，效率问题。

基于创造顾客的根本目的，我们判断一个企业的价值，判断其是否真正是一个价值型企业，最终还要看其对顾客价值的贡献（陈春花，2010）。亨利·福特曾表示，"我认为我们的企业不应该赚这么惊人的利润，合理的利润完全正确，但是不能太高，我主张最好用合理的小额利润，销售大量的汽车……因为这样可以让更多的人买得起，享受使用汽车的乐趣，还因为这样可以让更多的人就业，得到不错的工资，这是我一生的两个目标。"（科林斯、波勒斯，2009）在赞叹福特本人及福特公司的贡献时，我们还必须要了解，创造这一价值正是源于对管理本质的实践，效率提升。自泰勒在钢铁公司践行了这种本质后，福特继续将科学管理应用到福特汽车公司中，效率的提升使汽车的价格在8年内降低58%，同时5美元的工人日工资也达到了行业标准薪资的两倍，最终，福特用大家买得起的T型车改变了美国人的生活方式，从而令汽车时代到来。随后的更多追随者对科学管理的实践更是让我们看到泰勒对美国企业、产业乃至整个工业世界的重大贡献。

回到中国企业的管理实践上来，过去我们在管理上做了很多尝试和努力，也学习了很多管理理论和管理方法，同时也不断地寻找可以参照的管理模式，但是我们的效果仍然是不好，曾经观察到这样几组数据：2005年，中国500强总量是全球500强总量的8.7%，中国劳动力平均产出只有美国的4.4%。中国家电企业的利润总和只有29.3亿美元，相当于全球IT70强的24位，利润率为2.5%。世界企业500强的人均收入是35万美元，人均利润是1.9万美元，中国企业500强的人均营业收入折合7万美元，相当于世界企业500强人均营业收入的20%，人均利润折合0.3万美元，相当于世界企业500强人均利润的15.9%（李克琴，2005）。2007年，中国企业500强的人均营业收入、人均利润水平只相当于世界企业500强的23.7%和15.0%（中国企联，2007）。2008年，中国企业500强的劳动生产率、人均利润分别只相当于世界企业500强的27.46%、27.59%，其中宝钢的劳动生产率、人均利润分别只相当于卢森堡阿塞诺米塔尔公司的82.82%、94%，迅速崛起的华为集团的劳动生产率、人均利润分别只相当于芬兰诺基亚的33.69%、10.02%（武勇，2008）。2010年，中国企业500强中，国有企业人均利润水平为5.27万元，远低于民营企业的7.86万元（蔡敏、朱青、詹婷婷，2010）。

我们做了这么多年的努力，我们在管理当中做了很多很多的投入，但是我们并没有关心它的产出，所以我们的竞争力不够。这样说看似有些武断，但我们回到实际的经营与管理上来，在实践当中，很多企业在制订了战略目标后，或许是因为原始资本积累的过快还是其他原因，养成了这样的习惯，老板会直接告诉我，明年我们的经营目标增加了一倍，我们直接增加一倍销售员就可以了，或者我们直接把销售渠道增加一倍。面对这样的做法，我只能说，我们真的并没有从管理的角度，更具体地说是从效率的角度来考虑。如果真的这样去做，我们实际上是没有释放管理的价值，仍然做的仅仅是资源的投放，那么，我们所获得的产出就并不是有效率的，而我们本该因为管理获得产出还要远远大于这些，甚至我们可以说，今天我们做的很多投入严格意义上讲还不能称之为管理的投入。基于这些思考，8年前当我担任一家大型企业总裁的时候，围绕经营的增长我也做了与众不同的努力。这家企业拥有一批高学历的人才，但对我来说，学历本身并不产生价值，而我也相信这些人可以创造出比现在更高的价值。我给了他们很高的薪水并且把他们放到了各个一线区域，一年下来当他们再回到总部的时候，他们已经成为泰勒讲的"一流人员"，而我作为总裁的增长业绩正是来源于这些人员劳动效率的大幅提高。当很多人都在诧异这个总部人数如此小的企业竟然可以达到上百亿元销售额时，其实是因为我们真的没有理解管理的本质，泰勒早就告诉我们，管理要解决效率的问题，而我自己也并非发明或者创造了什么神奇的方法。

当面对这些事实的时候，我们真的需要回归到管理的本质含义上，才可以保证我们的管理行动是有效的，所以我建议大家一定要很认真地学习和理解泰勒对于管理的界定，如果我们在劳动效率当中只有美国人的4.4%，我们的GDP再大也会停滞了，因为你没有那么多的钱投，那样的时候你是没有机会的。

也许这样表达还不够，借用德鲁克先生（2009）的话："《科学管理原理》的理论无论在哪里都很适用。生产力成倍地增长，工人的实际收入急剧上升，工作时间减少，工人的体力、精神压力减小。同时，销售收入和利润提高，而产品价格降低了。"这就是泰勒《科学管理原理》的魅力。

（原载：《管理世界》，2011年第7期）

选择成就卓越
——吉姆·柯林斯最新管理研究成果综述

一、引言

吉姆·柯林斯，1958年出生于美国科罗拉多州，1992年获得斯坦福大学杰出教学奖，并获得科罗拉多大学和德鲁克研究生院的荣誉博士，离开斯坦福大学后，1995年柯林斯在科罗拉多创立了管理实验室，至今该实验室成为柯林斯进行管理研究、教学、咨询的主要场所。《财富》杂志称"吉姆·柯林斯是当今在世的最有影响力的管理思想家"，《经济学家》杂志称"柯林斯胜过了美国商业研究的实证方法"，1994年出版的《基业长青》和2001年出版的《从优秀到卓越》是其最有影响力的研究成果，《基业长青》持续6年位居美国《商业周刊》最佳畅销书排行榜，《从优秀到卓越》被翻译成为35种语言，销量超过400万册，2011年10月11日出版了其最新管理研究成果《选择成就卓越》（Great By Choice, with Morten THansen），《商业周刊》评价"吉姆·柯林斯再次完成了一部像《基业长青》一样的著作"，其被问到最多的问题是"都是在研究卓越企业，该研究与《基业长青》和《从优秀到卓越》的差别在哪里？"，差异在于这次的研究重点引入了环境的考虑，以往选择的企业是绩效卓越的企业，《选择成就卓越》则选取的是在动荡的环境中那些有卓越表现的企业，从3部著作的研究问题也可以发现这种差异，20世纪90年代，美国企业再次崛起，也真正积累了一批成功"百年老店"，于是《基业长青》选取了这些百年老店来研究企业如何实现长青基业，《基业长青》之后，吉姆·柯林斯发现，《基业长青》只说明了卓越企业本身的特质如何，并没有说明这些企业之前是如何从一家优秀企业跨越到卓越企业，因此开始了《从优秀到卓越》的研究，2001年，"9·11事件"给美国带来巨大的动荡，柯林斯想到，在这种动荡的环境中企业如何获得成功，由此在2002年开始了《选择成就卓越》的研究。

吉姆·柯林斯在书的最后说明了缘何选取"选择成就卓越"作为书名，他表达了对"美国当代文化"的忧虑：越加盛行的一个观点是，人们更加希望通过环境和运气而不是行动和自我训练来获得巨大成功，我们真的希望构建一个鼓励我们相信可以不对自我选择和自我绩效负责的社会和文化吗？犹如内丹术中所讲的"我命由我不由天"，柯林斯实际上是在重拾美国"个人英雄主义"的传统，环境越动荡，越应有更加严格的自我选择与训练，这是世人适世之所需。目前，国内尚未出版该著作的中文版本，本文将对《选择成就卓越》的方法论和主要原理进行综述，以帮助更多中国的研究者和实践者了解其精要，同时，对那些值得中国管理研究和企业实践所借鉴和学习的地方进行简要探讨。

二、方法论

吉姆·柯林斯选择"配对案例法"作为研究方法，即找出在某一维度上（在其研究中为长期绩效）有显著差异的成对企业，通过分析其历史行为的差异来解释绩效差异的原因。采取的研究步骤为：

（1）确定研究问题和分析单元。柯林斯的研究问题是"同在不确定和混乱的环境中，为什么有些企业会获得巨大成功？"，在分析单元中将时间作为控制变量，即表明研究对象并非是无限时间期中的企业，而是限定在一段时期之内，该研究将1970—2002年作为观察期，因为有了时间控制变量的存在，保证了在IT行业的配对组中，微软作为卓越企业，苹果公司作为对照企业的合理性。

（2）选定研究方法：配对法。配对法是多案例研究与对比案例研究的结合，其最大的好处在于可以提高内部效度，即变量之间因果关系推论的可信度，从而找出真正产生导致企业成功的因素；如果只是研究多个成功企业，可能找出的诸多因素中有一部分并非是导致成功的真正因素，通过对照，可以剔除那些对照企业也同样具备的因素，从而更准确地找出因果关系。

（3）选择研究的样本空间：美国的上市公司。选择的对象为在1971—1990年开始上市的美国公司，他们在上市初期都非常年轻，规模也小，这样，他们也就都相对比较脆弱，易于受到不确定性环境的影响。

（4）确定出绩效异常出色的企业。这些企业被称为"十倍领先者"，他们的绩效在行业平均水平的10倍以上。这些企业具体满足3个方面的基本要求：首先，持续高水平绩效，即连续超过15年以上绩效水平远高于平均水平；逆境成长，这些是在逆境中获得的持续高水平绩效，环境动荡，充满了不确定性和不可控，还有潜在的危险；低起点，由弱到强，这些卓越企业的成长起点都很脆弱，在十倍旅途之初都非常年轻，规模也很小。除此之外，称之为"十倍领先者"，而没有直接成为"十倍领先企业"的原因在于，如书中所讲，在动荡中实现卓越并不仅仅是企业的挑战，所有的组织和个人也都需要面对，总结出的规律性的原理对于组织和个人而言，亦有借鉴意义。

（5）选出对照企业。有两个要求：相似性，即对照企业在上市之初与十倍领先者非常接近，相同的行业，相仿的年龄，相近的规模；中等水平，即对照企业能够反映出平均的股市绩效，从而易于对照反映出卓越企业的十倍领先。

以表1中的一个对照组为例说明十倍领先者和对照企业的差别。将1972—2002年期间美国航空业受到的各种不良影响考虑在内：燃料冲击、撤销管制规定、劳工冲突、空中交通指挥员罢工、后果严重的经济衰退、利率攀升、抢劫、接二连三的破产以及2001年9月11日的恐怖袭击，如果在1972年12月31日对美国西南航空公司投资1万美元（当时的西南航空公司只有3架飞机，艰难地实现盈亏平衡，大型航空公司纷纷与其抗衡，试图把这家弱小的公司挤出市场），到2002年底，投资的1万美元应该已经接近1200万美元，比一般股票市场的收益高出63倍。将西南航空公司直接对比太平洋西南航空公司，虽然同处一个行业，采用同样的商业模式，拥有同样的机遇，却在艰难度日，蹒跚而行。

（6）数据收集：历史进程。收集数据的来源主要有：商业报道和文章、商学院案例、专著、年报、企业分析报告、行业资料、直接从企业获得的材料、企业财务数据；收集数据的方向主要有：领导力、成立基础、战略、创新、组织结构、组织文化、运营实践、人力资源管理、技术运用、销售和利润走势、关键行业事件、主要的走运和厄运事件、反应速度。

（7）进行分析。主要包括：对内分析，即找出导致组内差异的原因，对于每一组，通过阅读两个企业的报道，找出可以解释同一组中绩效差异的可能的主要原因，这些可能的解释需要满足两个条件，首先必须要求强有力的证据表明这种原因是两者的显著差异，其次，这种原因可以解释其影响绩效结果的因果机理；对间分析，即统计组间的规律，找出在大多数组中都存在的原因；形成概念，借助对内分析和对间分析，确定出可以解释绩效差异的主要概念。

表1　《选择成就卓越》研究对象的基本特征

行业	十倍领先者案例（均为美国公司）	控制变量（时间/年）	1万美金的投资回报（单位：万美金）	绩效相当于股市平均水平的倍数	绩效相当于行业平均水平的倍数	对应的组内对照企业（均为美国公司）
风投	安进	1980—2002	450	24	77.2	基因泰克
医疗产品	巴奥米特	1977—2002	340	18.1	11.2	Kirschner
微处理器	英特尔	1968—2002	390	20.7	46.3	超威半导体
IT	微软	1975—2002	1060	56	118.8	苹果
保险	前进保险	1965—2002	270	14.6	11.3	Safeco
航空	西南航空	1967—2002	1200	63.4	550.4	太平洋西南
医疗技术	史塞克	1977—2002	530	28	10.9	美国外科

（8）局限与讨论。任何一种研究方法都有其优缺点，柯林斯的研究亦不例外，因此其在最后也对一些可能的问题进行探讨并给予解释，诸如：那些采取了本研究成果的企业是否也能够获得这种成功？柯林斯的回答是，因为研究并没有对所有的美国企业进行研究，所以不能完全证实这种肯定的答案，同时柯林斯也做了3点补充，首先，因为数据收集来源于诸多行业（包括7个不同的行业），这种多样性降低了其研究成果只适合单一企业或行业的可能性；其次，该研究并非主张"确定的因果律"，而是"可能的因果律"，该成果可以提高成功的可能性而非一定成功；最后，所有的"十倍领先者"的成功是建立在实践了本研究的所有原理之上的，如果一些公司仅仅实践了其中的一条或者小部分，可能也无法达到如此巨大的成功。

三、主要原理综述

（一）十倍领先者的领导力

类似于投资回报（return on investment，ROI）、资产回报（return on assets，ROA），基于对外界运气的回报，吉姆·柯林斯创造了一个新的概念：运气回报（return on luck，ROL），并强调指出，决不能将运气与运气回报混为一谈，即好运不等于好报，而厄运也不等于恶报，如图1所示，以运气和运气回报为两个维度划分了4个象限，不同的企业在其中有着不同的表现，在好运的环境之下，具备基本能力的企业可以获得很好的回报，那些基本功差的企业则走向了平庸，在厄运的环境下，十倍领先者度过了生死关头，而平庸的企业则在厄运之下走向死亡，这就是柯林斯最新研究所观察到的现象：一些企业在厄运之下大放光彩（第一象限，great return on bad luck），这是为什么？通过上述方法论的研究，如表2所示，柯林斯总结了一些意外的发现，研究的结论并非与原来根深蒂固的认识一样，并用图2概括了其研究的答案。

表2　命题与事实

方面	命题（固有的说法）	事实（相反的发现）
冒险精神	乱世当中的领导者都是冒险家	他们并没有比其他人更加冒险，他们更加自律和扎实
创新精神	创新使得十倍领先者卓尔不同	十倍领先者在创新，但创新的程度并不及对照企业
速度神话	动荡时代偏爱高速者，或快速，或消亡	一味地快速导致死亡，十倍领导者把握好了速度
变革	外界的巨变要求内部也要巨变	面对环境变化，十倍领先者比对照企业的变化要小
运气	十倍领先者更加走运	两者拥有相同的运气：好运和厄运，不同的是面对运气的做法

图1　运气和运气回报

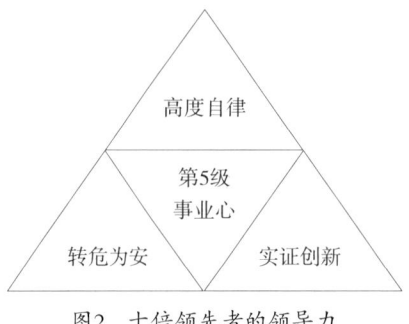

图2　十倍领先者的领导力

在研究中发现，吉姆·柯林斯首先呈现的是那些十倍领先者并不比对照企业好的地方，如他们并没有更多的创造力、更大的野心、更大的勇气，这并非是说十倍领先者在这些方面做得不好，而是这些是共同的方面，因为这些特点也同样发生在那些并不十分成功的对照企业中。究竟是什么导致了双方的根本差异？主要有两大方面：首先，从思想上，十倍领先者是一个矛盾体，他们既不抱怨现实，也不屈服于现实，即一方面他们能够意识到他们所面临的持续的不确定性以及这些不确定性的不可控制和不可预测；另一方面，他们又不相信这些外在的不确定可以决定他们的成果，他们会对自己的命运全权负责，这种思想表现在图2所示的中央"第五级事业心"，这种强烈的不屈不挠的进取心成为了行为的核心动力。其次，从行动上，十倍领先者把这种思想转化成为图2所示的三种核心行为：高度自律、实证创新、转危为安。高度自律是指，在整个发展过程之中，不论环境如何改变，都对价值观坚守，对长期目标坚守，并且坚持高水平的绩效标准，而乱世中随波逐流的结局很可能是死路一条，即厄运下的恶报。实证创新是指，十倍领先者的创造力来源于实证基础，他们依赖于直接观察和进行实践的实验，而非依赖于个人观点、传统思维以及未曾测试的想法，相比许多对照企业领导者的疯狂自信，十倍领先者的领导者则多了一分理智。转危为安是指，十倍领先者对环境保持了高度的警惕，居安思危，他们相信环境会突如其来对其进行攻击，更重要的是，他们会采取必要的准备和措施来解决危机，做到有效应急。需要说明，对照企业并非完全没有这些表现，但是从程度上远远不如十倍领先者。

（二）"20英里征途"原理

这一原理对应了"高度自律"的概念，如同《从优秀到卓越》中的"刺猬理念"，吉姆·柯林斯会通过有意思的故事来表明富有内涵的原理，"20英里征途"巧妙地借助了这样的故事：假设你将要开启3000英里的徒步旅途，从圣地亚哥到缅因州的南端，第一天，你走了20英里，成功出城，第二天，你走了20英里，第三天，你来到了沙漠，天气炎热，你想躲到凉爽的帐篷里休息一会，但是你没有，仍然继续走了20英里，保持着同样的速度，20英里/天，天气渐渐凉爽，在这样舒适的环境下你本可以一天走得更远，但你没有，你仍然坚持着，控制着自己的速度，坚持20英里/天，然后，你到了科罗拉多雪山山脉，气温剧降，你只想留在帐篷里，但你仍然起床，继续着你的20英里征途，若干20英里之后，你走进了平原，时间也进入了春季，在这个绝佳的时刻，你可以每天走40~50英里，但你没有，你仍然把速度控制在20英里/天，最终你抵达缅因州。假想一下另外一个人，旅途开始时，他异常兴奋，第一天就走了40英里，这一伟大的行程令他筋疲力尽，第二天起来，面对38℃的高温，他决定在天气凉爽之前先停下来，到时候再把落下的行程补上，他的西部旅途依旧保持这种节奏，天气好就加速，坏天气就在帐篷里抱怨和等待，当到达科罗拉多州的山脉时，一连几天天气都不错，为了把落下的行程补上，他全力以赴，每天行程40~50英里，但是，当他几乎筋疲力尽的时候，一场暴雪的突袭几乎让他丧命，他躲到帐篷里，等待春天，春天终于来了，但他逐渐衰弱的身体只允许他蹒跚前行，当他到达堪萨斯城时，每天坚持20英里旅程的你早已抵达终点，你以巨大优势获胜。

史塞克正是这样可以坚持"20英里征途"原理的公司，1977年约翰·布朗任职总裁，制定了持续收入增长20%的业绩标杆，在一个快速增长的行业，这个标杆不高不低，20%是水位线，线下的员工会收到其"通气管"的"奖励"，员工们都努力工作避免获得"通气管"，同时线上的员工可以和总裁一起用餐，同时，对于连续两年位于水位线下的部门，公司会竭尽全力地帮助其增长，重回水位线，布朗任职的21年间，史塞克90%的时间里完成了"20英里征途"，而对照组中的USSC，曾经在繁荣时期有一年半的时间增长大幅领先史塞克，在布朗任职期间已经破产，布朗甚至在繁荣时期受到过缺乏进取心的批评，但其依旧坚持了史塞克的"20英里征途"。西南航空公司也是这样的公司，他可以在一个连续30年低迷的航空业中保持年年盈利，原因也在于"20英里征途"的坚持，西南航空公司制定了严格的规则，将处于好形势下的发展速度限制在自己的能力范围之内，以保持稳定的盈利和其自身的企业文化，西南航空公司在成立近8年后，才将营业范围扩展至德州以外的地区，但也仅仅向新奥尔良迈出了一小步，西南航空公司以稳定的步伐，走出德州——俄克拉荷马市、塔尔萨、阿尔伯克基、菲尼克斯、洛杉矶——直到成立25年后，才将业务延伸至美国的东海岸，到1996年，有100多个城市希望获得西南航空公司的服务，但西南航空当年只新增了4个服务城市，放弃大幅增长，西南航空公司的稳步前进实现了其持续的长期业绩。前进保险公司则将"96%的综合赔付率"作为了持续的"20英里征途"。

综上，"20英里征途"原理有两个基本的要求：逆境时要坚持对高绩效的承诺；顺境时不过度消耗自己。一个好的"20英里征途"包含七项要素：①绩效路标，即即便在困境中都应当坚持前进的里程（高标准）；②自我约束，即在顺境时限制自己的最大约束里程；③权变性，即里程数应当与组织和环境相匹配；

④内控,即不指望依赖外界运气来前行达到路标;⑤合理的行程时间安排;⑥自我设计,即征途是由企业自己设计而非外界强加或效仿其他企业;⑦高持续性,即20英里征程必须持续得到实现。

(三)"先让子弹飞,后用炮弹炸"原理

该原理对应"实证创新"的概念,基于这样的故事提出:假设敌方的战舰向你袭来,你的弹药是有限的,你集中了全部火力,把所有的子弹连同炮弹一起射向对方,结果方向跑偏了40度没有击中目标,等你回到仓库发现弹尽粮绝,结果你全军覆没;假如当敌方来袭时,你先发射一颗子弹,偏离了目标40度,你继续发射第二颗子弹,偏离了30度,你的第三枪只有10度的偏差,你的下一颗子弹准确命中对方,现在,你集结全部火力将剩余子弹连同炮弹一起将对方击毙,你大获全胜。这一原理的含义在于,不经实证,不轻易做出大动作,即"实证创新",先用子弹去定位,去检验,当证实可行后,再全面发力。吉姆·柯林斯的研究结论是:并非十倍领先者不会创新,只是他们并没有去做开拓者,他们没有过度创新,也不是最具创新的企业,如英特尔并非处理器的先驱,摩托罗拉曾经在新产品开发上占据先机,事实上,摩托罗拉比英特尔早两年推出在小数运算性能上5倍好于英特尔8086的16位微处理器68000,而相比超威半导体(AMD)英特尔也并不占优势,同时吉姆·柯林斯也借助了《意志与愿景》(Willand Vision)中的发现,只有9%的先驱成为市场的最终赢家。创新亦要有度,吉姆·柯林斯提出企业需要创新,并且要达到行业的"创新门槛",但之后过度的创新未必是好事,达到创新门槛后,要结合其他行为共同作用成为一个十倍领先者,即要综合"实证创新"与"高度自律",英特尔的创始人正是坚信了这一点,因此,"先子弹、后炮弹,外加高度自律"成为十倍领先者成功的重要原因。

(四)"转危为安"三要素

"转危为安"包含3个要素:①未雨绸缪,即在暴风雨来袭之前,要准备好额外的氧气瓶,20世纪90年代末,英特尔的现金储备超过了100亿美金,达到了销售收入的40%,而AMD的现金储备不足收入的25%;②控制风险,十倍领先者十分关注三类风险的控制,死亡线风险,十倍领先者会拒绝那些有可能直接摧垮企业的风险决策;不平衡风险,即失败的概率远大于成功的概率;不可控风险,指那些没有能力管理和控制的力量和事情;如表3所示,吉姆·柯林斯对照了两

组企业相当数目的决策,结果是十倍领先者更好地做到了控制风险;③双透镜能力,即处事不惊、临危不乱,做到"大处着眼,小处着手",从20世纪60年代起,摩托罗拉在通信和集成电路方面就已经领先于世界,吉姆·柯林斯将英特尔在经典的"英特尔摩托罗拉之战"中取胜的原因归结为这第三个要素,沉着应战,冷静思考,而一般企业遇到巨大的冲击时首先变得忙乱,以至没有胜利可谈,冷静面对危机,再具备双透镜的能力,首先是"大处着眼",抓关键,即望远镜(远焦),其次要"小处着手",抓细节,即放大镜(近焦)。未雨绸缪,控制风险,以及双透镜能力成为实现转危为安的3个必要条件。

表3 十倍领先者与对照企业的风险控制对比

决策制定的类型	十倍领先者	对照企业
分析的决策数目	59	55
涉及死亡线风险的决策	占决策总数的10%	占决策总数的36%
涉及不平衡风险的决策	占决策总数的15%	占决策总数的36%
涉及不可控风险的决策	占决策总数的42%	占决策总数的73%
低度风险的决策	占决策总数的56%	占决策总数的22%
中度风险的决策	占决策总数的22%	占决策总数的35%
高度风险的决策	占决策总数的22%	占决策总数的43%

(五)"持效秘方"(SMaC)

"持效秘方"(specific methodical and consistent,SMaC Recipe)是指特定的(秘)、有条不紊的(效)、持续作用(持)的药方,吉姆·柯林斯总结那些可以在动荡中成功的十倍领先者都拥有"持效秘方",而该药方的重要内容就是"不要怎样做",如西南航空公司"不持有其他任何型号的飞机,而只有一种型号的飞机即省油的波音737",这就是西南航空公司的"持效秘方"。"持效秘方"是十倍领先者在失控的世界中发挥控制的最为关键的方式,对于"持效秘方",十倍领先者做了两方面的处理:一方面,通过高度自律来坚持"持效秘方";另一方面,通过实证创新和转危为安来发展"持效秘方"。因此,对于"持效秘方",十倍领先者会自问:"持效秘方"失去了疗效是因为自己没有做到高度自律?还是因为环境已经发生重要改变而"持效秘方"没有跟得上发展?这是"持效秘方"原理格外重要的地方,如果答案是后者,那么就要回到领导力模型中的"实证创新"和"转危为安"来重塑秘方。

四、总结：中国的研究与实践可以从中借鉴什么

吉姆·柯林斯的管理研究成果会给人独特的感觉，即便不受《经济学家》对《选择成就卓越》的高度评价，认真阅读后也会有这种感觉：这是一项非常扎实的管理研究。该书总共300页，前200页为正文，后100页为附录，这个比重已远远超过一般的成果，甚至已经可以称之为"正文"，我们相信：当实践者在阅读正文时一定会津津有味，案例故事生动、文字通俗易懂、概念和框架简明清晰，研究者也一定会从中获得智慧的启迪，而当研究者在阅读附录的部分时一定会收获颇丰，因为其详尽地表达了如何开展研究、各项案例背后的工作以及参考的诸多文献材料，尽管在实践者看来，这些对他们并不重要，但这些却可以令他们更加相信结论的正确性，也只有如此，实践者才会去应用这套理论，总的来讲，正文部分很好地把握了实践性，附录部分则很好地体现了研究的严谨性，当今天中国的管理学界开始关注和热议实践性与严谨性之时，尽管这一热议滞后了美国很多年，但仍然必要，因为结果会让我们看到并真正理解了两者各自对于管理研究的重要性，中国的管理研究需要重视并学会做到实践性和严谨性，而《选择成就卓越》就是一个不错的学习典范。以下简单举例来说明我们可以从中借鉴的部分。

（1）用故事作为催化剂获得规律中的概念，形成"规律–故事–概念"链条。"20英里征途"原理的提出借助了一个生动的故事，这一故事使得研究成果变得很有意思，更重要的是，其很准确地概括了作者想要表达的意思，即在方法论中所讲，在获得了各个案例的规律性的认识之后，这个故事巧妙地起到了催化剂的作用，很好地概括出了作者想要形成的概念，这样既增加了研究的可读性，也让研究的概念能更好地反映规律。

（2）"配对案例法"的系统学习，让定性研究学习定量研究的规律。吉姆·柯林斯系统地介绍了如何进行"配对案例法"，如本文"方法论"中的总结，这一套科学的步骤可以供研究者来学习，尽管定性研究看起来不像定量研究一样严谨和科学，但吉姆·柯林斯借鉴了定量研究中一些重要术语背后的规律，将其应用在了定性的研究当中，如将时间作为"控制变量"，一定要有充分的证据来支持"因果律"，通过"对内分析"获得单个对的规律，通过"对间分析"获得多个对的规律，如果仔细学习和理解这些，就会发现，定性研究和定量研究一样，只要用心去总结规律，找到方法，都可以做到科学。

（3）踏实、扎实地做研究，"台上一分钟，台下十年功"。尽管吉姆·柯林斯采用的统计方法本身并不复杂，甚至比较简单，但其统计过程本身却做了极大的付出，以吉姆·柯林斯对"十倍领先者并没有比对照企业更加好运，甚至运气更差"的实证而言，其用了一张并不花哨的图表和数据表示，如表4所示，作者实实在在地统计了每个企业在几十年历史中遇到的所有的重大的好运和厄运，然后对这些运气的次数进行"加减乘除"的计算，得出表中的数据，尽管这些数据看似很简单，但其背后所代表的大量工作大大强化了这张简表的实证效力，类似于定量研究把过程的部分处理交给了计算机，定性研究在这一部分的处理则交给了自己，必须要实事求是，扎扎实实，才能去保证正确的结果。事实上，本文综述的这些看似并不复杂的理论，耗费了吉姆·柯林斯和他的研究团队9年的时间，从某种程度上讲，这种求实的研究过程更加重要，除此之外，展现在我们面前的7家十倍领先者案例，实际上是作者对20400家企业进行了11层筛选得出的结果，从这个角度讲，一项好的研究可以有简洁的呈现，但却没有捷径可言。

表4 十倍领先者和对照企业的运气对比

对照组	重大好运事件的数量		重大厄运事件的数量	
	十倍领先者案例	对照企业案例	十倍领先者案例	对照企业案例
安进&基因泰克	10	18	9	9
巴奥米特&Kirschner	4	4	7	4
英特尔&AMD	7	8	14	11
微软&苹果	15	14	9	7
前进保险&Safeco	3	1	8	10
西南航空&太平洋西南航空	8	6	13	13
史塞克&USSC	2	5	5	6
平均	7	8	9.3	8.6
总计	49	56	65	60

2012年2月中旬，美国最大的一条新闻就是美国人民几乎一夜之间就喜爱上了一个篮球运动员林书豪，林书豪变得家喻户晓，国内媒体的报道更喜欢以"一夜成名"来形容这位美籍华人，但美国人真正喜爱林书豪，并非是因为"一夜成名"，而是因为他曾经是一个"under dog"（斗败了的狗，劣势一方），事实

上,这"一夜"非常漫长,从哈佛大学校队开始,林书豪就在持续地进行着"20英里征途"的准备,不论有没有机会上场也不论上场的机会多少,他都如此坚持,从而有了今天的成功,事实上,篮球和NBA并非是美国人民最为热爱的运动和项目,但林书豪从"Under dog"到今天的"一夜成名"的过程却正是美国人所真正欣赏的,这种欣赏超越了运动本身和商业目的,相反,曾经刚刚步入NBA时的中国球星易建联可以打首发阵容,机会要好得多,但经过一次又一次不稳定的表现之后,成为了一名板凳球员。表面看来,中国现在似乎也是一个"一夜成名"的时代,诸如"央视春晚""超级女声""星光大道"等平台几乎可以令人一夜成名,但通过对《选择成就卓越》的学习,中国的每一个实践者,包括前行的每一个路人和组织,都应该认识到,不应该把这些"好运"当作最重要的原因,你的卓越一定来源于你的选择、你的持续努力和自我训练,正如吉姆·柯林斯在书中启示给我们的这些原理。

  中国企业在市场经济体制下的发展刚刚走过了30多年,未来的道路还非常漫长,而与真正的世界级企业相比仍有较大的差距,但道路越漫长,差距越大,越需要我们的企业去学习和践行"20英里旅途",事实上,过去中国企业的发展也有呈现出类似《选择成就卓越》中的十倍领先者,美的集团就是其中的一位典型的实践者,非常好地践行了"高度自律、实证创新,以及转危为安",15年前,与美的同城的科龙电器的销售额为90亿元,美的集团的销售额为30亿元,8年前,同处家电行业的海尔集团销售额达到了1000亿元,TCL为420亿元,美的为300亿元,而今天,科龙电器由于经营不善2006年被海信收购,海尔集团和TCL几乎保持了8年的原地踏步,而美的集团的销售额已经达到1500亿,与海尔基本持平。美的集团连续15年保持了稳定而又高水平的增长(15年恰恰是吉姆·柯林斯的选择标准),这是中国大型家电企业中的唯一一个。美的是高度自律的,15年前,当美的遇到增长瓶颈时,何享健想尽一切办法通过学习和实践事业部制组织管理实现了困境中的增长,2008年金融海啸来袭,美的集团没有改变增长目标,依旧坚持了高水平的绩效标准,最终实现增长,而美的集团又是一个实证创新的典范,多年来,美的集团常被媒体"指责"缺乏创新和开拓性,美的集团几乎很少进入一个陌生和极不成熟的行业,以微波炉为例,格兰仕是行业的先驱,但当美的集团证实这是一个良好的行业之后,美的会发起"炮弹"大举进攻,今天两者可以平分秋色,但与格兰仕不同的是,美的集团还可以在空调市场上与格力进行强有力的竞争,可以在冰箱、洗衣机、热水器市场上和海尔进行强有力的竞争，在豆浆机市场上与九阳进行强有力的竞争，在厨房电器市场上与方太、老板、帅康进行强有力的竞争，而反之却没有对手可以做到这样，因此才成就了美的的巨大成功，美的显然不是其中任何一个行业的开拓者，但其却在其中任何一个行业中都创造了巨大的市场，当然，这并非是说美的集团不会进行创新，在进入微波炉行业后，美的也开始进行不断创新，如"蒸功夫"，以及专门为农村市场婚嫁设计的红色微波炉，都取得了很好的销售成绩，这就是美的在以高度自律追求稳健增长时所采用的实证创新；在转危为安上，美的集团始终坚持稳健性原则，拥有充足的现金准备，这也是美的集团在微利和竞争过度的家电行业中能够持续保持增长的重要原因。美的的实践恰恰吻合了吉姆·柯林斯的实证结果，同时也证明，尽管这些核心原理是美国企业的实证结果，但如果可以真正被中国企业认真学习和实践，也会取得很好的收获，因此，本文希望中国的更多的实践者可以学到并做到这些精要，用自己的选择换来卓越。

本文综述了吉姆·柯林斯的最新管理研究成果，总结了其方法论和内容的精要，并讨论了一些值得我们研究和实践学习的地方，诚然，任何一项成果都无法完美，如同吉姆·柯林斯自己所承认的那样，《选择成就卓越》也不例外，但本文希望对这些系统方法论和最新原理的综述来帮助研究者和实践者更好地获得智慧的启迪，当然，由于能力所限，本文提出的可供学习之处或许亦有不当之处，研究者可以结合自身的实际情况进行吸收，同时，个别词语在翻译的过程中难免会出现不当，这些都请各位专家和同行的老师在未来给予批评指正。

（原载：《管理学家（学术版）》，2012年第3期；合作者：刘祯）

经营、管理与效率：来自管理经典理论的价值贡献

有关管理思想史的国内外代表性的研究成果有《管理思想史》《管理的历史与现状》《西方管理思想史》等。本文通过探索一个管理史研究中的重要问题"谁创建了管理这门学科？"来甄选出本文需要的经典。我们的目的在于借助这一问题发现经典，而非探索这一问题是否存在唯一答案。本文选择管理思想史上的两个伟大人物：泰勒与德鲁克。

管理作为一种活动，其始于人类活动，也有严谨的学者认为管理真正开始于18世纪中期的工业革命以及从19世纪后半叶开始的现代管理。但是，管理作为一门学科并非始于这些时点。管理要成为一门学科，必须要能进行学习并且应用，这是法约尔（2007）在《工业管理与一般管理》中论及管理教育时表达的思想。

100年前，泰勒完成《科学管理原理》，此后，泰勒在哈佛商学院进行了长达6年的免费讲学，同时，出现了一批追随者，有以吉尔布雷斯夫妇为代表的同道之人，也有以甘特为代表的"最不正统的"门徒，更有以解决效率为目的来践行"科学管理"的"另类"追随者福特，如同克雷纳（2003）在《管理百年》中所写，"泰勒和福特是早期管理思想和实践上不可分割的一对人物，他们之间的联系强烈而又清楚，但他们又是两个拥有各自生活和想法的独立个体"，福特的另类就在于虽然他不追随泰勒，但其追随科学管理，以泰勒为首的先驱者们所进行的管理实践与理论传播在美国掀起了空前的效率革命，1907—1915年间，美国单位劳动力的生产率每年提高33%，而1900—1907年间，单位劳动力的生产率平均增长率仅为9.9%，除此之外，科学管理也开始在法国、英国、苏联、日本等诸国传播与实践，中华书局也以《工厂适用学理的管理法》为书名翻译引进学习，这样来看，泰勒开始创建了管理这门学科，如今已有百年。

1999年1月18日，德鲁克在"我认为我最重要的贡献是什么"中写道："我创建了管理这门学科。"我们需要从学科本身来理解这句话，找到德鲁克这样写的原因。首先要了解，德鲁克在创立管理这门学科之时，其"管理"指的是什么，依据德鲁克第一项管理研究成果《公司的概念》，与科学管理不同，其"管理"是指分权管理。德鲁克在该书各版的序言中给出了是其创建了管理这门学科的理由：让管理可以被学习并且富有成效，福特汽车公司借助其理论重新崛起，通用电气公司、日本的诸多企业通过学习其理论获得巨大成功。德鲁克贡献毕生精力进行不断的管理著作撰写和全球的讲学，让管理得以更加广泛地传播、认可、尊重和学习，因此，是德鲁克创建了这门学科。由此，汉迪在《大师论大师》（2007）中这样评价德鲁克："德鲁克的第一项重大贡献是使管理成为一门独立学科。"汉迪曾回忆，"1966年我向伦敦管理学院申请工作时，对方问我可以教什么课，我说，'管理学''这是我擅长的领域'，对方答道，'我们这里不教管理，我们需要的是生产、工业关系等实用学科'"。再来看看英国布鲁姆斯伯里出版公司（2005）描述的现状，"对现在世界上的许多企业领导人而言，德鲁克是管理学理论界地位最高的人"。这种对比让我们更加明白汉迪的评价要表达的意思。

当找到他们创立学科的各自原因后，争论答案已经变得不再重要，重要的是，我们从中发现并收获了其中的理论与实践经典，如泰勒与德鲁克的理论，以及与这些理论息息相关的福特汽车公司与通用汽车公司的实践。

一、研究方法

本文主要通过对管理经典的研究来获得对于经营与管理的更加深刻的认识，主要采取以下4种研究方法。

（一）文献研究方法

文献研究是科学研究的基本方法，其为科学研究提供了基本的研究素材和依据，通过文献述评的方式获得对概念及理论的简明和系统的总结。本文选择管理经典文献进行研究，根据研究的主题，主要选择了泰勒1911年所著的《科学管理原理》、德鲁克1946年出版的《公司的概念》、1954年出版的《管理的实践》、1964年出版的《成果管理》、1994年发表的论文《经营之道》。

（二）案例研究方法

案例研究方法亦称经验研究方法，是工商管理学科常用的研究方法，旨在通过对企业管理实践的成功经验或失败教训的回顾获得可以有效指导未来实践的知识和理论。1961年孔茨发表的《管理理论丛林》将德鲁克视为案例学派的代表人物，本文亦选取了德鲁克案例研究的第一个企业也是其最为经典的企业——通用汽车公司进行研究。

（三）对比研究方法

对比研究方法承接案例研究方法，对比研究方法常常应用于案例研究中，狭义上被定义为对比案例研究，其根本价值在于解答，在同样的环境下，为什么A企业会成功，而B企业却没有成功，是什么行为或因素导致了这种差异，答案通常是研究的结论。最为著名的是"核心竞争力"概念的产生，普拉哈拉德通过对比20世纪80年代日本NEC的成功以及美国GTE的衰落，得出是否围绕核心竞争力展开业务是日本企业赶超美国企业的原因，以及柯林斯在《基业长青》《从优秀到卓越》《选择成就卓越》中应用的对照组研究方法。本文在对经典的研究阶段选取了通用汽车和福特汽车作为对照案例，在进一步解释结论在中国的应用实践时将新东方教育集团与李阳公司、美的集团与海尔集团做了案例对比。

（四）历史研究方法

历史研究方法是选择某一特定历史时期的研究对象进行研究的方法，其之所以独立为一种研究方法，正是在于历史二字的价值。将研究对象限定在最有价值的一段历史时期以内，从而获得这一时期内最有价值的部分，而超出了这一范围则不在研究范围以内。如柯林斯2011年的最新研究成果《选择成就卓越》将微软公司和苹果公司作为了对照组，微软公司作为成功者，苹果公司作为失败者，作者的解释是案例选择的时点是2002年。尽管从2011年来看苹果公司已经大获成功，但对比的时间段却是聚焦于20世纪80年代和90年代，在此期间的现实是微软大幅领先苹果，研究总结的正是这段时期的经验，所以柯林斯特意在研究方法中注明了是历史研究。本研究截取了2段具有代表性的历史时期，一是福特汽车公司在20世纪初期，是其用汽车代替马车的历史性时期；二是20世纪20—30年代，这一时期是通用汽车全面超越福特汽车公司的转折时期。本文将通过对这些特定时期的研究说明成功背后的因素。除此之外，新东方集团与李阳公司的对比时期在于进入21世纪后到现在,而李阳公司未来亦有可能成为非常出色的企业,但不在本研究的时间范围以内。

二、经营与管理的经典理论述评

(一)泰勒和科学管理:以劳动效率为核心

"保护我们国家的资源,只是提高全国性效率这一重大问题的前奏"。针对罗斯福总统的观点,泰勒认为美国人已经开始注意到森林、土壤等物质资源的珍贵并开始保护,但美国人对于"全国性效率"的理解却模糊不清,由于管理者指挥不当、工作效率低下而造成的更大的浪费才是这一"效率"的内涵,因此,泰勒着手"科学管理",以解决这一问题。科学管理原理包含4个要素:形成一门真正的科学;科学地挑选工人;对工人进行教育和培养;管理者与工人之间亲密友好地合作。同时,泰勒告诉我们,同样的原理也能以同样的效力运用到所有社会活动中,包括家庭管理、农业管理、教堂管理、非盈利组织管理、大学管理、政府管理等,这一点至关重要,这让我们意识到"效率"及"良方"的普遍性和规律性,各行各业的组织都存在"效率"问题,而要提高"效率",都离不开科学的工作方法、一流的人员以及组织的和谐。科学管理理论的核心是通过分工来提高劳动效率,围绕这一核心,我们可以推出2个重要理论。

推论1 广义分工。在泰勒的科学管理中,斯密提出的专业化"分工"对效率的提升做了直接贡献,即每个一流的工人都以科学的方法来做适合自己的工种。此外,还有一种更深层的分工为效率的提升做了间接贡献,即管理者与工人或者被管理者的分工。在这种分工下,管理者和工人各自做各自应该做的事情,各自分别贡献自己的效率;管理者的任务是找出科学的方法并想方设法让工人去做,而工人的任务则是配合学习并把学到的科学方法应用在自己的工作上。只有双方都各自高效了、完成了己任,组织才具备真正的效率,因此,科学管理也被称作"任务管理",而分工也不再是狭义的分工,包含了上述2个层面。管理者首先要对效率负起责任,这是广义分工的首要要求。

推论2 心智革命。从结果的角度讲,科学管理带来了一场效率革命,但科学管理本身的得以实现,却是一场心智革命。在改善效率的背后,泰勒其实是以哲学家的思维和坚定的信仰来革新人类的心灵。要得到效率改善,除非员工主观相信并愿意去做,鞭打不会起到作用,但教育却提供了说服的机会,因此,"教育"和"奖金"是泰勒启发给我们的心智变革的经典工具,甚至我们可以继续推广。这2点经典工具也可以用于改善顾客的心智模式上,以令顾客主观相信并愿意去买。由此也可以看出,变革本身就是管理的一部分。

(二) 德鲁克的经营与管理之道

1. 经营：成果只存在于外部

德鲁克一生在《哈佛商业评论》上发表了37篇文章,其中有一篇论述经营的文章题名即为《经营之道》,发表于1994年,是德鲁克对之前经营理论的总结。德鲁克关于经营的第一部系统的研究成果是1964年出版的《成果管理》,书中德鲁克写到了经营的本质、基本元素及多元化等专业的战略术语,因此,该书曾拟用名《企业战略》,但德鲁克最终决定用《成果管理》,一方面,战略一词在当时还非常陌生;另一方面,成果代表的是经营的本质。德鲁克第一次提出经营的概念是在1954年出版的《管理的实践》,《经营之道》一文可以看作是对《管理的实践》《成果管理》中对经营部分的提炼,因此,沿袭了一贯的习惯,德鲁克更多的是使用经营一词来说明企业应该"做什么"。

医院的成果在于治疗病人,学校的目标在于贡献知识,成果只存在于外部,这是经营的本质,也是德鲁克思想精要中最为重要的一点。《成果管理》一书的基础是：企业存在的目的是在外部、在市场上和经济体中创造成果,同时,经营成果需要3个要素：产品、市场、分销渠道,因此,营销学大师科特勒尊称德鲁克为营销学鼻祖,因为德鲁克从一开始就贡献了4个关键词：顾客、产品、市场、渠道。经营原理分为3个部分：首先是关于组织所处环境的设想；其次是关于组织特定使命的设想；第三是关于完成组织的使命所必需的核心竞争力的设想。同时,经营原理有4个基本要求：关于环境、使命和核心竞争力的设想必须符合客观现实；关于环境、使命和核心竞争力3个方面的设想必须相互契合；经营原理必须为组织中的所有成员所理解；经营原理必须得到不断的检验。以上便是德鲁克关于经营理论的阐述,如果以"成果只存在于外部"作为经营理论的核心,我们可以发现3个重要推论。

推论1 经营只有一个有效定义：创造顾客。企业的唯一目的是创造顾客,这是德鲁克在《管理的实践》首先提出的。柯林斯等(2009)也曾在此基础上有过进一步阐明,利润之于企业就像空气之于人类,并非活动的目的,当企业能够创造顾客,利润便会随之而来,因此,谁是经营的出发点,逻辑上不能有错误。

如果以为《成果管理》就是在讲我们需要成果，可能就是对成果管理的误读或者表层认识；的确，我们需要成果，但我们更要清楚成果只存在于外部。

推论2 企业在其价值观范围内成长。换言之，企业的经营范围及天花板以自身的价值观为限制，企业的成长需要有意识地借助自身价值观的调整。事实上，个人与组织的成长也是如此。即便是进行了大量的战略论述，我们也不认为一家以追求"产品专家"为愿景的企业可以成长为超大型企业，这并非战略本身有错误，而是成长空间受到价值观的限制。3年前，一位行业领先企业的老总在遇到成长瓶颈时曾与我们探讨瓶颈的原因，分析到最后找到的根源却是出在自身的价值观：做"燃气具专家"，这一观念只能帮助其成长达到一定程度，因为产品专家是有着明显的边界性，行业本身的容量是有限度的、封顶的，从而影响到其向更广阔的空间发展。而后，这家企业将"燃气具专家"调整为"让爱更温暖"，价值观做了质的改变，这一宽泛的价值观大大拓宽了该企业的成长空间，找到了更多的增长点。如同阿里巴巴从一开始就致力于"让天下没有难做的生意"，如果阿里巴巴从一开始就是为了自己赚钱，或者仅仅停留在做一家最好的B2B网站，那么也不会在10年之间拓展出如此多的业务平台，而这种开放的平台价值观恰恰是阿里巴巴成长的最大基础。由此，价值观实际上可以从价值观本身范围的角度来影响企业未来的成长空间。

推论3 经营原理是文化。借助德鲁克的观点，经营原理是准则，要成为文化。从文化内容的角度，经营原理可以成为企业文化的内容之一，从文化功能的角度，经营原理必须要得到全体成员的深刻认同。如果从一开始组织就忽略此点或视其为理所应当，那么组织成功后就会变得粗心懒散，这是德鲁克在《经营之道》中给予的忠告。站在文化功能及内容的角度，文化事实上是通过对员工理念和行为的影响来帮助经营管理释放效率，推理1和推论2本身可以视作经营原理，但这些原理必须成为文化，即通过员工对原理的践行来获得价值。

2. 管理：分权

德鲁克的管理研究有着独特的出发点。美国社会有其基本承诺与信仰：承诺提供公平的机会，同时也承诺个人的自我实现，没有一个国家像美国一样如此强调个性，强调对个性与成功的追求。德鲁克的社会学研究表明，企业组织将成为社会的基本单元，而大型公司将作为实现美国社会的这些承诺与信仰的代表性社会机构。由此，德鲁克开始了对通用汽车公司的研究，成果即为《公司的概念》，德鲁克找到了承诺兑现的方式：管理，即通过组织的分权管理，让组织在成长为大型组织的同时实现个人的价值追求。德鲁克自己也坦言，分权并非新鲜事物，其也意味着分工，泰勒的分工侧重劳动效率，而德鲁克的分工侧重系统效率，结构决定功能，这是德鲁克分权管理得以生效的根本逻辑。因此，德鲁克给分权管理的界定是一种秩序和组织原则，之于企业组织，就是要用最大的自主权和责任组织起最大的公司，这就是分权的内涵，也是德鲁克管理的核心，基于这一核心，我们可以总结出3个重要的推论。

推论1　分权是指强大的分部和强有力的中央。这是德鲁克在《管理的实践》中对分权理论的进一步补充，就纵向的组织结构本身而言，分权并非暗指弱化中央，这是对分权的误读。由此，中央既是分部的服务者，帮助他们变得强大；同时，又是分部的老板，必须要有能力实现自治分部的统一。

推论2　分权是横向沟通的原则。从组织结构上，分权可以解决纵向层级的问题，除此之外，分权作为一般原则，还可以成为组织处理内外横向关系的一般原则，包括部门间关系、消费者关系、经销商关系、社区关系。例如，德鲁克分3点总结的通用汽车公司的经销商分权管理：①巩固经销商对特许权的持有权，不允许随意或突然取消特许权；②帮助经销商改善效率；③用长远的眼光解决利润分配问题。

推论3　管理是一种分配。管理所做的就是要分配权力、责任和利益，并且做到等分，即等边三角形（图1）。比这一推论更重要的是这一推论的推论：①分配大于能力：分配的边长要略大于作为能力的等边三角形的高，因此，无论是之于组织还是个人，目标通常是有一定难度的，并且随着分配的继续，能力变大，即分配帮助被分配者提高，而后，分配又随之变得更大；②分配产生绩效：对于三角形本身，越分越大，越不分越小，而这些变化又代表了组织的成

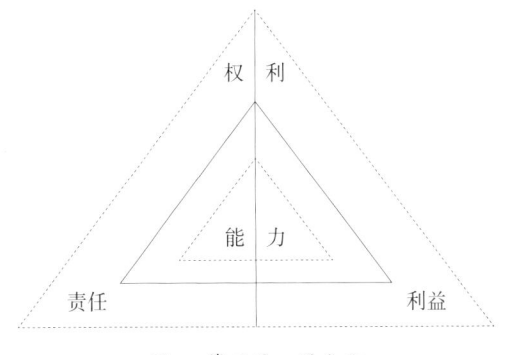

图1　管理是一种分配

长,即组织管理分配的程度与被分配分部或个人的责权利、能力的大小成正比,而分部或个人的责权利、能力又反过来决定了组织的绩效。换言之,如果管理者不懂得对组织进行分配,组织就很难获得大的成长。

三、经营与管理的经典实践案例

理论源于并促进实践,有效的管理理论与企业的实践成效形成互动,1929年,与泰勒、德鲁克的理论密切相关的3家企业占据美国6家最大企业的半壁江山(见表1),同时,汽车制造业是20世纪美国成为世界第一工业强国的标志行业,而其中最具代表性的企业实践来自福特汽车公司与通用汽车公司,相应地,老福特成为对美国商业贡献最大的人,而斯隆也成为全世界第一个最为优秀的CEO。

表1 1929年美国最大的企业

排名	企业	总资产/亿美元
1	美国钢铁公司	22.86
2	新泽西标准石油公司	17.67
3	通用汽车公司	11.31
4	印第安纳标准石油公司	8.50
5	伯利恒钢铁公司	8.02
6	福特汽车公司	7.61

注:数据来源于文献。

(一)汽车时代的来临:福特的愿景与效率

首先引用布鲁姆斯伯里出版公司对福特本人的评价总结:福特经常被称为20世纪最重要和有影响力的企业家之一,虽然他不是汽车这个现代社会标志性产品的发明者,但正是在他手中,汽车成了一种大众化的消费品,在福特以前,汽车只是富人们的玩物,发动机很差,既跑不了长途,又很不实用,而且最重要的是,价格还很贵,福特改变了这一切,作为大规模生产的先驱,福特开创了一场全新的工业革命,大规模生产T型汽车,这场革命圆了数百万人的汽车梦,也为福特自己带来了数十亿美元的财富。

再来看一组数据：1900—1908年间，美国出现了500多家制造汽车的公司，1908年，福特的T型车诞生，1908—1927年间，福特生产出了1500万辆T型车；1908年福特的第一家海外销售公司在法国开业，1911年福特开始在英国制造汽车，1923年年销量达到巅峰2 120 898辆，市场份额达到57%；1914年，福特宣布向工人支付8小时5美元的最低日工资，而当时，工人一般工作9小时，工资只有2.34美元，《华尔街日报》指责他"经济犯罪"，对"福特主义"的批判比比皆是，但福特坚持提高工人福利，后来甚至把日工资涨到10美元，这使得美国工人的生活发生了很大的变化；1908—1916年间，福特把产品价格降低了58%，而当时旺盛的需求使涨价易如反掌。

沙因关于文化的层次性启示我们通过个体的内在假设来了解其行为，我们再来看福特本人的主张：1907年，福特宣布"为大众制造汽车，将以极低的价格使没有高工资的人也可以拥有它，并且与他的家人一起在上帝开创的空间里享受美好快乐时光，让每个人都能负担得起，并且每个人都可以拥有一辆，马匹将在我们的公路上消失，汽车将会得到承认"。为了兑现诺言，福特开始展开了科学管理的实践，围绕效率的提升福特进行"标准化"生产，并且创造出流水线模式，正如福特对高工资的反应，"这不是慈善而是利润分享，是效率工程"。此外，我们还可以看到福特更深层的经营理念，"我认为我们的企业不应该赚这么惊人的利润，合理的利润完全正确，但是不能太高，我主张最好用合理的小额利润，销售大量的汽车，因为这样可以让更多的人买得起，享受使用汽车的乐趣，还因为这样可以让更多的人就业，得到不错的工资，这是我一生的两个目标"。这与泰勒科学管理研究的终极目标雇主、雇员、社区的财富最大化不谋而合。事实上，根据经营理论中"创造顾客"的经营定义，我们也可以假定，员工本身也是顾客，如果他们不富裕，他们又怎么能买得起我们的汽车，因此，正是存在于外部的"顾客"与"员工效率"，实现了汽车时代的到来，同时也帮助福特公司成为世界上第一家大型汽车公司。

（二）谁是成功的大型组织：福特对比通用

福特从1905年一无所有开始，15年以后建立起了世界上最大的、盈利最多的制造企业。在20世纪初叶，福特汽车公司在美国市场占据了统治地位，并几乎垄断了整个市场，在世界上绝大多数主要汽车市场上占据统治地位，另外，福特从利润里面，积累了10亿美元左右的现金储备。只过了几年，到1927年的时候，这个似乎是坚不可摧的企业王国已经摇摇欲坠，一直到第二次世界大战期间都无法以强劲的实力展开竞争。福特汽车公司与通用汽车公司的业绩变化比较见表2。

表2 福特汽车公司与通用汽车公司的业绩变化比较

年份	销售景/万辆		年份	市场份额/%		年份	收入/亿美元		利润/亿美元	
	福特	通用		福特	通用		福特	通用	福特	通用
1911	4.0	3.5	1911	19.9	17.8	1927	3.56	12.89	−0.304	2.62
1917	74.1	19.6	1917	42.4	11.2	1929	11.45	15.32	0.910	2.66
1925	149.5	74.6	1921	55.7	12.7	1931	4.60	8.28	−0.372	1.17
1929	143.6	148.2	1925	40.0	20.0	1933	2.97	5.84	−0.079	0.81
1933	32.6	65.2	1929	31.3	32.3	1935	8.34	11.56	0.186	1.77
1937	83.7	163.7	1937	21.4	41.7	1937	8.47	16.07	0.082	2.03

注：笔者根据文献整理。

福特之所以失败，是由于他相信成功给予他不受限制的控制能力，他坚信企业并不需要管理人员和管理。他认为，企业所需要的，只是所有者兼企业家以及他的一些"助手"，任何一个"助手"，如果敢于像一个"管理人员"那样行事、做出决策或没有福特的命令而采取行动，那么无论这个人多么能干，他都要把这个人开除。如同在创业之初一样，在成为一家大企业后福特依然不和任何人分享权力，他愿意出高薪聘请技术人员，但"管理"必须是其独享的权力，出于担心亲信的背叛，其会派出"秘密警察"来侦察他们的行为，这也直接导致了福特这家大型企业管理者的匮乏：即便历经15年的亏损，福特的财力仍然和通用相当，但是福特公司中已经没有几个管理者，大多数不是被开除，就是已经离开，剩余的老臣又无法胜任管理工作。

在20世纪20年代早期，当福特着手证明自己无须管理人员的假设时，新接任通用汽车公司总经理的斯隆则在实验另一种想法的假设。当时，通用几乎被庞然大物的福特击垮了，只能勉强维持一个软弱的第二号位置，它是由一些敌不过福特汽车公司的竞争而出售的小汽车公司拼凑起来的，斯隆深入思考了汽车公司的业务和组织结构应该是什么样的，并把那批不守纪律的独立诸侯改造成了一个有实力的管理团队。在《我在通用汽车的岁月》中斯隆（2005）写道："我并不认为规模是一个障碍，对于我来说，它只是个管理问题，关于这一点，我的思路是围绕着一个在理论和实际上都非常复杂的概念展开的——用极度简化的方式来说，这个概念就是分权。本书指出的好的管理在于集中管理和分权管理的协调，或者说是'基于协调控制的分权管理'。"在随后的5年之内，通用汽车成为美国汽车工业的领先者。

在20年以后，福特的孙子把斯隆的假设重新复制。1943年，当德鲁克决定选择一家最具代表性的大型组织进行研究时，德鲁克选择了通用汽车公司，并将研究成果写成《公司的概念》。1946年，福特濒临破产，20年代初期所积累的10亿美元现金也已经用光，《公司的概念》一经出版，刚刚接管公司的福特二世便将其当作拯救和重建公司的蓝本，他创建了一套管理结构和一支管理团队，只用了5年的时间，福特就在国内外重新获得了成长与盈利能力，再次成为通用汽车的主要竞争对手。

四、经典的理论总结及中国的实践应用

明茨伯格说，当今企业出现的怪现象是管理人员收入丰厚，却严重缺乏常识，显然，实践必须保有基本的观点：管理首先要有绩效观；其次要做分配；最后最重要的是要清楚地明白经营与管理的内涵。当然，比观点更重要的是实践者是否真的内化这些，并转化为行动，对经典的学习和理解的确可以为实践者提供帮助，这些经典的总结见图2。简言之，从经营上，不论是个人还是组织，个体要追求成果，但必须要清楚成果只存在于外部，而之于企业，经营只有一个有效

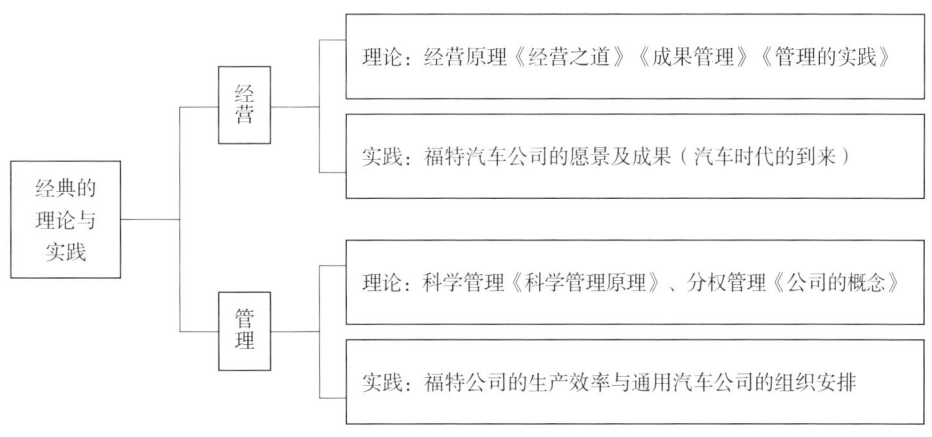

图2　经典的理论与实践

定义，创造顾客；从管理上，需要明确，管理以解决效率问题为核心，通过科学的分工和用人来解决劳动效率，通过组织的分权结构安排来提升组织作为系统的整体效率；对于组织的成功，经营与管理缺一不可，经营奠定了成长的基础，有效的管理则让成长变为现实。

十几年前，就像老福特曾经梦想让所有的美国人可以买得起汽车一样，在中国的英语教育领域，李阳以致力于让中国3亿人说一口流利的英语为使命创立了自己的企业，从经营本身来看，这是一个非常好的愿景，顾客和顾客价值都表达得清楚具体，李阳本人也创造了独特的方法让中国人更容易学习英语。整个20世纪90年代，李阳及其疯狂英语在中国英语教育这一新兴市场上取得了巨大的成功，甚至没有任何对手可以与其进行有力的竞争。作为对比，另一家今天在中国英语教育领域的知名企业新东方教育集团，当李阳创立疯狂英语之时新东方的创始人俞敏洪还在四处为新东方的培训班张贴墙体广告，整个90年代李阳公司都是新东方内部会议讨论的要追赶的榜样。再来关注10年之后2家企业的业绩水平：2010年新东方教育集团的销售收入达到57.787亿元（2002年收入为2.2亿元），而李阳疯狂英语集团在2010的销售收入则为2亿元，这一收入，距离3亿国人的目标显然相差甚远，更严重的是李阳疯狂英语在过去这些年并没有一个很好的增长业绩，而影响力也随着行业的稀释有所下降。俞敏洪和李阳曾有过沟通，双方将彼此的差异概括为集体英雄主义和个人英雄主义，这种价值观念，以及由此带来的管理行为的差异已经决定了2家企业在成长空间上的差异。这是在我国的同一领域内和经典理论所讲述的非常相似的2家中国企业，而同样反映出的问题也正是经典理论所启示我们的：有效的企业离不开经营与管理的贡献。

仔细对比，李阳和福特有着非常多的相似之处，他们个人极富才华，都创造出了富有特色的"生产方法"：福特创造出流水线，而李阳创造出疯狂英语，他们都订立了非常有价值的目标；福特希望人人都能买得起他高质量的T型车，提供给人们更好的交通工具，李阳则希望让3亿中国人的英语能够脱口而出，提供给中国人更好的国际化交流工具；从业绩上他们的企业开始都曾有巨大的成功，但也都遇到了增长的瓶颈并被曾经并不起眼的对手大幅反超；或许更为相似的是，他们2个都把自己的名字打在了自己创立的企业名称之上。直至今天，李阳公司仍然几乎是借助其不可替代的个人能力和影响力在运行，用德鲁克的经典理论来讲，其现在仍未成为一名真正的管理者，就像是20世纪20—30年代的老福特。2011年年初，包括总裁、教学总监、网络总监、集训营总监在内的六七名高管，更是从李阳公司集体出走；正如李阳的秘书所言，今天的公司其实是李阳自己一个人拉着500人的大车艰难前行，李阳仍然需要自己一个人每年在全国举行几百场的演讲，李阳对企业和顾客的努力需要得到肯定，但努力本身并不能代表管理和绩效；更重要的是，3亿人的顾客目标更不是一个李阳，也不是李阳一代人，甚至也不是一种方法可以实现的，经营目标必须借助管理来实现。新东方的飞速成长恰恰与其相反，新东方在全国多个城市设有分支机构，俞敏洪的个人教学能力在新东方并非数一数二、无可替代，其工作更多的是通过"管理"各个分校来实现经营的目标，这正是从经营的角度对管理者的首要要求。李阳公司如果能够学习经典理论并采取行动或许会更有效地贴近经营的目标，这也将会是一个有价值的李阳公司与福特公司的真正相似之处。

在中国的家电领域同样有2家出色的中国企业：海尔集团和美的集团。2004年海尔集团成为中国第一家销售收入过千亿的中国家电企业，中国没有一家家电企业的规模可以与之相当。当时美的集团的销售额为320亿元，2010年美的集团的销售收入增长至1150亿元，海尔集团并没有太大的增长，为1357亿元，2011年2家的销售收入基本持平，约为1500亿元。表面看来，今天海尔面对的问题是如何摆脱海尔集团对于张瑞敏的过度依赖，但实际上，如果回归到经典理论的角度，可能德鲁克曾经指出福特公司"缺乏管理者"才是根本的问题，这2家企业在生产和制造上都拥有非常强大的能力，但对于美的集团而言，多年的高速增长可能更多的来源于对这一问题的认识和解决。

2005年9月11日，温家宝总理在时任广东省委书记张德江、省长黄华华的陪同下来到了美的集团，在美的历年的销售增长图面前，美的董事局主席何享健先生信心十足，向温总理汇报时说，"美的1997年才30个亿，1998年50个亿，1999年80个亿，2002年150个亿，去年320个亿，今年的销售收入预算是450亿，我们的预算相对来说保守一点，还可以做到更好"。温总理当时称美的的增长趋势为"珠穆朗玛峰"。事实上，创立于1968年的美的集团的质的增长始于1998年，这一增长正是得益于事业部制分权管理实践，事业部带给美的的增长可以归结为这样一种逻辑：1996年美的业绩滑坡，说明美的的驾驭能力达到30亿元的规模已经是一个很难跨越的门槛，如果把组织切分为更小的个体，这样，每个事业部现有的规模就变为5亿元，在增长到他们的成长天花板30亿元之前，还有5倍的成长空间，而对于美的整个公司而言，整个组织的天花板就变成了180亿元，以化整为零的方式打破企业成长规模的边界。

美的在1997年遇到增长的瓶颈，空调销售从原来的市场前3名下跌至第7位，整个美的的收入进入停滞状态，当时一个普遍的问题就是，销售员既要卖空调，又要卖电饭煲，精力严重被分散，结果使得销售业绩变成"1+1<2"，当时的美的已经拥有由空调、风扇、电饭煲等五大门类构成的1000多种产品，而这些产品完全由美的统管，这种增长的瓶颈并非是经营本身出现问题，而是因为管理并没有真正解决经营的问题，因此，何享健当时提出了"要向管理要效益"的观点。1997年美的推行了事业部制的管理方式，以产品为中心将美的拆分为5个事业部，1998年美的事业部制出现成效，空调销售增长80%，风扇、电饭煲成为国内市场份额的首位，电机、小家电也都名列前茅，全年实现收入50亿元，而1996年和1997年分别为25亿元和30亿元。之后根据市场需求美的又不断拆分出新的事业部，美的收入也开始不断地保持增长，从2004年开始，美的集团和事业部之间增加了二级平台，事业部专注于用市场需要的产品来实现业绩增长的目标，二级平台在集团与事业部之间起到了很好的协调作用。从事业部制推行以后，美的集团开始了从30亿元到100亿元、再到1000亿元的持续增长，当然，最大的好处还不在于这些业绩本身，而在于美的因此拥有了一大批出色的职业经理人团队，方洪波、朱凤涛、黄建、蔡其武、周正芳等年轻经理人的一个共同经历，就是在30岁左右的时候就担当起事业部管理的重任，这是对一家大型组织有持续作为的必要安排。2009年，42岁的方洪波接任何享健成为美的集团的"少帅"，美的集团也成为中国家电行业乃至中国所有大型企业中少数的"老板低调"的公司，同时也是恰当地处理好家族关系的集团，所以，这个阶段的美的完成了从"福特汽车公司"向"通用汽车公司"的转变，这正是学习经典的成效。外界认为美的集团是一家营销驱动的公司，事实上，这还仅仅是一种表面的认识，美的集团更是一家管理驱动型的企业。美的集团新的5年规划（2011—2015年）提出了"再造一个美的"的计划，将2015年的经营目标确立为2000亿元，这一目标的实现与否关键仍然取决于管理对于经营的贡献。

山东六和集团成立于1995年，主营业务涉及饲料生产、食品加工、种畜禽繁育、进出口贸易、养殖担保等产业，2011年销售收入达到600亿元。六和集团的跨越式增长始于2003年，2003年3月—2004年12月六和集团用一年半多的时间实现了销售收入由28亿元～74亿元的跨越，为了体现管理的效率与价值，期间总体的资源投放保持了不变。在解决增长的问题上，一些原始资本积累较好的中国企业有着等比例资源投放的习惯，例如计划销售收入增加1倍，那么采取增加1倍销售人员的做法，但如果这样，企业实际并没有真正获得管理的贡献，因为企业的效率没有发生改变，销售人员的效率也没有发生改变；更重要的是，企业的可持续成长无法通过一味地资源投放来获得。从管理的角度，六和集团的跨越式增长与期间六和集团进行的一项与众不同的管理实践密切相关，即"发展他人，发展自己"。六和集团曾用很高的薪水来储备大量的高学历人才，这在当时的行业甚至中国企业界是不常见的，为了发挥他们的价值，六和集团将这些人才放到各个区域一线去锻炼，等他们再回总部的时候，他们已经成为泰勒所讲的"一流的工人"，管理的成效正是来自于这些人的劳动效率。当发现一个销售额上百亿的大型企业总部只有很少的几十人时，很多企业都感到惊讶，其实泰勒早就已经说明管理解决的是效率问题而非其他，这正是六和集团的管理者学习泰勒经典的成效。当前企业界会给予500强榜单以较高的关注，但站在管理的角度，需要更加关注人均效率，因为中国企业的人均销售及利润都远远落后于500强的平均水平：2007年，中国企业500强的人均营业收入、人均利润水平只相当于世界企业500强的23.7%和15.0%；2008年，中国企业500强的劳动生产率、人均利润分别只相当于世界企业500强的27.46%、27.59%，其中宝钢的劳动生产率、人均利润分别只相当于卢森堡阿塞诺米塔尔公司的82.82%、94%，迅速崛起的华为集团的劳动生产率、人均利润分别只相当于芬兰诺基亚的33.69%、10.02%，这才是真正的差距，也是解决问题的根本出发点。延续六和集团的案例，在管理实践中，当六和集团总经理决定大胆地分给这些人才去做的时候，事实上管理者就已经在践行德鲁克的分权管理，而总经理之所以可以有权这样做，也是出于老板对总经理的信任，这些行动使得分权与成效合为一体，之于目的与工具，经典理论都带来很好的实践指导。

此外，美的集团与六和集团都有一个共同的特征，虽然美的集团从风扇起家，但其所有业务上的安排都是围绕实现"让人类的生活更加美好"进行；六合集团则是为了带领中国的农民富裕起来，即"为耕者谋利，为食者造福"的使命，这也是六和集团可以成为农业行业领先企业的希望所在，因此，他们从经营上体现了德鲁克关于经营的内核，成果只存在于外部，显然，如果从经营上出现问题，管理本身是很难帮助企业成长的。

彼得斯（2009）曾指出，卓越企业之所以卓越是因为它们的基本功更加扎实，经营与管理呈现的正是企业的基本功底，企业的实践需要了解并总结其精要，而经典正是很好的学习素材。如果我们真的认真研学、理解并做到富有成效,这本身就是一种特色。当然,从某种意义上讲,经典理论并非完美,否则在泰勒之后就不会有法约尔和梅奥等人对于效率的补充;在德鲁克之后也不会有彼得斯和柯林斯等人对于成功组织的进一步认识。这也从另一个侧面表明了经典的奠基作用,如同赵曙明(2006)所言,现代管理学理论的大厦正是奠基在管理学经典基础之上。事实上,经典之所以称之为经典,不在于其完美与否,而在于其在时间和实践中的生命力,经典本身并没有发生改变,但是随着实践的进展我们对于经典的认识却可以发生改变,这就是真正的常读常新,也正是经典的魅力。

(原载:《管理学报》,2012年第9期;合作者:刘祯,徐梅鑫)

德鲁克管理经典著作的价值贡献

2011年中国企业500强的营业收入占世界企业500强的20.69%，总体规模差距正在进一步缩小；同时，净资产利润率高于世界企业500强，国际竞争力在逐渐增强。然而，在与世界一流企业的进一步比较中可以发现，中国企业在很多方面的差距还相当大：在企业规模实力方面，中国企业在许多行业还远远落后于世界同行领先企业；在技术创新方面，绝大多数中国企业500强的发展并不是由技术进步推动的；在人均营业收入方面，2011年中国企业500强为102.15万元，仅占到世界企业500强的45.6%。更需要关注的是：中国中小企业目前平均寿命仅3.7年，而欧洲和日本企业平均寿命为12.5年、美国企业8.2年、德国500家优秀中小企业有1/4都存活了100年以上。过去20年中国工厂工人的平均生产率已提高10倍，但仍不及美国同项指标的1/3。面对这样的现实，中国企业必须进一步提升管理的效率，而企业家和管理学者所贡献的管理价值还不够。中国企业在管理上的一些基本问题仍没有得到解决，例如：什么样的绩效才是真正的企业绩效？管理到底能够起到什么样的作用？管理者究竟应该如何发挥绩效？

管理已经有了很长的历史，但作为一个学科，其开创的年代应该是1954年，这一年德鲁克的《管理的实践》的出版标志着管理学的诞生，正是德鲁克创建了管理这门学科。为了表彰德鲁克对世界所做出的杰出贡献，2002年6月20日美国总统布什授予德鲁克以"总统自由勋章"。布什总统对德鲁克的评价是："彼得·德鲁克是世界管理理论的开拓者，并率先提出私有化、目标管理和分权化的概念。"2005年11月28日的美国《商业周刊》的封面故事是："彼得·德鲁克：发明管理的人。为什么德鲁克的思想仍然重要？"

德鲁克的经典著作承载着极具旺盛生命力的管理实践思想。回归到这些管理实践的经典著作中去寻找德鲁克的管理精髓，无疑将为我们提供巨大的帮助。诚如德鲁克管理学院创始人邵明路先生（2009）所言："经典经得起时间的考验，值得人们一读再读，常读常新。它不会代替你做出决策，制定方案，但是它会帮你理清思路，从任何新事变中发掘本质，找到它们的历史渊源。"

一、德鲁克经典著作的实践性

德鲁克深信，任何一种知识，只有当它能够应用于实践，并改变人们的生活时，这种知识才会有价值。因此，他一再强调实践是管理学的灵魂，管理学研究是实践行动的结果，并以现实世界与原始观念（指理论）的吻合程度来检验理论的有效性。正如他对于管理本质的精辟阐述：管理是一种实践，其本质不在于知，而在于行；其验证不在于逻辑，而在于成果；其唯一权威就是成就。美国管理思想史学家雷恩（2009）在《管理思想史》一书中称德鲁克为"管理实践的宗师"，对其成就进行了高度评价，并希望德鲁克的实践性管理思想能够促使学术界摆脱僵化，缩小管理理论与实践之间的差距。这也正如德鲁克本人所呼吁的那样，管理学研究方法应当从效率和实践观念出发，关心实际成果在组织、技术和企业制度中发挥的作用。Harristg（1993）也说过："德鲁克一向善于将抽象的理论还原为人们在日常工作生活中可以领悟到的思想观念。"

德鲁克（2007）指出，管理理论必须有充实的实践经验支持，它由3个要素组成：①问题导向、问题辨析与概念框架的提出；②一组说明各种组织及其管理学特性或变量间关系的命题；③可供验证的背景。从中可以看到，管理一定是来源于实践的，没有企业实践的成效，无法真正获得管理经验的总结和理论。德鲁克留给世人的经典著作正是源自于他对管理实践的关注与洞察，并通过与实践的互动来引领实践，这也正是其实践性所在。

在管理研究价值贡献的评判中，实践性的内涵要素要求做出2个方面的回答："研究问题在管理实践中的重要性""是否有问题解决方案的简明概括"。对这2个问题的回答，正好构成了这些管理经典的价值贡献的2个重要方面：正确地框定问题，并以强大的概念力将复杂的问题简单化。基于其实践性的特征，德鲁克的管理经典著作正是通过正确地框定问题与复杂问题简单化为管理实践和管理研究贡献了巨大的价值。

（一）框定问题

德鲁克（2007）经常说，虽然答案时时在变化，正确的问题不会经常变化。他始终认为，提问题是他的工作，而为问题找到答案则是经理人的责任。对于企业所遇到的问题，他从不为CEO们提供明确、精准的解答，而是通过提问来揭露那些隐而不见、影响企业绩效的议题。正如《大师的轨迹：探索德鲁克的世界》的作者贝蒂（2006）所说的："他教的是一种洞察力，一种看事物的角度，而不是对一大堆现状的分析。"

时任宝洁总裁兼首席执行官的雷富礼在给《德鲁克的最后忠告》一书的推荐序中，对德鲁克进行了这样的评价："德鲁克有一种非凡的天赋——化繁为简的能力。他有非常强烈的好奇心，总是不停地提出问题。他称自己为'社会生态学家'，因为他集历史、艺术、文学、音乐、经济学、人类学、社会学和心理学各家之长，并从这些灵感之源中提出了清晰明确的问题，同时得出简明扼要的德鲁克式见解，为行动指点迷津：'管理是做好事情，领导是做对事情''掌控变革的唯一方法是创造变革''市场营销人员是客户的代表'。德鲁克留给后代最永久的财富是他教会了许多人如何提正确的问题。"德鲁克（2007）认为，能提出管理实践中出现的问题并解决这些问题，是管理学进步的标志。在其经典著作中，他回答了管理实践研究中最根本的问题：管理作为独特的组织如何设定自己的结构？管理中如何面对人？管理决策的依据是什么？管理的范围如何界定？管理实践界定的标准是什么？管理的成效如何评价？当德鲁克清晰、准确地回答了这些问题的时候，管理实践所取得的成效被称为人类历史上最激动人心的一项创新。

（二）复杂问题简单化

从雷富礼的评价中可以看到，德鲁克具有将复杂问题进行有效简化的天赋。柯林斯在为《德鲁克日志》作序时曾做出类似的评价："德鲁克先生的才能有一个最耀眼的亮点，那就是面对纷繁复杂世界中的诸多现象，他能够用极具穿透力的只言片语将它们阐释清楚，并且揭示出其中的真理。他就仿佛是一位禅宗诗人，能够用寥寥数语道破玄机。我们可以反复品味德鲁克先生的思想，每一次都会有更深的理解。"的确如此，这些看起来并不复杂的思想使人们的思考得到了巨大的解放，指导企业的实践更加有效，这也是德鲁克管理实践思想的价值所在。

而德鲁克在将管理实践中纷繁复杂的问题简单化的同时，也为管理学的发展贡献了许多重要的概念。正如赵曙明对《管理的实践》的评价："现代大部分流

行的管理思想和实践都可以从《管理的实践》中找到根源,例如,目标管理、参与管理、知识员工管理、客户导向的营销、业绩考核、职业生涯管理、事业部制分权管理、企业文化、自我团队管理等。就像是平衡积分卡这样时下流行的管理工具,也可以从该书中对于企业目标的论述找到根源。"

管理的关键之一就是如何达成共识,共识的基础是拥有对概念的明确理解,这就是复杂问题简单化的能力。正如西蒙(2004)所说的:"管理理论的首要任务,就是要建立一系列概念,让人们能用这些与该理论相关的术语来描述管理状况。为了能够科学地应用这些概念,它们必须具有可操作性,也就是说,它们的含义必须符合实际观察结果或状况。"当人们学习并理解这些概念时,可以清晰地知道企业运行背后的复杂性以及解决之道,这也是德鲁克之所以被称为"大师中的大师"的根本之处。

二、经典著作的价值贡献:德鲁克管理思想的精髓

德鲁克的管理经典著作的价值贡献,不仅在于其框定了管理实践中的重大问题,并以复杂问题简单化的方式做出了解析,更在于这些经典著作所蕴含的丰富的管理思想。这些管理思想给了人们非常明确的指引,让管理实践本身具有真实可行的价值。他的思想对于中国企业的最大价值在于引领管理实践与管理研究回归管理和企业经营的精髓:创造顾客、卓有成效以及创新精神。

(一)企业的目的就是创造顾客

一开始,德鲁克管理思想的核心就是以顾客为中心。正如他总结自己的贡献时指出:"我是第一位认清企业经营的目的不在企业本身,而在企业外部——也就是创造与满足顾客——的人。"在他的第一本管理类书籍《公司的概念》中,他将通用汽车公司的成功归因于董事长阿尔弗雷德·斯隆对于顾客的独特理解而不是其科学的管理方法。2004年,在他发表于华尔街日报上的最后一篇评论文章《CEO的角色》中,德鲁克再次提出"一切都要从了解顾客开始"。

德鲁克(2009)在《管理的实践》中,明确地告诉人们:"如果我们想知道企业是什么,我们必须先了解企业的目的,而企业的目的必须超越企业本身。事实上,企业是社会的一分子,因此企业的目的也必须在社会之中。关于企业的目的,只有一个正确而有效的定义:创造顾客。"在德鲁克看来,市场不是由上

帝、大自然或者经济力量创造的,而是由企业家创造的。企业家必须设法满足顾客的需求,是顾客决定了企业是什么,因为只有当顾客愿意付钱购买商品或者服务的时候,才能把经济资源转化为财富,把物品转化为商品,才会有企业存在的价值。

1. 只能从顾客那里寻找我们事业的答案

德鲁克对于企业的目的给出的唯一答案就是"创造顾客",要了解企业就要了解企业的外部,要了解企业的外部就要从企业的顾客开始,这正是德鲁克管理实践的基本逻辑。所以,对于管理的实践,德鲁克(2009)给出的首要问题就是:"我们的事业是什么?"这是在企业实践的时间坐标上,不论是今天还是明天,企业都必须要面对和思考的重大问题。"我们的事业是什么"是决定企业成败的最重要的问题,而回答这个问题,只能从顾客那里寻找答案。

企业认为自己的产品如何并不重要,重要的是"顾客在哪里"。企业自身的产品并不会最后影响企业的前途或者成功,而是顾客最后决定企业的前途和成功。顾客对于企业的认同,对于企业产品和服务的认同,有着"决定性"的作用:顾客对于企业的评价,将决定这家企业是什么样的企业,它的产品和服务如何,以及这家企业是否会兴旺发达。所以德鲁克说:"顾客是企业的基石,是企业存活的命脉,只有顾客才能创造就业机会。社会将能创造财富的资源托付给企业,也是为了满足顾客需求。"

"我们的顾客是谁""顾客购买的是什么""在顾客心目中,价值是什么?顾客采购时究竟在寻找什么?"顺着德鲁克为企业领导者框定的这些关键问题可以发现,洞悉顾客的需求并不像人们想象的那么困难。但为什么许多中国企业却无法做到这一点?根本原因是这些企业没有真正转变为以顾客为导向的思维方式和管理习惯。只有站在顾客的角度来衡量公司的一切活动,企业才能获得持续发展的驱动力量。

2. 结果只存在于外部

德鲁克(2007)告诫:"对所有的企业来讲,我们都应该记住的最重要的一点就是,结果只存在于企业的外部。商业经营的目标是让顾客满意;医院的目标是治愈病人;学校的目标是使学生学到一些在10年后参与的工作中能使用到的知识。而在企业的内部,只有成本。"

"我们的顾客是谁""顾客购买的是什么""在顾客心目中,价值是什么"这些都是营销战略必须要解答的基本问题。德鲁克(2007)也曾做出回答:"顾客所购买的，并认为有价值的东西，绝不是一件实实在在的产品，而始终是'效用'，即一件产品或一项服务可以为该顾客做些什么、带来什么影响？"德鲁克很早就已经意识到顾客需要的不是产品而是方案，原因就在于其能够站在企业的外部考虑。

德鲁克有一句名言：如果你把"功绩"从你的词汇表里抹掉，用"贡献"取而代之，那么你将在经营中获得最佳的成果，贡献能够使你把工作中心放到合适的地方——客户、员工和股东。"贡献外部"是基于正确理解"结果只存在于外部"这一原理而做出的实践。华为成功地实现服务转型，正是准确地把握住了这一点。

3. 创造顾客的中国案例：华为的服务转型

在1988年创立之初，华为就明确了自己的战略安排和路径，即致力于向客户提供创新的满足其需求的产品、服务和解决方案，为客户创造长期的价值和潜在的增长。华为总裁任正非为华为高管确定的责任包括3件事：点兵、布阵、与顾客沟通。而随着中国通信市场的竞争日益白热化，电信运营商迫切需要全面良好的服务来缩短从网络建设到提供业务的周期，为最终用户提供更加缜密优质的服务。华为顺应行业发展趋势适时地进行了调整，推出了一系列贴近客户需求的服务。

鉴于电信行业价值链产生了深刻的变化，运营商已经从重视网络建设、依靠网络规模扩张的外延式发展，转向重视市场营销和新业务开发的内涵式发展。为寻求业务的竞争优势、降低运营成本，运营商需要在成本和规模和专业化方面具有相对优势的合作伙伴。产品仅仅是解决方案和服务的载体，客户最终需要的是满足其业务需求的、从基础设施到应用程序的、端到端的解决方案和服务。电信设备供应商只有改变以产品为导向的模式，真正转变为以客户需求和客户服务为导向的模式，积极与电信运营商进行价值链重整，提供多业务的整体解决方案，才有可能在价值链竞争中构筑优势。

面对行业环境的改变，华为抓紧进行相应的业务变革、流程重组和组织调整，对服务市场展开新一轮战略性布局——从提供基础售后服务实现向整体解决方案提供商转变；客户最终需要的是服务，而产品只是服务的载体。华为通过服务转型，加大高端服务的投入，逐步形成企业为终端顾客提供整体服务和解决方案的能力。正是因为进行了从设备供应商到整体解决方案提供商的重要战略调整，华为才在这个竞争复杂多变的行业中保持持续领先。德鲁克在《管理的实践》一书中通过讲述西尔斯的故事来阐述"创造顾客"。而在中国企业中我们看到，华为同样因为坚持"从顾客那里寻找自己事业的答案"，从而获得了持续成长的力量。华为的成功实践印证了德鲁克给出的常胜公司的秘诀，那就是不断地为顾客创造价值。

（二）卓有成效的管理

虽然《卓有成效的管理者》出版于1966年，但是美国哈珀·柯林斯出版公司在2002年出版《哈珀企业管理经典丛书》的时候，还是毫不犹豫地把它收录了进来。这不仅说明对这本书的需求依然旺盛，更说明了德鲁克在书中提出的管理理念经得起时间和实践的考验。

为什么需要卓有成效的管理者？谁是管理者？管理者必须面对怎样的现实？什么是有效性？卓有成效可以学会吗？如何才能使自己成为卓有成效的管理者？这些是德鲁克在《卓有成效的管理者》一书中提出的关键问题，也是中国管理实践当中的重大问题。他在书中明确地指出管理者的价值所在。他认为，卓有成效是管理者的职责所在。如果做不到卓有成效，"绩效"也就无从谈起。实际上，让自身成效不高的管理者管好他们的同事与下属，那几乎是不可能的事。管理工作在很大程度上是要身体力行的，如果管理者不懂得如何在自己的工作中做到卓有成效，就会给其他人树立错误的榜样。在德鲁克看来，个人的成效越来越取决于其在组织中的工作是否能取得成效，是否能成为卓有成效的管理者。现代社会及其运转的成效，也许还包括其生存的能力，也越来越取决于各类组织中管理者的成效。

1. 管理必须有效

人们非常认同德鲁克对于卓有成效的理解和判断。更加重要的是，他让人们知道卓有成效是可以学会的，也是必须学会的。在《卓有成效的管理者》里，德鲁克告诉人们传统管理者与有效管理者的区别是什么。在德鲁克看来，传统管理者的首要特征是专注于烦琐的事务中，因而他们的时间属于别人；第2个特征是身在什么岗位上，就用什么样的思维方式来看待问题，不知道整个系统所需要的条件是什么；第3个特征是只专注于事物，忽略了人的培养。在中国企业的管理实践中你会发现大部分的管理者都具有德鲁克所描述的传统管理者的特征，这也是为什么中国企业的管理效率不够高的主要原因，所以必须学会做有效的管理者，通过不断地实践，最终将追求成效变成一种习惯。

管理必须有效，如果管理实践不能够有所作为，将是对实践所调用资源的极大浪费，绩效不存在，管理也就无从谈起。企业一定要明确人是用来创造价值的，否则，人力就完全沦为企业的成本，而"人是资源不是成本"是德鲁克反复强调的。这要求企业管理者不能责怪被用的人，而是应该致力于发挥人的长处。管理本身的过程并不程序化，也没有明确的对错之分，只要能达到期望的成果，就是有效的管理。德鲁克（2009）常说，效率是把事情做好，效果则是做正确的事情，务必要把正确的事情做好，这就是管理。

2. 管理者就是贡献价值

对贡献的承诺，就是对有效性的承诺。没有这项承诺，管理者就等于没有尽到自己的责任。德鲁克认为："管理者本身的工作绩效依赖于许多人，而他必须对这些人的工作绩效负责。""管理的主要工作是帮助同事（包括上司和下属）发挥长处并避免用到他们的短处。"这正是管理者的价值所在。如果管理者能够贡献自己的作用，让下属和上司发挥绩效，管理者自身的绩效也就表现出来；如果管理者自己发挥绩效并替代所有的下属或者上司，那么这个管理者就不能够称之为管理者。

德鲁克（2007）在《卓有成效的管理者》中指出，"重视贡献，才能使管理者的注意力不为其本身的专长所限，不为其本身的技术所限，不为其本身所属的部门所限，才能看到整体的绩效，同时也才能使他更加重视外部世界。只有外部世界才是产生成果的地方。因此，他会考虑自己的技能、专长、作用，以及所属的单位与整个组织及组织目标的关系。只有这样，他才会凡事都想到顾客、服务对象和病人。事实上，一个组织之所以存在，不论其产品是商品，是政府的服务，还是健康医疗服务，最终目的总是为了顾客，为了服务对象，或为了病人。因此，重视贡献的人，其所作所为可能会与其他人卓然不同。"

关于"管理者的承诺"，德鲁克曾经将其描述为：①承诺目标。对于结果目标的承诺可以回答做什么以及做到什么程度的问题。②承诺措施。对于执行措施的承诺是回答如何做的问题。③承诺合作。这是回答与谁做的问题，也就是管理者和被管理者之间的合作分工问题。有了承诺，管理才能够真正具有有效性。《卓有成效的管理者》的发表，让管理进入了真实的境地：解决问题，贡献价值。因为德鲁克，管理变得卓有成效；因为德鲁克，管理者释放了自己的价值。事实上，德鲁克对于管理者成效的解析，再次展现了他将复杂问题简单化的能力，体现了管理精髓的痕迹。在这一点上，我们也从海尔的管理实践成效中看到了德鲁克管理思想对于实践的引领和价值贡献。

3. 卓有成效的中国案例：海尔的管理实践

海尔集团总裁张瑞敏回忆起自己在研读德鲁克的著作时，提到对他冲击最大的一句话是"管理得好的工厂，总是单调乏味，没有任何刺激动人的事件。"那些在突发事件中表现英勇的人和事的确激动人心，但我们需要的不是停留在对那些英雄人物大张旗鼓地表彰上，而是要扎扎实实建立避免发生这类突发事件的机制。这使得张瑞敏以及他的管理团队认识到有效管理的重要性，有效就要防患于未然，将例外管理变成例行管理。这也正体现了德鲁克的"管理必须有效，管理者必须卓有成效"的管理精髓。当时他们根据企业的实际，创造了"日清"工作法，即"日事日毕，日清日高"，将每项工作的目标落实到每人、每天，形成"事事有人管，人人都管事"的氛围，大到一台设备，小到一块玻璃，都有人负责。每天下班前要根据目标对工作完成的情况"日清"，而日清的结果又与本人的奖罚激励挂钩，这样便形成了目标、日清、激励三者间的闭环优化和良性循环。即德鲁克所说的，管理者通过对目标、措施、合作的承诺来贡献价值，从而获得管理的有效性。

海尔通过"日清"工作法的推行，提高了整体管理素质，解决了当时在管理上普遍存在的无效无序的问题，这也使海尔于1988年在行业中以劣势小厂的地位战胜许多优势大厂，摘取了中国冰箱史上的第一枚金牌。张瑞敏说，这枚金牌要归功于"日清"工作法，更要归功于德鲁克先生。对于海尔的实践成效，你可以从《卓有成效的管理者》的研究结论中找到精彩的注解："管理者有效性的发展，其实是对组织的目标和方向的挑战。有了这种挑战精神，我们就能转移视线：由专注问题转而重视机会；由只见人之所短转而能用人所长。组织到了这一境界，就会对外界的优秀人才产生很大的吸引力。内部既有的人力也将获得更大的激励，做出更大的贡献。组织拥有优秀人才，并不一定能更为有效。组织之所以能拥有优秀的人才是鼓励自我提高的结果，因此标准日高、习惯日善、风气日良。而何以能有这种结果，那要靠组织中的每个人都能切实进行自我训练，成为有效的管理者。"

（三）创新精神

沿着德鲁克管理精髓的指引，企业管理者从顾客那里了解到企业的目的，并以对贡献的承诺来获得管理的有效性。然而，当企业管理者试图以有效的管理来实现企业的目的——创造顾客的时候，就会发现只有这些还不够。于是，德鲁克又告诉人们,要满足顾客的要求,各种生产要素的简单组合是不能创造价值的,必须依靠企业的创新。在他看来,"创新"是一个经济或社会术语,而非科技术语。创新就是改变资源的产出,通过改变产品或服务,为客户提供价值和满意度。在《创新与企业家精神》一书中,德鲁克(2007)指出,美国经济之所以能够保持旺盛的生命力,是因为近50年来美国经济已经完成了由管理型经济向企业家经济的深刻转型。企业家精神的核心是创新实践的精神,而创新是企业持久生命力的来源。正如德鲁克(2007)在书中所说的,"这要求所有机构的管理者把创新与企业家精神当作企业和自己工作中的一种正常的、不间断的日常行为和实践。本书的目的,就是提供完成这项工作所需的概念和工具。"

1. 创新是企业持久生命力的来源

为什么创新会有如此的魅力?因为企业的创新精神就是创造顾客的能力,对于企业竞争能力实质的理解可以让我们评判企业的真实能力。企业的竞争能力实质上就是使用和配置各种生产要素的能力,而企业真正具有的核心竞争力就是创造顾客价值的能力。这要求企业对顾客的核心利益做出关键性的贡献,并以独特的差异化优势获得顾客的认同。因此,不断地推出新产品和新服务以满足顾客需求,是企业具有旺盛、持久发展的生命力的根本源泉。德鲁克(2007)指出,变化为新颖且与众不同的事物的产生提供了机会。因此,系统的创新存在于有目的、有组织地寻找变化中,存在于对这些变化本身可能提供的经济或社会创新的机遇进行系统化的分析中。绝大多数成功的创新都是利用变化来达成的。

在商业史上,拥有远见的企业家早已提出过零星的创新性思维。甚至我们可以这样认为,经济繁荣与社会发展正是企业家创造性思维转化为行动的结果。正如德鲁克在《创新与企业家精神》一书中所言:本书认为在过去的10~15年间,美国出现的真正的企业家经济是现代经济和社会史上最具深远意义和最鼓舞人心的事件。德鲁克从这种现象中提炼出管理实践中的关键问题:什么是创新与企业家精神?何时以及为什么进行创新与企业家精神的实践?

事实上,商业本身已经进入了一个自我探索、理论和实践相结合的领域,德鲁克提出创新和企业家精神是为了探讨他们的行动和行为。在过去的几十年中,复杂的理论、严谨的分析不断地启发人们对于这个问题的辩论和研究。同样地,德鲁克也坚信创新与企业家精神的重要性,但他更注重创新和企业家精神的实践。事实上,他将创新和企业家精神视为企业高层管理者的工作的一部分,这是德鲁克的着眼点。

2. 创新就是实践的创新

德鲁克在《创新与企业家精神》一书中告诉人们：创新是有目的性的，是一门需要不断实践的学科。所以他首先向人们展示了企业家应该在哪里以及如何寻找创新机遇。随后，又探讨了将创意发展成为可行的事业或服务所需注意的原则和禁忌。在做这部分分析的时候，德鲁克认为：创新是企业家特有的工具。他们凭借创新，将变化看成是开创另一个企业或服务的机遇。创新可以成为一门学科，供人们学习和实践。企业家必须有目的地寻找创新的来源，寻找预示成功创新机会的变化和征兆。他们还应该了解成功创新的原理，并加以应用。

如何成功地培育出企业家精神，是德鲁克重点讨论的第2个问题。德鲁克从现存企业、公共服务机构以及新企业3个方面来讨论企业家管理。这3类企业也正好涵盖了目前我们能够理解的所有组织机构的特性。现存企业会更多地从商业的角度出发，注重那些与企业息息相关的社会问题，对于社会问题的长期关注，可能会从根本上重新定义"公司"的根本目的。公共服务机构，更多的是从社会问题本身出发，将企业的管理技能运用在社会目标的实现上，它们通常具有更强大的道德力量。最后是新企业，一如其在所有主要的企业家时期所表现的一样，新企业将继续成为创新的主要载体，企业家精神就是创新实践的精神。

如何成功地将一项创新引入市场是企业家战略的核心。德鲁克告诫人们：创新是否成功不在于它是否新颖、巧妙或具有科学内涵，而在于它是否能够赢得市场。若一个企业家不具有创新市场的能力就会被远远地抛在后面，这是人们的共识。但是问题的关键不在于是否理解，而是在别人已经开始运用全新商业理念的时候，我们却处在被动的状态，因此在判断是否具有创新能力的时候，我们需要看到的是用什么样的方式进入市场，所以说企业家战略是创新市场的战略。

创新既是一种精神，同时也是一种行动，这一点正是德鲁克管理实践思想最为精华的地方。创新如果停留在观念、思想和制度上，没有转化为行动和结果，创新就没有任何价值和意义。企业家的本质就是实践，所以需要安静下来，评判一下你与德鲁克所倡导的创新思想有着多大的差距，或者对照德鲁克的观点想一想：是否让创新转化为行动及结果？如果能够真正体会到德鲁克管理实践思想的精髓，你一定能够做到这一点，进而成为真正意义上的商业领袖，这也正是我们在阿里巴巴成长过程的创新实践中所看到的。

3. 创新精神的中国案例：阿里巴巴的创新实践

B2B商业模式最早出现在美国，或许今天已经没有太多人还记得

COMMERCEONE、ARIBA、FREEMARKETS这些B2B的先驱,而真正将B2B模式可持续地做成功的,却是中国的阿里巴巴,它的率先盈利和上市,让世界为之一振。阿里巴巴开创的为商人与商人之间实现电子商务而服务的模式,被认为是符合亚洲,特别是符合中国发展特点的B2B模式,并被誉为是继雅虎门户网站模式、亚马逊B2C模式和eBay的C2C模式之后,影响全球互联网的第4种模式。这得益于阿里巴巴对中国中小企业的把握与了解,对全球互联网及电子商务的深刻理解,以及不断实践的创新精神。

美国的电子商务都是为大企业服务的,但在中国,中小企业很多,并且它们才是最需要帮助的。因此,阿里巴巴从诞生之日,弃大选小、倒立思考就是一种创新。于是,在阿里巴巴的"六脉神剑"价值体系中也就有了这样2条:客户第一——客户是衣食父母;拥抱变化——迎接变化,勇于创新。阿里巴巴所有的高管,无论工作多忙都会走访客户,因为他们始终坚持思考如何为客户提供更好的服务。他们认为创新应该全部来自于客户,不做客户不喜欢的创新,创新在于解决客户的问题。于是,2007年阿里巴巴在德国柏林荣获WHARTONINFOSYS商业创新奖(WIBTA)时,评委会对其进行了高度的赞扬:阿里巴巴开拓了一个崭新的方法推动世界贸易;作为国际贸易平台,阿里巴巴让中小型企业接触到大市场,帮助它们与大机构和大公司公平竞争。

阿里巴巴的诞生与成长源于其对企业目的的清晰认知:创造顾客——中国大量亟须贸易平台以支持渠道发展的中小企业;对于外部贡献的承诺——"让天下没有难做的生意",也不断地推动其获得管理的有效性和成长的力量。阿里巴巴抓住了客户最关心的焦点——买与卖的过程中的是简单易用,并对此做出了关键的价值贡献。同时,因为意识到决定B2B领域胜负的不是资金或技术,而是诚信问题,为了让客户降低诚信问题导致的交易风险和交易成本,阿里巴巴创造性地推出诚信通服务。再如,阿里巴巴与银行合作推出面向中小企业主和个体户的小额贷款,破解融资难的坚冰。这次史无前例的创新具有深远的影响和重大的意义。它让中国网民认识到,网络信用一样可以转化为银行信用,任何人的信用都是个人在社会中的立身之本。这是阿里巴巴对中小企业和社会最大的贡献。阿里巴巴以"让天下没有难做的生意"的强烈使命感和服务第一、客户第一的价值观,不断地推出新产品和新服务以满足客户的需求,不断地实践创新精神,如德鲁克所言,这正是企业具有旺盛、持久发展的生命力的根本源泉。

三、结语：比使命更重要的是实践

通过对德鲁克管理思想精髓的回顾，我们不仅看到了其经典著作的价值贡献，也看到了他对于挖掘和把握管理实践的关键问题，将复杂问题简单化所做出的努力，这些都是管理学者们需要致力学习和不断实践的。与很多管理学家相比，德鲁克贡献的不仅仅是思想，更多的是思想对实践的解说和指引。当实践被他的思想指引的时候，我们发现整个管理的版图为之改变。这也是这么多年来，他的思想在全世界范围内传播，被众多的大企业追随的原因所在。

我们一直在思考德鲁克思想旺盛的生命力的来源，最后发现其长盛不衰的原因就在于，作为旁观者的德鲁克的思考是如此地贴近管理实践的真实情况，以至于后人的所有优秀作品的重要观点几乎都可以从其思想中找到根源。正如著名管理和组织行为专家，查尔斯·汉迪所说："差不多一切都可追溯回德鲁克身上。"汤姆·彼得斯也承认，"我们在《追求卓越》中所写的所有内容，在《管理的实践》一书的某个角落都能找到"。而作为《企业再造》的作者之一的迈克尔·哈默更是说："翻开德鲁克先生的早期作品，我总是有点颤抖，因为我害怕自己最新的想法早在几十年前就被他说中了。"与此同时，良好的就业也是学子们最大的愿望。如果地方院校能在就业方面创造自身独特的效应，何愁没有好的生源。

（原载：《管理学报》，2012年第12期；合作者：陈鸿志）

德鲁克先生的价值贡献

管理作为一种实践活动和研究领域，已经有了很长的历史，但1954年彼得·德鲁克《管理的实践》的问世则标志着管理学的诞生：正是德鲁克创建了管理学这门学科。2005年11月28日的美国《商业周刊》的封面故事是："彼得·德鲁克：发明管理的人。为什么彼得·德鲁克的思想仍然重要？"

今天，彼得·德鲁克1994年写给《经济学人》主编的信首次公开面世，展现在读者眼前，让我们再一次沐浴到德鲁克先生的思想光芒。读罢"Peter Drucker, Salvationist"一文及德鲁克的信件，我再次感受到德鲁克先生给予管理学者的巨大帮助：如何贡献管理研究和管理教育的价值。

一、管理研究：解决实践问题

德鲁克先生的真知灼见是他丰富的企业实践、咨询经验的总结。在信中，他列举自己1950—1971年间从事管理学研究和实践的累累硕果。这一时期，他完成了自己9部主要管理学著作中的6部；这一时期，他是纽约大学研究生院的全职管理学教授，其中有10年，他还在宾夕法尼亚大学沃顿商学院任兼职教授；他的主要商业咨询活动也是在这一时期完成的。这样的研究路径，让德鲁克的著作承载着其极具旺盛生命力的管理实践思想。

德鲁克先生认为，管理研究要解答实践问题。能提出管理实践中出现的问题并解决这些问题，是管理学进步的标志。在其一系列经典著作中，德鲁克回答了管理实践研究中最根本的问题：管理作为独特的组织活动如何设定自己的结构？管理中如何面对人？管理决策的依据是什么？管理的范围如何界定？管理实践界定的标准是什么？管理的成效如何评价？当德鲁克先生清晰、准确地回答了这些问题的时候，管理实践所取得的成效成为人类历史上最激动人心的一项创新。

二、管理教育：必须知行合一

阅读德鲁克先生的信，我第一次知道克莱蒙特学院德鲁克管理学院的缘起。在这之前，因为导师赵曙明教授毕业于这所大学而有所认识，但是并不知道原来是德鲁克依据自己的理念亲手创办了这所管理学院，并且让一位"即将被打入冷宫、无所事事的同事""开启了成为成功教育创新者和创业者的全新生涯"。看到这些，真是出乎意料的惊喜。我觉得，管理教育就应该如德鲁克先生所设计的那样，让管理者"可以把课堂上学的东西立即运用到他们的实践中，同时把他们在日常工作中的经验和问题拿到课堂上进行讨论分析"。

德鲁克在克莱蒙特学院的管理教育实践，也体现了他对于管理本质的一贯的理解，就是"知行合一"。德鲁克自己就是"知行合一"的典范，虽然他所创立的教学项目在当时不被主流商学院接受，但是他坚持要为学生"贡献"价值，坚持"保持足够的小规模，以便能够进行创新、实验、变革，以使全体教授和学员能够真正地相互熟识"，最终，其创设的管理教育被广泛复制，甚至得到沃顿商学院的认可。

三、管理学者：拥有创新精神

阅读德鲁克的信件还有一个强烈的感受，就是看到德鲁克先生满满的"创新精神"。他不断关注管理实践创新，并不断地提出自己的新的管理理论和思想。例如，他研究通用汽车这样的大型组织，主张大型组织要尽可能地扁平化、"去层级"，并建议通用汽车拆分成至少两家、最好三家相互独立又相互竞争的公司，以便让其重新获得"创业动力"。再如，他早在20世纪60年代末就预见到，知识将成为关键资源，信息全球化将削弱大型组织的规模优势。德鲁克先生敏锐的前瞻视野和充沛的创新精神令人赞叹。

德鲁克先生很早就意识到提升现代社会中非营利组织机能的重要性，于是将其管理咨询和管理教育延展到非商业领域。他早期主要从事商业咨询，而在后期，他将咨询工作的中心转移到非营利机构，尤其是教会。他在克莱蒙特学院所设立的课程，来自各级政府、军队、医院、教会、学校、社区服务中心等非商业组织的高管学员，占到学员总人数的1/3～2/5。

四、结束语：比使命更重要的是行动

"比使命更重要的是实践"这句话是我总结德鲁克先生经典著作价值贡献一文的结束语。在点评先生的信件时，我忍不住还是用这句话做结束语，但是改动了一个词：比使命更重要的是行动。我们一直在思考德鲁克思想的旺盛生命力的来源，最后发现其长盛不衰的原因就在于，作为旁观者的德鲁克的思考是如此地贴近管理实践的真实情况，以至于后人的所有优秀作品的重要观点几乎都可以从其思想中找到根源。

德鲁克的思想可以被不同的个人和组织所接受并且应用于不同的领域，正是源于他对于管理本质的界定："管理是一种实践，其本质不在于'知'，而在于'行'，其验证不在于逻辑，而在于成果。"对于每一个管理学者而言，比使命更重要的是行动，就像德鲁克先生倾力实践他的使命一样。

（原载：《外国经济与管理》，2017年第6期）

第三部分

教育与研究方法

经济发达地区地方高校与产业界的合作模式探讨

在我国的经济发达地区，有一批在改革开放大潮中崛起的新兴工业城市与地区。这些城市从自己的实际出发，走出了一条适合自身的经济发展道路，即以经济国际化带动农村工业化和城市化的发展道路，在短短的20多年，就完成了西方发达国家曾用10多年、亚洲"四小龙"曾用40多年才完成的工业化，迅速从一些农业县市发展成为一批全国乃至国际闻名的新兴城市，创造出令世人瞩目的奇迹。

这些城市的经济无疑是取得了飞速的发展，然而，与它们的经济发展不相匹配的是这些城市与区域的高等教育的发展现状，其高等教育的共同特点是拥有一所或少数几所地方性的高等院校。这些城市在改革开放的初期由于抓住了机遇，在全国率先富裕起来，但要想进一步向前走，还大多缺乏自主的技术、高层次的人才以及深厚的城市底蕴，这与它们相对滞后的高等教育不无相关。一个区域的发展智力资源在现代是首要条件，而大学和科研院所是科技与智力资源最密集的地方。大学和科研院所可以为城市与区域的发展提供新的知识和技术，可以为企业进行相关的教育和培训，可提供企业所需要的高技术人才，它们还可直接办衍生企业。

所以，这些城市也需要发展自身的高等教育，挑起人才培养和人才储备的责任，并通过人才培养与人才储备来实现对经济发展的支撑功能，使其成为区域长期经济发展的坚强后盾。因此，如何发展这些地区的高等教育，使其尽快与经济发展相匹配，就是摆在这些城市现有的地方性高等院校面前的课题。无论是从现有的师资还是生源上，这些院校都无法与国家重点大学相比拟。但这些院校可以充分利用当地经济发达的优势，走有城市特色的创新之路。

高等院校与产业界的合作历来就有，几乎是所有的高等院校目前都与产业界合作，只是合作方式与合作程度有所差异。对于这些经济发达地区的地方性高等院校而言，可以加大与产业界合作与渗透的力度，进行全方位、深层次的合作，使学校发展与经济发展紧紧连在一起。

地方性高等院校与产业界合作的模式大体可以分为以下4个方面（图1）。

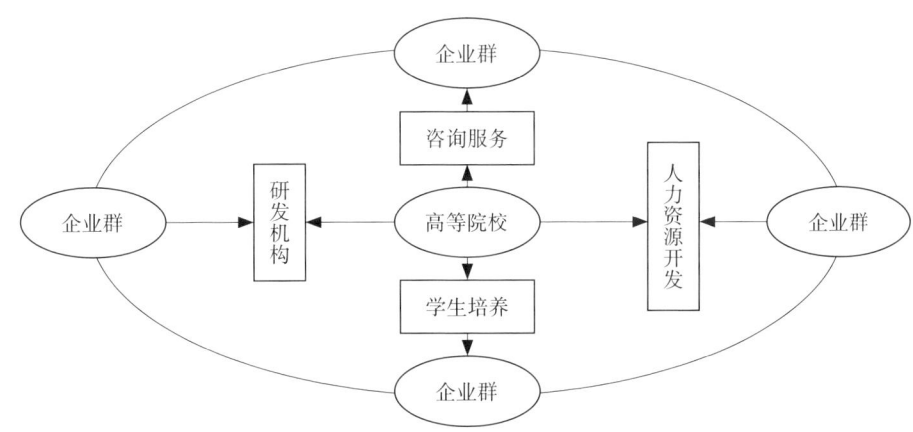

图1　高等院校与产业界的合作模式

一、共同构建研究开发机构，促进科技成果的实用化

一方面，为了维持自身在市场上的领先地位，在竞争中取胜，企业需要不断投入大量的人力与物力，从事研究开发工作。但限于企业经营规模与经营成本，许多研究开发工作无法单独在某个企业内进行，而需要以委托方式交由研究单位或高校内的科研小组来进行。

另一方面，大学是我国创新人才最密集、科研成果最丰富的地方，但由于种种原因，科技成果转化和产业化的中间环节不畅，大学科技成果转化是"量"大而"质"上不去，表现为转化速度慢、转化效率低，真正形成产业的比例非常小。这其中除了基础科学研究部分薄弱外，还突出表现为应用科学研究与实践脱节。

经济发达地区的高等院校可考虑将重点放在应用科学研究上，以寻求科技成果转化的新形式，并创造一定的环境条件，提供必要的现代化装备，使学校的科技链与社会的产业链较快地链接起来，不为研究而研究，而是根据社会的具体需要与课题开展科学研究，从而使成果直接被企业所用。

双方的合作不但可以节省产业机构雇用研究人员的开支，还可以利用学校优秀人力资源与企业的优良设备，从事与实际紧密结合的研究工作，研究成果可直接产业化，成为企业技术创新的强大支撑力量。

二、共同进行学生培养

学生不仅需要理论知识的掌握，还需要实际的操作技能。现在高等院校的学生由于参与社会实践的机会不多，大量学校的各种实习因为找不到合适的接收单位而流于形式，毕业生往往表现出缺乏实践操作能力与社会经验。

但经济发达地区的地方性高等院校可凭借自身独特的优势，积极推进与企业界的联合，让企业成为学校的实验基地，让学生积极参与企业的研究开发以及生产经营活动。通过参与设计、制造、检测以及企业经营，学生将获得极为珍贵的实践经验。由于学生在校期间有了在企业中的感性认识与实际操作的经验，进而缩短了学与用之间的差距，为他们毕业后直接进入企业界工作奠定了基础。同时企业可将本地的高等院校作为自身重要的人才培养基地，让大学生在读期间的知识结构符合企业未来的人才需要，减少企业引进人才的培训成本，同时也缩短了人才进入企业后的培养时间，使他们可以很快进入正式角色，而不需要太长的实习期。

当然要真正做到产学在合作培养学生上达成一定的默契，还必须从专业设置与课程设计上与当地企业的需要紧密结合。学校可通过成立一个指导委员会与企业界进行紧密接触来共同对学生进行培养与开发（图2）。在指导委员会中，除了校方和教育界人士以外，还应包括许多企业界中优秀的企业家。通过指导委员会搭建学校与企业之间的平台，帮助学校规划如何进行专业设置与课程设计，

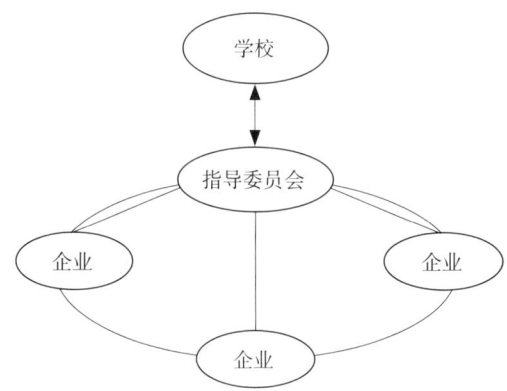

图2　学校与企业界密切合作形式——指导委员会

并通过这个平台，让学生的一部分课程在企业得到学分，从而培养学生的实践能力。在此过程中，校产双方需要共同合作的内容初步构想为：

（1）指导委员会可通过对社会和行业背景的调查来预测专业设置，达到专业紧密结合地方、行业发展，并能满足未来发展的目的；

（2）校产双方依据资源，共同构建人才知识、能力、素质结构框架；

（3）根据总的人才培养目标，双方专家依据协调统一、循序渐进的原则，划定不同阶段的培养目标；

（4）依据不同的专业设置，以及社会对人才知识结构的要求进行课程设计，并注重开发实践性比较强的课程，确保课程的实用性、先进性、综合性；

（5）在学生大学学习中的最后一年，将为他们配备一个产业界的导师，从而给予学生有关实际方面的指导。

校企互动的过程中，学校可以共享企业的教育资源（经费、实习场所、实习设备、新技术信息、兼职教师）；而企业则可以利用学校拥有的资源来扩大知名度。双方可以本着互惠互利的原则，以专业人才培养目标为根据，制定双方合作计划，以协议来规范和约束双方的合作教育行为。

对于特别缺乏某种专门人才的企业，甚至可以考虑在学生进入专业课学习之前，与校方和学生本人签订三方协议，作为定向培养；学生在读期间可在企业半工半读，并给予他们合理的经济补偿，使他们毕业后直接进入该企业工作。

三、人力资源开发

人力资源开发包括两个方面：一是对学校教师潜能的开发，一是对企业内部员工的开发。

学校在产学研合作开发的过程中，必须让教师亲自了解产品的生产程序，并参与产品研发或产品改良，从而使教师对产业实务有深入的认识，这样不仅有助于教师知识的更新、在教材与教法上得以改进，而且也有助于改进他们的思维方式。

为了增加企业竞争力，许多企业开始开发企业内部的人力资源，但由于自身缺乏人力资源，许多企业还没有对员工进行完整、系统的培训和开发计划。而随着知识经济时代知识贬值周期的加快，员工们非常渴求新知识。这样，当市场上其他企业能提供良好的培训条件再辅之以其他手段后，大量优秀员工就开始流失

了，对于企业的这种现象，学校将以师资设备、场地为企业提供培训服务，并提供给员工进一步深造的机会。

四、为产业界提供技术和管理咨询

一般高等院校都拥有雄厚的师资，这不仅是学校教学、科研的源泉，而且对产业界的发展可以做出巨大的贡献。为了充分挖掘教师、科研人员的潜力，学校应鼓励他们走出校门为企业服务，这样不仅可以使企业受益，而且能增强他们的实际操作能力。对此，高校可考虑为企业提供一些它们无法独立完成或者独立完成难度较大的咨询。这些咨询具体包括：

（1）决策咨询。为国家、地区、企业、集团的发展战略和各种战略性问题，提供综合调查研究资料和系统设计方案；为国家、地区、企业、集团的技术经济政策的制定，提供调查研究方案和建设方案；为科学技术发展规划的编制和大型科研项目的组织实施，设计各种实施方案；对资源的综合开发利用、环境保护、建设项目等，提供科技方案，进行可行性研究和技术经济论证，为领导决策服务。

（2）工程技术咨询。对工程建设项目、技术改造项目、技术引进项目等进行可行性研究，或对可行性研究方案进行综合评价，并在对建设项目的技术先进性和经济合理性进行系统分析和科学论证的基础上，提出几种不同的论证方案，供决策者参考。

（3）管理咨询。具有丰富的管理知识和经验，并且掌握了咨询技法的科技人员，在企业提出要求的基础上深入企业，并且和企业管理人员密切结合，应用科学的方法，找出企业存在的主要问题，进行定量和确有论据的定性分析，查出存在问题的原因，提出切实可行的改善方案，进而指导实施方案，使企业的运行机制得到改善，从而提高企业的管理水平和经济效益。

（4）专业咨询。提供一些涉及面较窄、专业性较强的技术咨询服务，如会计咨询、财务咨询。

（5）信息咨询。即对需要查阅的文献项目及有关统计数据等信息方面的咨询。在实际中，各地区高校可根据自身以及所处地区的具体情况来决定学校主要为当地提供哪几类咨询。

总之，经济发达地区的地方性高校可以凭借外部良好的经济社会环境，寻求与产业界的联合以创造自身的特色与竞争优势。本文着重从研究开发、学生培养、人力资源开发以及咨询服务等方面探讨了与产业界合作的模式，但高校与产业界的合作不限于此，可进一步全方位探讨多种合作模式。

（原载：《现代教育科学》，2004年第5期；合作者：曹洲涛）

经济发达地区地方院校生源的吸引与拓展

本文讨论的地方性院校专指经济发达地区而言。

在我国,地方性院校的出资者一般都是地方政府,其主要功能就是为地方培养并输送大量的优秀人才。因此,目前国内评价一所地方院校的水平,主要看其向社会输送人才的质量。如何才能培育出更多更优秀的毕业生,固然受高校的教学质量、师资等诸多因素影响,但目前我国高校运作的现实表明,地方性院校与国家教委重点院校在学生培养方面的差距更多的是由生源不同引起的。我们看到在一些经济发达地区的地方院校,利用自身的地缘优势和灵活的经营机制,从国内外吸引了大量优秀的师资,教育水平非常不错,然而受传统与习惯思维的限制,还是难以拥有优秀而广泛的生源。通常地方院校的生源一是地区比较集中,二是基础较差。由于学生来源区域的雷同加之缺乏优秀生源的带动,其办学质量就难以像师资、办学条件等一样获得跨越式发展,成为制约地方高等院校发展的瓶颈之一。

高校生源的广泛,非常有利于学生眼界的开阔,社会适应能力与人际交往能力的加强,以及技能与思维方式等多方面的交融与互补。优秀的生源还可以在学生中起到模范带头作用。尤其是,综合而优秀的生源将会大大改善高校的办学水平与质量,培养出更多社会发展所需的优秀人才,从而实现地方院校自身发展的良性循环。因此地方院校为实现跨越式发展就必须在生源吸引与拓展上寻求突破。

与国家重点院校相比,经济发达地区的地方院校存在许多先天不足的同时,也有不少自身的灵活性。在市场经济日益成熟的今天,他们完全可以率先按照当地的市场发展状况,创新办学模式,走出自己的特色之路,以吸引符合自己要求的优秀生源。地方院校在生源吸引与拓展上可以着重从以下几方面进行。

一、创新学生培养模式

为了吸引更多优秀生源并使其具有市场竞争力,地方院校应突破常规试行采取多种模式培养学生。

(一)通专结合培养模式

为了让学生毕业后适应国际化社会的需要,学校可以采用通专结合的方式。把学生培养成为既具有与当地经济发展所匹配的某种专业知识的专才,又能成为广泛适应向多个领域渗透的通才。具体内容包括:①封闭式的外语培训。目前许多大学毕业生虽然学了十几年外语,但英语听说方面的实用能力仍然较差。与此相对应的是,社会上一些著名的培训机构通过高压的全封闭培训,能在较短的时间内让学员的听说能力得到很快提高。地方院校可以考虑专门利用一个学期时间对学生进行封闭式外语培训。在此期间,学生日常交流和课堂用语须全部采用外语,教学内容包括听、说、读、写。②通识教育。在大学前半段时间不分专业,以通识教育为主,突出大学教育的基础性。学校将自然科学、社会科学、人文科学等以一定的比例融合于一体,作为通识教育的核心内容。以课程群的形式构建平台,全校打通,从而文理渗透、学科交叉。③模块化的专业课程。在大学后半段时间的学习中,将专业课程模块化,进行专业课程的学习及专业技能的掌握,其内容包括以专业知识为主的主题课程,拓宽知识面的跨学科课程,面向市场的专业证书课程,高新技术领域的研究性课程和发挥教师强项的特殊课程,从而突出大学教育的专业化和个性化。

(二)优化专业与课程设计模式

合理的专业设置。关于专业设置,地方院校可与当地企事业单位的专家一起组成"指导委员会",深入调查行业现在和将来所需的人员,在此基础上构架学校的专业方向;创新的课程设计。课程设计不仅要让学生拥有良好的专业知识结构,还应有优秀的外语会话能力和计算机操作能力。为了与国际接轨,有基础的院校部分专业课可采用外语教材,全外文授课。

(三)走动式学习模式

与经济欠发达地区的知名高校建立联盟,让学生去联盟中的高校学习若干门课程,互相承认学分,互免学费,双方还可互派教师,实现师资共享。这样做既能让高校间优势互补，又能开阔学生的视野。

（四）双重导师制模式

学生在进入最后一年学习中，可以配合专业知识的综合应用与就业导向，实行导师制。条件好的高校可以为学生配备两个导师，主导师由学校老师担任，副导师则由实业界人士来担当。

二、实行强强联合的办学模式

（一）中外合作办学模式

经济发达地区的地方院校可凭借地缘与资源优势，挑选优秀的、与学校专业对口的国外高校，共同进行学生培养，具体方式如下：①设立分校方式。可以中国巨大的教育市场为诱饵，将地方院校变成国际名校的中国分校；②"4+4"或"3+2"方式。本科生学满4年，专科生学满3年，经考核合格，直接送国外攻读研究生，保证了学业的连续性；③"2+2"方式。优秀学生在国内和国外各学习2年，考试合格后取得相应学位。学生在国内被录取后即获得国外大学学籍，国内2年主要学习专业基础课及外语，国外后2年学习专业课和专业外语；④"1+x"方式。即第1年在国内进行部分专业基础课程和初期外语课程学习，后几年在国外进行学位专业课程和专业外语学习，实质与"2+2"方式大同小异；⑤互派留学生方式。双方互派留学生进入对方学校学习，同时也在互派教师等其他方面全面合作；⑥双文凭方式。这是一种在国内上学、引进外教、学国外课程、拿国内外大学双文凭的方式。

（二）校校联盟办学模式

①设点方式。如知名大学的工程硕士、MPA、课程班都可以放一部分在发达地区地方院校招生；②交换学生方式。与国内外知名高校合作，通过互换学生以及联合培养实现资源的互补与共享。

（三）共建新的学院

地方院校可考虑与一个知名高校和一个企业或者教育投资机构共建新的学院。这样，地方院校可以整合这个知名高校的各种资源尤其是师资资源为我所用，而知名高校也可以获取更大的发展空间。对于投资企业或机构来讲，除了获得好的声誉外，也能赢得自身的利益，如图1所示。

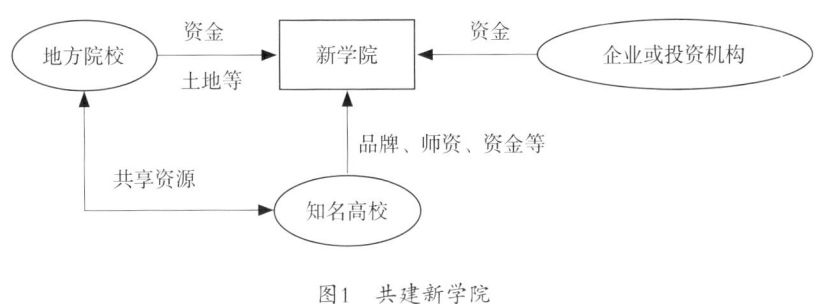

图1 共建新学院

三、丰富的奖贷体系与良好的就业前景

地方院校在吸引大城市的优秀生源上竞争力是不够的，但可以在吸引大量农村城镇尤其是贫困家庭的优秀生上多下功夫！如对考入本校各专业的前5名费用全免的同时进行物质奖励，对超过本校录取线一定分数的学生进行学费减免及适当的物质奖励。除了对成绩优秀的学生进行大幅度奖励外，学校还应关注让更多的贫困家庭子女能进大学，为此，地方院校可采取"奖、助、补、减、免"等一系列办法，来激励与帮助学生顺利完成大学学业。

对于贫困学生，学校还可搭建平台，协助其与当地的企业挂钩，实行定向或委托培养。该体系的设置与实施不仅可以吸引到大量优秀的贫困生源，同时由于这些学生大多来源于农村与小城镇，因此留在当地工作的概率大大提高，从而使许多优秀的人才被输送到当地的经济建设中。

作为地方院校，培养出有地方特色的本地化的人才应该是其发展的方向。学校不仅在设置专业时要进行广泛调研，而且还应切实为学生的就业着想。学校应利用自身良好的外部环境，与各产业界建立广泛的联系，实现与产业界共同培养学生，让学生在毕业之时能够很好地适应其需要，同时长期的接触与合作也便利学生的就业。经调查，许多经济发达地区的产业界在用人时大多也倾向录用本地院校的学生，因为他们熟悉当地的情况，能够很快适应工作的需要，而且流动率较低。与此同时，良好的就业也是学子们最大的愿望。如果地方院校能在就业方面创造自身独特的效应，何愁没有好的生源？

四、主动出击拓展生源

酒香也怕巷子深，地方院校若能利用地缘与资源优势打造出自身的特色，理论上来说在吸引生源方面应该是很有竞争力的。但如果不主动去宣传自己，还是很难产生生源积聚效应的。目前高校普遍缺乏在生源吸引与拓展上主动出击的意识，尚停留在等"客"上门的状态。地方院校自身知名度大多不是很高，再加上不"吆喝"，很多离学校稍远的地区就根本不知道这里有"好酒"。主动出击宣传自己的方式很多，包括到各地高中巡回宣传，各种媒体广告与宣传，通过高中校长联谊会、义务宣传员及选拔高中优秀教师来当地参观等均可达到宣传目的。

地方院校可有针对性地每年组织一次部分高中校长联谊会，来加强地方院校与高级中学的亲密接触。通过高中校长的影响力，达到宣传自己，鼓励高中学生报考的目的，并接收这些联谊会成员院校的优秀免试生。与此同时，培养学生到母校以及亲朋好友家做义务宣传员，通过口碑扩大学校的影响力。

总之，生源是任何一所高校发展的命脉之所在，作为经济发达地区的地方院校在生源的吸引与拓展上，不仅要充分利用外部良好的经济环境与充分的就业机会，而且要苦练内功，走特色之路，同时还要外树形象，扩大影响，只有三管齐下，才有可能在吸引生源上实现跨越式的突破。

（原载：《江苏工程职业技术学院学报》，2005年第1期；合作者：曹洲涛）

关于导师作用的思考
——对管理学教授价值的解析

一直以来,在研究生教育阶段,学生和导师之间到底是什么样的关系,导师如何才能够发挥自身作用,实现主体价值,是一个关键问题。联想到中国大学教育和欧美大学教育培养人才的差异,我们也常常扪心自问:为什么我们的教育不能够培养出具有独立研究能力的研究生来?很多人会从大学教育的改革、教学手段的创新方面去寻找原因,但是,多年的教学经历让笔者意识到,两种教育之间的一个关键差别是导师作用的发挥,因为笔者自己一直是从事工商管理教育的,所以就以工商管理教育来作为分析对象,通过分析工商管理教育中管理学教授如何创造价值,来剖析研究生教育中导师的作用和价值。

20世纪90年代以来,中国开展了工商管理硕士(MBA)教育,应改革开放的热潮,攻读MBA学位成了当时管理者和企业家热衷的潮流,MBA教育也确实培养出大批管理者和企业家。然而随着时间的推移,人们开始质疑:MBA教育到底能够解决什么问题?从明茨伯格发表了关于"管理者而非MBA"开始,管理学教育能够发挥什么作用就成了人们关注的话题。事实上,在经历了十多年的MBA教育进程之后,清醒地认识这项教育方向的价值和意义是非常重要的。笔者非常赞同明茨伯格的观点,同时也引发了笔者关于管理学教授能够对MBA教育贡献什么的思考,进而反思导师的作用到底将如何发挥。德鲁克(2005)有一个关于"知识工作者"的定义,他认为,知识工作者并不生产本身具有效用的产品,他生产的是知识、创意和信息。依此,管理学教授所生产的产品本身并无用途,只有通过其他人,把他的产品当作投入并转化为另一种产出,它们才具有实际的意义。事实上,管理学教授和所有知识工作者一样,是一项特殊的"生产要素",通过这项生产要素的应用,当今一些发达的社会和经济实体,如美国、日本和西欧等国家，才获得并保持了强大的竞争力。

在如何认识和评价工商管理教育的讨论中，一直存在两种不同的意见。第一种意见认为MBA教育是一个系统的理论教育，所以不能够回到学校寻求解决企业问题的方法，因此管理学教授的价值在于系统、科学地研究和传授管理学理论，而不是解答作为管理者或者企业家的学生们的问题；另外一种意见认为人们回到学校，就是要带着问题来，拿着方法走，就是要管理学教授回答企业的具体问题而不仅仅是进行理论的传授。如果把每一种意见独立分析都没有错误，但是，我们需要回答的不是谁对谁错的问题，关键在于回答人们回到商学院接受MBA教育应该解决什么问题、管理学教授应该如何贡献价值的问题。如果按照前面彼得·德鲁克的观点，管理学教授是需要作为知识工作者来界定的，因为从知识工作者的角度来看管理学教授，或许能够找到管理学教授的贡献。其实管理本身就是研究和阅读的对象，管理本身就是一门学问，如果管理不能够表现出这个特性，就只可能有极少数的天才才懂得管理，其他人却无法复制。正如泰勒的科学管理理论出现，让很多人懂得了如何提高生产效率，如何进行大规模生产的管理一样，管理学教授所需要做的，正是如何让管理实践中有效的东西能够知识化、可复制，这正是管理学教授的责任。所以管理学教授一定要注重这方面的贡献。也正是基于这个责任，理解MBA教育的意义正是在于透过学习和传授，使得管理的经验曲线成为学习曲线，使得管理理论和知识成为常识；正是基于这个责任，管理学教授需要充分地理解管理理论与管理实践之间的差距和内涵，充分理解环境和变化，必须充分理解作为管理者和企业家的学生的特性和面对的困难。所以管理学教授必须回答：对于这些学生我能贡献什么？对于这个问题的回答，正是管理学教授的价值所在，也正是基于对这个责任的理解，笔者在从事MBA教育的十多年间，不断地寻求着自己作为管理学教授所能展现的价值，并将之总结为以下4个方面。

一、引导学生反思

大学是一个反思的地方，是一个从经验中抽身出来并从中学习的地方。管理者或者企业家作为学生回到商学院，就是回到一个可以反思的地方，在这里可以暂时离开日常事务，离开商业环境，进入到一个纯粹思考的环境里，可以让企业管理者脱离开自己原有的经验而进入到纯粹的学习中。但是这种学习不是理论和知识的灌输，而是静下心来反省自身；不是对于理论和知识的掌握，而是在对相应的理论和知识的理解中引发自身的震动。如果不离开日常的商业环境，管理者无法清醒地思考其所作所为，无法系统地思考问题，那么当他回到大学，回到商学院，管理者会进入一个学习的状态，不再关注事物本身而是关注事物之间的必然联系，所以此时管理学教授需要做的是，引发学生具有批判性的反省，抽身出来重构自身的管理框架，用理性的逻辑的方式审视自身的行为。不管管理者或者企业家从前以什么样的习惯进行管理，也不管这些学生以往如何选择，回到管理学的课堂里，这些学生一定会在管理学教授的引导下理性而系统地审视自己原有的管理习惯，更能够在其引领下评判自己以往管理行为及选择的依据是否合理和有效。古代谚语曾说"最好的境界是，知道自己知道；次之是，知道自己不知道；再次之是，不知道自己知不知道；最糟糕的则是，不知道自己不知道"。这十分符合管理学教授的境界，也符合作为管理者的学生们的境界，只有双方达到不断提升的境界，商学院的作用才能得以发挥。

二、分享而非传授知识

卡耐基·梅隆大学的罗伯特·凯利多年来一直向来自不同公司的员工调查一个问题：你工作时百分之几的知识是你自身所具备的？在20世纪80年代中期，答案基本固定在75%；而到21世纪初，这个数字已经滑到了15%。这种变化一方面体现了学习的重要性，另一方面也表明我们越来越依赖于他人提供的信息和技能。管理学教授也不例外，管理学教授必须明确自身与知识之间的内在联系，教授的角色更像是一个主持人，在主持人的带领下，每一个参与者都能够充分发挥自己的能力，知识正是在这个全员参与的氛围中流动。所以，管理学教授需要做的，不是传授知识，因为我们自己所能够掌握的知识本身就很有限，我们也需要从作为管理者的学生们身上学习到知识。如果管理学教授能够营造一个分享而不是传授知识的学习环境，那么学生对于管理学知识的理解会更加充分和有效。衡量商学院课程的教学效果不是管理学教授讲授了什么，而是学生们学到了什么。如果这样理解商学院课程的特性，就更需要彼此分享知识。之所以出现人们对于MBA教育的质疑，很大程度上是因为管理学教授以传授知识为己任，认为教授是管理知识的化身，这样恰好带来反效应，不仅学生们没有真正学到知识，相反管理学教授也没有能够真正理解管理知识，因为无论从任何一个角度看管理知识，都必须清楚其特性是鲜明的实践性。

三、教晓综合而非分析

　　回到商学院学习管理，作为管理者的学生们最为直接的感受是所有的管理课程都被独立地界定了出来，每一门课程都有自己一个独立的体系。当然，我们同意管理的很多问题都掩盖在细分当中这种观点，如战略管理、营销管理、财务管理、生产运作管理、组织管理等等，因此在管理现实中，管理者会因为陷入具体的事务中，并被这些细分的职能所蒙蔽。但管理不是细分而是综合，管理不是职能而是实践，如果管理学教授还是执着于细分每一个课程，并以每一个独立的课程考核作为评定标准，那么所培养出来的学生一定是无法面对现实管理世界的，也许这样说有些偏激，但是我们需要更清晰、更综合地认识管理所面对的事实。亨利·明茨伯格（2005）说：综合是管理的真正精髓。事实也是如此，在其自身的环境中，管理者必须以连续的远见、一致的组织、综合的系统等等形式把事物组合在一起，没有一个管理者能够仅仅解决战略的问题而不需要考虑如何构建组织结构、如何选拔人才这些问题，也没有一个管理者能够用市场的成绩来解决所有的企业问题。企业总是一个有机体，总是牵一发而动全身，这也正是管理如此地困难和如此有趣的地方。因此如何掌握系统而非部分，如何综合而非分析，是管理者必须有的能力，也正是需要系统的能力，管理者才需要回到商学院，整体、系统地看问题，把握系统的方法和工具。管理学教授所能贡献的正是系统地理解事物的方法和工具，透过工具和方法，学生可以借助综合的视角去做具体的分析从而得到系统的、全局的结论，如果仅仅停留在分析本身，没有提升到系统、综合的高度，学生们的学习反而会断送了管理。在多数情况下，如果一个管理学教授能够培养学生们的系统思维能力，综合地看待问题，整体地把握事物，具体地解决问题，那他就应该算得上是一个合格的管理学教授了。

四、启发思考而非解惑

　　自20世纪90年代中期，人们开始了构建学习型组织的活动，很多人都认为这是企业组织的事情，但是笔者更倾向于这是管理者个人的事情。因为真正的学习型组织是个人学习与组织学习的互动，当每一个人能够真正学习并分享学习的时候,组织学习才会实现;只有组织学习能够实现,个人学习才发挥价值。但是个人学习和组织学习的互动不会自发形成,这种互动关系需要管理者的推动,而管理者回到商学院的最大好处是个人学习和组织学习能够相辅相成,在商学院的环境中形成这种互动的能力和习惯。组织学习带来的宽度和深度都是有目共睹的,正如我们熟知的"脑力激荡法",一个独特的创意和解决方案存在于多个人自由的表达和不受限制的想象力发挥中,这是个人学习永远达不到的高度。我们确信一个人能够学习到很多知识,但是无法上升到一个无限的空间,而借助于组织学习,可以使仅靠个人能力完全无法实现的事情变成可以达到的结果。让个人学习和组织学习能够发生联系的正是管理学教授。正如人类认识"斯芬克斯之谜"一样,任何管理中的疑惑的解答,最终都是提出疑惑的人自己才能够得到答案,这个答案只存在于学生自己的内心之中,管理学教授没有答案,也不可能给出答案。但是管理学教授可以通过启发学生思考,让学生们自己找到答案。通用电气公司的事业部制不是从管理学当中学到的,而是它自己寻找到了解决问题的答案;三星公司的"除了妻儿,一切皆变"的变革理念和方式也是三星人自己寻找到的答案;海尔公司的"相马不如赛马"也正是它解决人才培养和选拔问题的答案。这些都不是管理学教授的功劳,而是管理者自己的功劳。笔者自己讲授管理学课程已经十多年,也几乎认为知晓了很多管理者的困惑或者疑惑,自己早期也力图解答学生们的疑惑,也认为管理学教授应该做这件事情,更以古训要求自己"师者,所以传道、授业、解惑也",但是回顾这十多年的教学历程,才明白管理学教授无法做到这一点,解惑的人还是管理者自身。学生们只是在教授的启发下,相互探讨、相互学习、理解书本、理解案例、理解同行的经验,在相互的探讨中得到启发。当学生们在管理学教授的启发下进行思考的时候,他们自己会找到答案从而解决其困惑。

(原载:《学位与研究生教育》,2006年第11期)

案例研究的基本方法
——对经典文献的综述

一、经典文献的选择

　　Yin博士的"案例研究两部曲"是案例研究方法的两部奠基之作，作者先后取得了麻省理工学院和哈佛大学的学位，并创办了COSMOS调查公司。其中，《案例研究：设计与方法》(Case Study Research: Designed Method)自1984年出版以来已经推出4个版本（4个版次加1次修订），重印高达40余次，在案例研究领域有广泛的影响，因此，作者在2003年第3版中的序言中写道，本书的与众不同之一就在于经历了时间的考验，本研究选用的文献是2003年第3版的中译本，另外一部《案例研究方法的应用》(Applications of Case Study Research)是《案例研究：设计与方法》一书的延续，作者称其为后者的姊妹篇，该书首版于1993年，本研究选用的文献是2003年该书推出的第2版的中译本。Yin博士在其"案例研究两部曲"之前就已经对案例研究方法展开了重点研究，一篇经典文献是1981年刊登在《管理学会评论》(Academy of Management Review，AMR)上的"The Case Study Crisis: Some Answers"，该文献是1979年Miles在AMR上发表的"Qualitative Dataasan Attractive Nuisance: The problem of Analysis"的对应论文，Yin博士的回答解释了Miles对案例研究的误解，另外一对经典文献是刊登在《管理科学季刊》(Administrative Science Quarterly，ASQ)上的两篇对应论文，第一篇是美国斯坦福大学Eisenhardt教授在1989年发表的"Building Theories from Case Study Research"，该文献标志着案例研究一般步骤的形成，Dyer等1991年发表的"Better Stories，Not Better Constructs， to Generate Better Theory: A Rejoinder to

Eisenhardt"对Eisenhardt的研究进行了进一步的补充,提出了要想真正发挥案例研究方法的优势还是要回归案例本身品质的观点。表1为Google Scholar(2009年10月26日)显示的上述文献目前已被引次数的汇总表。

表1 经典文献的被引用次数

Tab.1 The number of citations for classics

排名	作者	文献	被引次数
1	Yin	Case Study Research: Designed Method	30266
2	Eisenhardt	Building Theories from Case Study Research	9194
3	Yin	Applications of Case Study Research	1920
4	Yin	The Case Study Crisis: Some Answers	562
5	Miles	Qualitative Dataasan Attractive Nuisance: The problem of Analysis	424
6	Dyer	Better Stories, Not Better Constructs, to Generate Better Theory: A Rejoinder to Eisenhardt	416

资料来源:作者通过Google Scholar进行的汇总自制。

二、案例研究的概念

(一)案例研究的内涵

根据Yin(2004)的观点,案例研究是一种实证研究(empirical inquiry),作为一种研究方法(research strategy),案例研究的特点是致力于在现实情境中研究时下的现象,并且这种现象与现实情境并没有十分明显的界限。从案例研究的内涵可以看出他与其他研究方法的差别:与实验法存在的关键差别在于对环境的可控性,实验法会刻意地将现象从情境中分离出来,如在实验室里通过对环境的控制将焦点集中在少数变量之上,案例研究所面对的是充满不确定性的实际情景;与历史研究法的区别在于研究对象所处的时点,案例研究法关注的是时下的现象,而历史研究法的关注点在过去,并且相关的信息和事件不能通过直接的访谈和观察获得。

(二)案例研究的适用性

每一种研究方法都有其优点和缺点,有其适用性,Yin认为(2004)以下3个条件将决定所采用的研究方法的类型:第一,研究问题的类型;第二,研究者对行事（Behavioral Events）的控制程度；第三，研究对时下事件的聚焦程度。不同研究方法的适用情形如表2所示，每种方法都可以进行"是什么"（What）的探索性问题研究，而"怎么样"（How）和"为什么"（Why）的问题更多的属于解释性（或称因果性）问题，这类问题更可能采用实验法、历史分析法或案例研究法，如果这类问题同时又是当前发生的并且可控程度不高，就可以选用案例研究法。例如要研究现阶段企业为什么要转型以及怎么样使企业成功转型的问题时，就可以选用研究方法。

表2　不同研究方法的适用情形

方法	研究问题的类型	是否要求对行事可控？	是否聚焦时下事件？
实验法	怎么样、为什么	是	是
调查法	什么人、是什么、在哪里、有多少	否	是
档案分析法	什么人、是什么、在哪里、有多少	否	是/否
历史分析法	怎么样、为什么	否	否
案例研究法	怎么样、为什么	否	是

资料来源：参考Yin, RK案例研究：设计与方法（第3版）。

（三）案例研究的外延

案例研究方法可以按照3个基本的维度进行交互分类，如图1所示，3个基本的维度分别为：研究的目的；案例的数量；案例的层级。

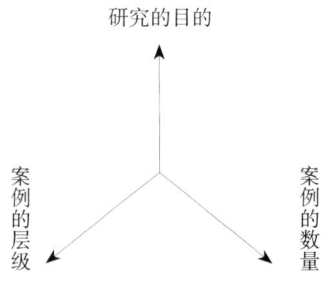

图1　案例研究方法的基本维度

研究的目的维度分为3类：探索性、描述性、解释性。探索性案例研究目的在于定义将要研究的问题或假设，或判断预定研究方案的可行性；描述性案例研究提供了对现象及其情景的完整描述；解释性案例研究提供因果关系的信息，解释事情是如何发生的。

案例的数量维度分为2类：单案例和多案例，其中双案例可以视为多案例的特殊情况。跨案例分析是汇总来自各个案例研究的发现，是多案例研究的主要形式。需要注意单案例的5种适用情形：对一个广为接受的理论进行批驳或检验；对某一极端案例或独一无二的案例进行分析；用于研究有代表性的、典型的案例；用于研究启示性案例；纵向案例（longitudinal case）研究，即对不同时点的同一个案例进行研究。需要强调不能以案例的数量来评判案例研究方法的品质，如果能对单个案例进行细致的研究同样能够发现新的理论关系，改进旧的理论体系，应当更加聚焦于重点案例的深度研究而非泛泛的对众多案例进行表面研究，Neal等人1971年的著作《组织创新的实施》虽然只对一个案例进行研究，但该书却成为创新理论的分水岭，在该著作出现后，学者们关于创新理论的研究才由"创新的障碍"转向"实施创新的步骤"，由此可见，案例研究的品质在于他的效用而非案例本身的多少。

案例的层级维度分为2类：整体性（单层次分析）和嵌入性（多层次分析）。一个案例研究可能包含1个以上的分析单位，当需要对1个或多个层级的分析单位进行研究时，就会出现一个研究中同时并存多个分析单位的现象，对亚单位（次级分析单位）的研究就称为嵌入性案例研究，以揭示案例的整体属性为目的不进行次级单位分析的案例为整体性案例研究。

三个维度可以进行两两交互分类。如研究的性质和案例的数量结合成为3*2的矩阵将案例研究方法分为6种类型，而案例的数量和案例的层级结合成为2*2的矩阵将案例研究方法分为4种类型。

三、案例研究的步骤

（一）Eisenhardt的案例研究的一般步骤

Eisenhardt（1989）研究了案例研究的一般步骤，郑伯埙等对其研究成果做了进一步的规整，将8个基本步骤归纳为3个阶段：准备阶段、执行阶段和对话阶段，如表3所示，表中的三角验证、跨案例研究、效度等术语在本文的其他部分予以解释。

表3 案例研究的一般步骤

阶段	步骤	活动	原因
准备阶段	启动	界定研究问题 预先找出可能的构念	将努力聚焦 提供构念测量的较佳基础
	研究设计与案例选择	不受限于理论与假说，进行研究设计 聚焦于特定族群 基于理论而非随机选择案例	保持理论的灵活性 限制额外变异，并强化外部效度聚焦于具理论意涵的有用案例
	研究工具与方法选择	采用多元资料搜集方式 定性资料与定量资料的结合 多位研究者	透过三角验证，强化研究基础证据的综合 采纳多元观点，集思广益
执行阶段	资料搜集	反复进行资料搜集与分析，包括现场笔记 采用灵活和随机应变的资料搜集方法	即时分析，随时做出有助于资料搜集的调整 允许研究者运用浮现的主题和独特的案例性质
	资料分析	案例内（within-case）分析 采用发散方式，寻找跨案例（cross-case）的共同模式	熟悉资料，并进行初步的理论建构 促使研究者挣脱初步印象，并透过各种视角来观察证据
	形成假设	针对各项构念，进行证据的持续复核 跨案例逻辑推理，复制而非抽样 寻找关系背后"为什么"的证据	精炼构念定义、效度及测量 证实、引申及精炼理论 建立内部效度
对话阶段	文献对话	与矛盾文献互相比较 与类似文献互相比较	建构内部效度、提升理论水平并强化构念定义 提升类推能力、改善构念定义及提高理论水平
	结束	尽可能达到理论饱和（saturation）	当边际改善很小时结束进程

资料来源：参考郑伯埙，黄敏萍实地研究中的案例研究。

（二）Yin的多案例研究步骤

多案例研究是一种常用的案例研究方法，多案例研究遵从的是复制而非统计抽样原则，其基本原理是每一个案例都要经过精挑细选，挑选出来的案例要么能产生相同的结果（逐项复制，Literal Replication），要么能由于可预知的原因而产生于前一研究不同的结果（差别复制，Theoretical Replication），Yin（2004）系统地给出了多案例研究的基本步骤（见图2）。

多案例研究的第一步是进行理论构建，理论框架需要申明在哪些条件下，某

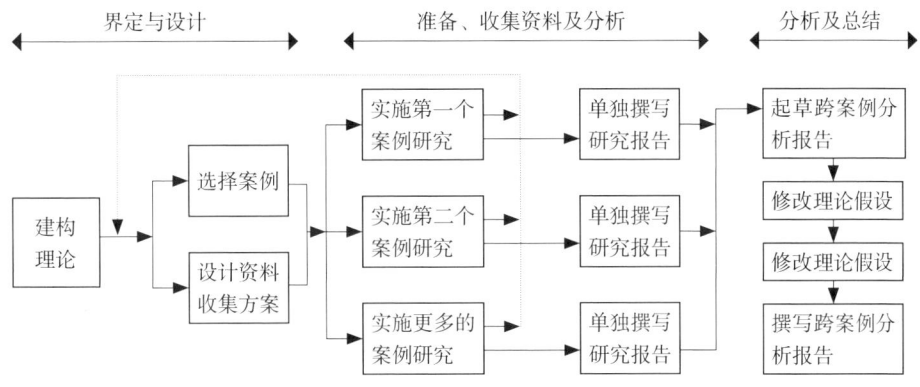

图2 多案例研究的步骤

资料来源：Yin，RK案例研究：设计与方法（第3版）。

一特定的现象有可能出现（逐项复制），或者在哪些情况下某一特定现象不可能出现（差别复制），每一个案例都是一个完整的案例，如果某一结论成立，那就要再进行一次复制的过程，对上一个案例进行检验。对于每一个单独的案例，都要撰写研究报告，研究报告中要解释为什么原理论假设成立与否的理由。所有的案例合在一起，需要再次撰写多案例分析报告，报告中要阐明复制的逻辑，并解释为什么有些案例的实证结果与其理论假设相符合，而有些案例的实证结果与其理论假设不符合。

最后需要注意，图示中虚线所形成的反馈环是研究中非常重要的一节：在对某一个案例进行研究时，如果发现其与最初的研究方案不匹配或者案例的实证结果与原来的理论假设有冲突，那么就要再继续进行下一个案例研究之前对原有的研究方案或理论假设进行重新设计或修改。Eisenhardt（1989）在其案例研究的一般步骤中也在强调研究者可能需要根据跨案例研究反馈回来的信息对研究问题进行重新定义。

四、案例研究的品质

（一）检验实证研究品质的一般指标

根据案例研究的内涵，案例研究是一项实证研究。通常运用以下4个指标来评价一项实证研究的品质：构念效度（construct validity），指测量的准确性，即变量测量的内容和构念的含义是否一致;统计结论效度(statistical conclusion validity),指以统计检验对假设的关系进行解释的可信度;内部效度(internal validity),指变量之间因果关系推论的可信度;外部效度(external validity),指将研究结论推广到其他群体、时间和情景的可信程度。

(二)检验案例研究品质的指标

根据案例研究的要求,案例研究采用的是复制原则而非统计抽样原则,所以用"信度"(reliability)这一指标来取代一般指标中的"统计结论效度"。信度检验的目的是确保达成如下情况:后来的研究者如果完全按照先前研究者所叙述的步骤,再次进行相同的案例研究,将能得出同样的结果,总结出同样的结论。需要注意信度与外部效度的区分,外部效度检验的是结论的可复制性,即案例研究的研究成果能否推广到更多的案例中使用,而信度检验强调过程的可复制性,即案例研究的步骤具有可复制性。Yin的创新之处在于针对这四项检验提出了提升案例研究品质的案例研究策略,如表4所示。

表4 适用于四种检验的研究策略

检验	案例研究策略	策略的使用阶段
构念效度	采用多元的证据来源 要求证据的主要提供者对案例研究报告草案进行检查、核实	资料收集 撰写报告
内在效度	进行模式匹配,尝试进行某种解释,分析与之相对应的竞争性解释,使用逻辑模型	证据分析
外在效度	用理论指导单案例研究 通过重复、复制的方法进行多案例研究	研究设计
信度	采用案例研究草案,建立案例研究数据库,形成证据链[①]	资料收集

资料来源:参考Yin,RK案例研究:设计与方法(第3版)。

一项好的案例研究应当采取多元的渠道采集资料,需要利用多种证据共同构成稳定的、有说服力的证据三角形,其稳定性源自于多种证据来源对同一现象的多重证明,如图3所示,切记各种证据被分散,反倒降低了研究的品质。

需要说明的是,内在效度只与解释性(或因果性)案例研究有关。解释性案例研究的目的,是判断事件A是否会导致事件B。如果实际上是另外一个事件C导致了事件B,但研究者错误地得出了A导致B的结论,那么该研究就在内部效度方面存在问题。因此,需要关注其他看似有说服力的竞争性解释,通过比较要确保自己最终给予的解释是更加合理的。

证据链是一个用户导向的概念,旨在将从研究问题到得出结论的过程清晰地展示给案例研究报告的读者,同时这个过程又是双向的,如图4所示,既能从问题出发到结论,又能从结论反推到问题,以便满足读者看到结论而产生的对了解论证过程的需要,同时也提高了案例研究报告对于读者的信服力。

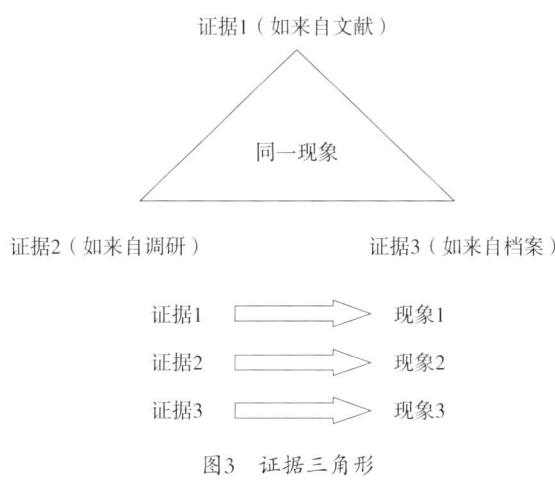

图3 证据三角形

资料来源:作者根据Yin的描述整理自制。

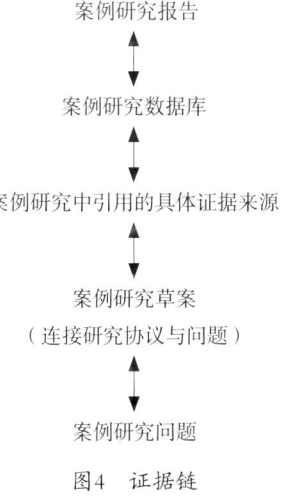

图4 证据链

资料来源:Yin,RK案例研究:设计与方法(第3版)。

五、总结与讨论：对案例研究方法的误解和阐明

（一）案例研究是定性的，而定性研究又是非理性、不科学的

案例研究常常与定性研究混为一谈。案例研究有时也需要使用定量证据，不能根据证据资料是定性的还是定量的来判断选取何种研究方法，如果仅仅是因为要进行定量分析而放弃了案例研究方法，实际就是对案例研究产生了这种误解。案例研究可以基于定性材料，也可以基于定量材料，或者采用定性材料与定量材料相结合。事实上，案例研究和定性或定量研究强调的并非同一层面的问题，两者可以是相互包含的关系，当确定采用案例研究方法以后，可以再进一步选择是用定性还是定量方法，同样，当确定使用定性或定量方法后也可以对采用案例研究或其他方法进行进一步选择。

Miles（1979）认为定性研究是一种具备吸引力的问题方法，他将其比作"陷阱"（attractive nuisance）。Miles先是肯定了定性研究方法的优点，然后指出了定性研究方法存在的更多问题，因为案例研究方法涉及定性研究，Yin认为Miles的观点会误导读者认为定性研究和案例研究是不理性和不科学的，而事实上定性研究也可以是讲究实际的、数据驱动的、结果指向的真正科学，定性数据资料虽然不易被转化为数值，但可以分类，能够概念化，可以从知觉、态度的维度进行描述，可以用实在的事件反映。Yin提出质疑，如果Miles的论断是正确的，为什么案例研究方法依然会得到更多研究者的支持，纵观Yin的所有文献，其都是以颇具包容性的视角来观察问题，案例研究方法有其利弊，但之所以被选用是因为在某些情况下它是一种更加合适的方法，强调其适用性，案例研究方法本身是一种系统的研究工具，是科学严谨的，一项研究方法的科学与否并不能完全根据定性或是定量为标准作为衡量。

此外，认为案例研究方法不够严谨的也可能是因为混淆了案例研究与教学案例的区别。在教学案例中，材料是精心处理的，以便有效地突出某一关键之处，而在案例研究中，这种行为是被严格禁止的。每一个从事案例研究的学者，都必须尽最大的努力，真实客观地记录观察到的资料。

（二）案例研究是一种初级的研究方法，只能进行探索研究，无法进行描述和解释研究

一种常见的误解是各种研究方法都有等级性：探索性的问题如"研究这所成功的学校，可以学到什么经验？"，这一问题的目的是提出可供进一步研究的恰当的假设与命题，而案例研究只适合于研究活动的探索阶段，调查法和历史分析法适用于描述阶段，实验法是用来解释事物因果关系的唯一手段。比较正确的看法应该是包容和多元的，每种研究方法都可以服务于3种目的：探索、描述以及解释。既可以有探索性案例研究、描述性案例研究、解释性案例研究，也可以有探索性实验、描述性实验、解释性实验。决定采用何种研究方法并不在于等级性，而是要根据各种方法的适用性。

（三）案例研究中所选择的案例越多越好，这样才符合统计的逻辑

尽管Miles认为定性研究不够科学，但其在论文的结尾指出，这种不足可以通过增加调研的数量来消除。这种通过量来减少误差的统计思维常被运用到案例研究中来，认为案例研究中应当尽可能多地去选取案例，以提高归纳结论的说服力。需要说明的是，统计思维本身并没有问题，但是其合理与否取决于应用的范畴。把统计性归纳当作案例研究的归纳方法，是案例研究的致命性错误。所选案例并不是"样本"，不能以统计归纳作为基础，案例研究要求的归纳是"分析性归纳"，"案例"与"样本"的根本区别在于，前者强调的是"质"的概念，而后者强调的是"量"的概念。在分析性归纳中，事先提出的理论被视为"模版"，实证结果要与这一模版相对照，由此可见，案例研究要求案例与观点的相关性，对量上并无严格要求。当然，案例越多越好的认识并非完全错误，多案例可以提高研究的外部效度，但前提是要确保案例为好故事。因此，案例研究中多案例研究与单案例研究是并存的，在不同的条件下，如理论前提的差异，两种方法都有各自的合理性。

（四）之所以选择案例研究方法，是因为案例研究方法是一种容易的方法

许多学者之所以选用案例研究方法，是因为他们认为案例研究方法很容易实施。站在能力的角度，案例研究方法并非"简单易行，老少皆宜"的方法，从这个角度可以认同Miles的观点，案例研究方法是一种看似容易但实际上要求很高的方法，并不像很多人误以为自己拥有从事案例工作的足够技能，资料的收集和调

研等环节可能困难重重，如果无法胜任，案例研究反倒成了"陷阱"。案例研究方法对于研究者的智慧、情绪、自尊心的苛求程度远比其他研究方法要高，具体而言，需要具备5条基本素质：能够提出好的问题，并对答案进行解释；能够做一个好的倾听者；具备灵活性，遇到新问题能化问题为机会；能够牢牢抓住研究问题的本质，剔除无关的信息，限定研究的范围；不应心存偏见，能够排除一切先入之见或既定看法。仍需强调的是，是否选用案例研究方法并非根据其难易程度，并非是因为简单而选择或者因为困难而放弃某一种方法，唯一的标准仍然是方法的适用性。

六、结束语

自2001年3月19日成思危先生在香港浸会大学做了题为"认真开展案例研究，促进管理科学及管理教育发展"的报告以来，案例研究在我国管理学的应用开始受到越来越多的重视。如同Dyer（1991）的观点，好的案例研究方法再配上好的案例故事就会产生更加有价值的案例研究，改革开放30多年的发展为中国管理学的案例研究积累了丰富而优秀的素材，管理学的研究者也应当把握好这个机遇，促进企业实践与案例研究的和谐发展。

（原载：《管理案例研究与评论》，2010年第2期；合作者：刘祯）

第四部分

集合智慧

2012"中国·实践·管理"论坛观点综述

早在2004年,国家自然科学基金委员会管理科学部(简称"管理科学部")郑重提出了"中国的管理科学工作者必须面向中国的管理实践开展理论研究"。为提升国内学者对实践导向的管理研究的认识和重视,落实"管理科学部""直面中国管理实践"的方针,管理学报杂志社发起了"中国·实践·管理"论坛系列会议,并分别于2010年11月12—13日在北京中国科学院数学与系统科学研究院、2011年11月26—27日在华南理工大学工商管理学院成功举办了两届会议。会议吸引了众多来自各细分领域的学者,呈现了丰富多元的观点,其影响力也迅速扩大。

2011年,"管理科学部"在其十二五规划中明确将"贴近管理实践需求,增强实践支撑能力"作为战略目标之一。面对复杂环境下企业界的困惑,为使管理学者更好地践行使命,在"管理科学部"和广大学者的支持下,以"现象·本质·对策——实践导向的中国管理研究"为主题的2012"中国·实践·管理"论坛于2012年12月8—9日在上海交通大学徐汇校区成功举行。本届论坛由上海交通大学安泰经济与管理学院和华中科技大学管理学院联合主办,上海交通大学中国企业发展研究院与《上海管理科学》杂志社联合承办。论坛共吸引了来自境内外40余所高校和科研院所的近180名学者参会讨论,提交论文75篇。

为了梳理近年来国内的相关研究进展情况,更准确地把握实践导向管理研究的问题,本届会议特别设立了"新形势下的管理创新""管理实践中的科学问题"以及"基于实践的管理研究进展"三个专题论坛,基于前两届会议的成果进行更深入的探讨,并创新性地邀请了多位企业家与学者一同参与主题报告、圆桌论坛,挖掘企业管理实践中的问题与需求,使学者更明确实践导向的管理研究的发展方向。本文拟结合大会报告及论文内容，从三个方面对论坛的主要学术观点进行简要述评。

一、实践导向管理研究的认知

莱布尼茨认为"认清经院学派之所以失败，就是采用了贫乏而未作好规定的概念"，在讨论任何问题之前，对于问题基本概念的认识和界定是极其重要的（2008）。2010年和2011年的"中国·实践·管理"论坛分别将"直面中国管理实践的内涵"和"实践导向的管理理论研究内涵"作为重要议题进行了充分的研讨并达成了部分共识。在此基础上，会上部分学者对实践导向的管理研究内涵进行了补充。武汉工程大学的吕力对"什么是管理"和"管理的目的是什么"进行了追问。吕力认为，"管理的定义是规范研究的原点，从这一原点出发才能归纳出指导管理的原则"，"只有了解目的，才能推导出手段"，而管理学研究最重要的目的就是服务于实践，他还进一步评论道："实证研究者大多不关心学科的目的"。针对"管理的目的是什么"，暨南大学的孙东川认为，管理是人类的第二类活动，它为第一类活动（作业活动）服务，使之有条不紊，实现预期的目标；管理科学是为了研究管理活动规律与做好管理工作的知识体系。南开大学的齐善鸿则从管理学的科学性与人文性角度探讨了"以道为本的管理目的论"——"我他一体，心利相济，超越自我，心灵自由"。对于实践导向的管理研究的目的，华南理工大学陈春花认为，最重要的是找到现象背后的本质，提炼出规律性的对策，这才是研究真正的价值，而并非解决某个具体的企业实践中的问题，中国企业家的实践价值在这30年中应该是被世界公认了，学者则还需要再创造独特的价值贡献。

（一）实践导向的管理研究重要性

促使管理学者认识到实践导向的管理研究的重要性和紧迫性是创办本论坛的初衷，自2010年发出"直面中国管理实践"的号召以来，越来越多的学者认识到中国管理理论与实践脱节的问题，并积极关注中国实践的需求。刘作仪表示，学者汇聚于此讨论管理实践的问题，就是试图寻找消除管理理论研究与实务之间鸿沟的有效路径，这是"管理科学部"所鼓励、所倡导的。中国工程院院士刘源张也特别强调：管理学不应只是庙堂学问，所谓的"顶天立地"应该首先是"立地"。

华中科技大学鲁耀斌指出，经过30余年的发展，中国管理科学无论从经济、政治还是技术层面都面临着前所未有的复杂局面，迫切需要中国的管理学者反思过去的不足、总结成功的经验、运用科学的思维直面企业面临的实践问题。上海交通大学余明阳则从劳动力成本、地方债务、结构转型等方面具体分析了中国企业的生存困境，同时指出中国的发展有着自己很多的独特性，完全借鉴西方的发展模式行不通，这些都给管理学家提出了严峻的考验。来自企业界的上海电气集团股份有限公司董事长徐建国谈了企业家的切身体会，在经历了引进、介绍西方的管理理论和借鉴国外经济发展的趋势推动中国的经济发展两个阶段后，随着中国的经济总量已经到了世界第二位，现在中国产生的很多问题已经不能简单地用原来的西方经济管理理论解释了。

陈春花则具体分析了技术环境变化对实践导向管理研究的迫切需求。她指出，早期在做战略研究时面对的是由技术带来的规模，因此在研究中更多关注成本和规模的关系，随着技术进一步推进，互联互通的概念打破了成本和规模的关系模式，简单地聚焦成本差异化已失去意义，而要进入价值链和价值网络的层面。在现今"云海"的技术环境下，价值链和价值网可能已不再匹配，战略研究的关注点也必然再一次发生改变。

中国工程院院士郭重庆曾对管理学者提出深切的期望："发现规律、解释现象、指导实践，努力践行管理学者的历史使命。"中国的实践是滋养管理理论的土壤，也是管理理论"致用"的对象，不论是从代表国家政策导向的"管理科学部"、代表管理理论最终服务对象的企业界角度，还是管理研究自身可持续发展的需求角度，学者们都明确表达了实践导向的重要性，这也得到了与会学者的一致认同。

（二）实践导向的管理研究规范

如何从现象中透析本质，并有针对性地提出对策，有赖于对问题的准确把握。鉴于此，本届论坛特别设立了"管理实践中的科学问题"这一专题论坛，对实践导向管理研究的科学性、规范性问题展开了讨论，只有对这些本质问题有了清晰的认知，实践导向的管理研究才不会偏离轨道。

1. 科学问题的界定

与会学者对实践中的"科学问题"发表了不同的看法。吕力认为，科学就是解释,根据科学哲学的定义,科学是用仔细观察和实验收集的"事实",运用逻辑程序从这些事实中推导出的定律,而所谓"科学问题"是中国管理实践中需要解释的现象以及需要探索的规律。

孙东川则认为,实践中的问题是多种多样的,很难说什么问题是科学的还是非科学的,但只要用科学方法进行研究,都是可以出学问的。基于上述观点,孙东川进一步认为"科学的研究方法"比"科学问题"的界定更为重要,也相对容易,而所谓"科学的研究方法"在当今主流的学术话语环境下,指的就是实证研究方法。具体到中国人力资源管理实践,美国科罗拉多大学的卡西欧探讨了中国人力资源管理实践中的科学问题,他通过概述人力资源管理在中国的四大挑战,将其中的"人力资源管理与企业经营战略有效联结"作为研究议题,发展出整合人力资源战略与企业经营战略的理论模型。

2. 研究方法的科学性与规范性

与管理学界主流的观点不同,也与科学哲学的严格定义有所区别,孙东川认为,能够有效地研究解决问题的各种方法,都是科学的方法。例如,文献研究与应用研究、定量研究与定性研究、规范研究与实证研究、问卷调查与案例研究。针对目前实证研究泛滥的现状,他指出,问卷调查式的实证研究本身是一种好方法,但是有些使用者弄虚作假,把它变成了"房间里的游戏"。因此,他进一步强调,科学方法需要科学地使用。吕力系统阐述了规范研究对于实践导向的重要作用,拓展了对于研究方法的认识。具体而言,他认为,管理实证理论是解释与预测管理现象,回答管理科学问题;而管理规范理论是为达到目标而提出的解决方案,它解答管理现实问题。吕力认为,管理思想史上很多重要理论是规范理论,例如,泰勒、法约尔、德鲁克所提出的理论,仅有实证理论,管理学的框架就是支离破碎的,无法直接用于解决管理的现实问题。他认为,中国本土管理实践中的现实问题与矛盾的解决需要"规范研究"和规范理论。

在研究方法的具体应用方面,北京大学王辉在回顾其关于"中国企业管理者的领导行为研究"时,详述其研究样本、测量变量的产生过程以及研究过程,为学者们展示了严谨的问卷调查研究方法;北京航空航天大学的欧阳桃花则通过农业物联网的案例研究全过程介绍了其多年积累形成的案例研究范式。浙江农林大学曹振杰使用当前主流的实证研究方法对充满中国管理哲学意蕴的和谐心智模式进行了研究,"不同于经验论,也不再处于思辨层面,而是进行精确探索和实证知识积累"。这种研究方法的使用,使得员工和谐心智研究与心理和谐研究走上了科学的道路，使得预测、管理与开发员工和谐心智成为可能。

（三）实践导向的管理研究路径

进行实践导向管理研究首先是确定研究问题。清华大学仝允桓认为在实践中寻找真理是实事求是的本质。中国无论是在革命战争年代，还是在后来的改革开放都是得益于从实践中寻找真理。实事求是可能是中国文化的精髓，也是管理研究寻找"真问题"的出发点和遵循的原则。由此，王方华认为调查、了解中国的现实是提出正确假设、提炼准确问题的前提。对此，仝允桓补充道，随着市场不确定性的提高，分析现象的思路也要从分析市场、环境、自身条件、外部竞争，延伸到分析市场变化、环境变化、自身条件未来的变化上来。

在了解了现实环境的基础上，上海交通大学李垣介绍了其发掘问题的方法。他认为中国环境的2个基本特征：一个是转型期的特征，经济快速增长，但资源不足、市场不完善、政府影响力强；另一个是文化认知特征，综合思维、官本位以及关系文化。若把这2个维度结合一下，就能提出问题来了。例如，把资源不足和综合思维相结合，就能从困难当中发现一些机遇，即危和机转换的问题；把政府影响力强和综合思维结合，就能发现平衡政府、社会和企业利益的问题。欧阳桃花从案例研究的角度阐述了其最新研究成果的产生背景，基于对现有学术研究的长期观察以及对新兴行业发展的敏感，发现学术研究对于商业模式的研究还存在许多空白：一是运用一项新技术开拓一个新兴市场的初始企业商业模式的研究相对匮乏；二是对中国情景下农业物联网等新兴行业的商业模式研究还没有系统地展开，对中国而言，"三农问题"是关系国运民生的关键。在意识到理论的空白和现实的需求后，其研究团队决定聚焦于农业物联网问题。

对于实践导向的管理研究具体研究方法，学者们也都介绍了各自的研究经验。广东工业大学张延林介绍了其案例研究中引入的行为研究方法，行为研究的目标是在研究人员和实践人员相互接受的道德框架下，双方共同协作来解决实践人员在即时问题环境中面临的现实问题，并开发社会科学理论。通过研究者客户协议、循环处理模式、理论根据、研究者行为干预以及针对性的学习5个原则，确保了研究的严谨性和时间相关性。上海大学孙继伟总结了其在研究创业者与投资方冲突问题时的3种策略：基于创业者立场、基于投资方立场以及和谐共赢的视角，通过案例研究进一步挖掘出冲突形成的机制。华南理工大学的叶广宇通过情景嵌入式的案例研究从企业战略的角度探讨了企业认知对企业跨区域横向整合管理模式的影响，研究发现，企业对市场环境和自身制度地位的认知直接作用于企业的横向整合管理模式选择，并影响整合绩效。华南理工大学乐国林则从自身从事管理咨询的实践经验出发，认为"管理者与研究者之间话语系统存在较大差异"，他以泰勒的科学管理与效率制为案例分析了管理理论实践转化中异化应用的原因，从行动科学、高管领导、学习型组织3个方面提出了避免管理科学异化应用的建议。

清华大学邵红对清华大学经济与管理学院、国务院发展研究中心和中国企业联合会联合承担的《中国式企业管理科学基础研究》课题研究情况进行了详细的介绍。为了探寻在中国改革开放30年来取得成功的企业经验背后的中国的特色和因素，课题组从背景研究、案例研究、专题研究和理论研究4个维度对企业实践进行了全方位的深入研究，并通过一些国际学术研讨会和企业实践论坛作补充。在此基础上，课题组尝试用西方人可以听懂的方式，即问卷式、批量式的研究把思想变成国际管理学界可以接受的理论成果，从而创建中国企业领导理论。孙东川则进一步提出了构建中西合璧的管理科学话语体系的必要性，并对此进行了探索。同时，邵红也特别提到，国际管理学会主席陈明哲就是从中国传统哲学的角度，结合西方科学的研究方法做了很多研究和示范，值得关注中国实践的管理学者借鉴。

二、实践导向的管理研究进展梳理

自2004年郭重庆发出"中国的管理科学工作者必须面向中国的管理实践开展理论研究"的号召以来，在"管理科学部"、《管理学报》等国内管理学术期刊以及一些学者的积极推动下，中国管理学界对这一点已基本达成了共识。从历届"中国·实践·管理"论坛学者的参会数量和范围的扩大可以感知到，学界对实践导向管理研究的关注度正在持续升温。最近几年，《管理学报》等杂志刊发了大量基于中国实践的管理研究成果，主题涵盖基于中国实践的管理理论构建、理论的实践相关性、研究目的、研究范式以及结合中国传统文化、哲学、社会学、心理学等其他知识或学科对研究的影响。另外，在中国情境下针对企业战略管理、人力资源管理、创新管理、知识管理等细分领域的研究也成果颇丰。为了更好地把握实践导向管理研究的现状、凝练研究成果，本届论坛设立了"基于实践的管理研究进展"专题论坛，邀请了国内组织行为、创新创业、战略管理等方面较有代表性的学者和较有影响力的课题组分享其所在领域的研究进展情况。

全允桓介绍了其主持的国家自然科学基金国际合作重大项目"面向低收入群体市场的技术与商业创新模式研究"的最新研究成果。他谈到,随着贫富差距的拉大,诸多社会问题因此产生,政府和企业应该对社会公平和消除贫困给予更多关注,其课题组所研究的金字塔底层战略通过分析国际市场和国内市场的差异,认为以Leader User为目标市场的创新离中国市场太远,中国企业应瞄准BOP(金字塔底层)市场进行创新,因为中国的市场离BOP市场更近,有着天然的优势。王辉则从高层管理者层面的领导行为、领导风格以及领导者信念方面,中层管理者层面的授权赋能领导行为,以及领导—部属交换3个方面全景式地梳理了其近年来在中国企业管理者领导行为领域的研究成果:中国领导模式在中国有着特定元素和情境变量,既自恋又谦卑、既授权又监控、既有个人亲近也有个人互动的变量属性对领导效果的提升是有很大帮助作用的。

此外,更多的学者关注了创新管理、创业管理以及中国式管理理论等方面的研究进展,本文将对此逐一进行总结。

(一)创新管理研究进展

"以全球视野谋划和推动创新,提高原始创新、集成创新和引进消化吸收再创新能力,更加注重协同创新。"在中共"十八大"报告中,将创新提升到了战略高度。2012年10月在烟台举行的第十届管理科学与工程年会上,郭重庆也提到"苹果公司丰富了创新哲学,颠覆创新、越界创新、集成创新,再次说明了没有商业模式的创新,技术创新就失去了意义。"从近年来国内期刊发表的研究成果来看,"创新"也成为出现频次最高的关键词之一。本论坛特别设立了"新形势下的管理创新"专题论坛,邀请学者对创新管理的研究背景、研究成果和发展方向进行研讨。

除了国家政策的指引,管理创新成为研究热点有着企业外部生存环境和内在发展局限两个层面的原因。余明阳指出,在云计算和海量信息处理时代,企业的商业模式已经发生了巨大的变革,过去那些我们认为正确的理念也正在被颠覆,若企业没有创新能力和学习力,就没有办法适应不断变化的市场环境。这对于管理学者同样适用,若一个商学院教授没有创新的理念和意识,用昨天的知识教今天的人从事明天的竞争,后果将非常可怕。陈春花也认为,在一种新的技术框架下,环境的多元、复杂和不确定使企业的成长方式发生改变,从市场驱动的方式转向创新驱动的方式。由此，企业自身发展也对管理创新提出了更高的要求。浙江大学陈劲总结了传统企业管理的七宗罪：太多的经济指标、太少的快乐指数；太多的成本控制、太少的价值创造；太多的执行力、太少的创造力；太多的商业利益、太少的服务精神；太多的资源掠夺、太少的能力建设；太多的封闭运营、太少的开放创新；太多的管理、太少的领导。正是这些局限阻碍了企业的发展，他分别列举了突破这7项局限的优秀创新实践案例，从而说明了创新的重要性，并提出城市化加剧、人口增长、气候恶化以及全球化加速等全球共同面临的难题，企业和管理学者应该积极地思索和应对。

香港力康生物医疗科技控股有限公司董事长沈钦华在企业管理实践中也深深体会到创新的重要性。因此，他在公司中营造了学习新知识、研究新问题、适应新变化、迎接新挑战、抓住新机遇、再创新辉煌的"六新"企业核心文化和灵魂，以及"创新求变"的行为准则。

学者们针对企业管理创新的研究也呈现出丰富的理论成果。全允桓认为，企业可持续发展要秉持企业社会责任与发挥商业机制相结合；应该把企业的发展和自然生态环境的可持续发展与人类社会的可持续发展相结合，通过包容创新实现发展；应该把技术创新、商业模式创新和社会模式创新相结合；应该把企业创新与价值链创新相结合，通过嵌入式的创新来实现共赢。陈春花认为，在"云海"环境下的市场有3种模式可以成功：①利润模式，在资源特别有限的情况下能够通过营利产生投入能力；②中间商再生模式，能够提供增加价值和附加价值；③平台技术模式，从产业价值和继续增值之间找到一个机会。但由于平台技术模式对产业价值和技术增值之间的关联有着较高的要求，中国大部分企业还需慎用，更主张企业选择前两种模式。章凯通过对海尔集团自主经营管理模式的评析，认为网络时代要求企业能快速发现和响应顾客需求；关注特殊资源的吸引与使用；创造真正的客户价值；强化顾客对品牌的信任；需求个性化，与顾客零距离接触。西安交通大学李德昌从势科学的视角分析认为，管理创新是组织结构信息势和个人知识信息势推动下的非平衡相变和非线性分岔，能够营造制度势、细节势、经营势、生存势和组织势，并基于人才素质信息势、组织结构信息势、产品质量信息势、市场经营信息势、管理方法信息势提出了技术推动创新模型、需求拉动创新模型、一体化创新模型、网络创新模型、相互作用创新模型以及学习性组织创新模型。

（二）创业研究进展

创业是理解未来社会经济变化的一个关键概念，已成为研究创业家（企业家）和企业活动必不可少的重要主题。国内的创业研究始于21世纪初，经过十几年的发展，已形成了以南开大学、清华大学、浙江大学、吉林大学以及中山大学等为主的创业研究团队。在清华大学高建牵头的全球创业观察活动的号召下，这些研究团队积极关注中国情境下的创业活动，取得了丰富的研究成果。本论坛特别邀请了南开大学创业管理研究中心的田莉代表张玉利为大家介绍国家自然科学基金重点项目"新企业创业机理与成长模式研究"的成果，以及创业管理领域的研究进展。

田莉介绍其研究团队从新企业生成过程、新企业早期的成长模式、新企业生成过程中的能力演化路径以及新企业成长过程中的制度演化4个方面展开研究。在研究新企业生成过程的关键要素和机理中，提炼了一些生成的主要标志，界定了一个新企业的标准，识别了创业活动中的一些关键活动、里程碑事件，这在以往的主流管理研究中没有被发现或很少有数据支持，同时分析了这些过程中的内在逻辑联系；针对新企业成长模式的研究对企业的初始条件到后续的路径做了深入研究，对创业导向、初始条件、新企业成长、战略演化和早期商业模式展开探讨；在新企业成长过程中的能力演化路径方面，主要关注新企业的早期创业导向如何转化为企业绩效，新企业的能力是如何形成的，如何有了正式组织的能力形成机制以及创业者的经验转化为组织能力的路径；在新企业生成过程中的合法化和稳定性途径的研究中，主要的研究聚焦于合法化战略对企业绩效的作用机理与路径以及合法性视角下的组织场域演化研究等。

基于以上的研究内容，田莉梳理了其团队的研究贡献。首先是揭示了我国的制度、文化、市场和技术条件约束下创业环境的特殊机理和普适规律，试图提炼出我国企业的多种成长方式；然后总结出这些成长中的关键变量以及成功和失败的规律，并有针对性地提出一些政策意见和研究框架；另外，该研究团队还建立了一个共享数据库，可以向社会各个领域开放，供广大学者参考利用。

对于国内创业管理领域的研究进展，田莉也作了详细的梳理。国内创业研究发展时间并不算久，早期的研究关注对创业活动总体情况及创业过程的描述性研究；后来，在跟踪国外研究的基础上，学者围绕影响新企业成长绩效的主要影响因素开展实证研究；从2004年开始，中山大学李新春等学者开始关注我国情境下的独特问题，如制度因素、关系因素、地理空间聚集等；在创业研究得到初步发展的基础上，张玉利等学者从创业活动的独特性视角探索创业管理与主流管理理论存在的差异与融合趋势。近期，创业管理的最新研究则注重剖析创业过程中的关键活动及其内在联系机制、探索新企业生成之前活动对初期成长的作用关系，解释新企业如何实现成长等。

田莉也向国内创业管理研究者和研究团队发出两点倡议：①创业环境的复杂性需要抽样调研的普适性，所以迫切需要构建跨国界、跨学科的研究网络，开展合作研究。②积极开展本土化的创业研究，这是中国管理学界的呼吁，也是这个不断谋求学科合法性的研究领域的需求。

创业研究是扎根于实践的管理研究，也是典型的实践导向的管理研究。随着创业主体日益多元化、创业活动日益活跃，创业者和新创企业面临的问题也将更加复杂，对管理研究的需求也会愈加强烈，会吸引更多的学者参与研究。由此，创业管理在未来一定会继续成为实践导向管理研究的热点。

（三）中国式管理理论研究进展

由原国务院发展研究中心党组书记陈清泰等于2005年发起的《中国式企业管理科学基础研究》课题历时7年，访问了35家企业，形成了背景研究、案例研究等在内的33本管理学专著的丰富的研究成果。该课题组立足于中国实践，通过整理、分析、归纳和提炼出改革开放以来我国企业的成功经验，以帮助广大中国企业成长，是具有代表性的实践导向管理研究。邵红代表课题组向学者们详细介绍了该课题的研究历程以及研究成果。

前文中已简要介绍了该课题的4个研究维度和主要的研究方法。下面主要就研究成果作一梳理。在背景研究中，着重分析了改革开放以来，体制和市场环境变化对企业管理的冲击和影响，探求产生中国式管理理念的历史文化根基以及西方管理思想和方法的影响；案例研究对企业成功的原因、机理以及影响因素进行综合分析，梳理出这些企业成功经验中的中国因素；管理专题研究则归纳比较了案例中的共性特征总结出"中的精神（实用理性的辩证智慧）、变的战略（高度权变的调适思考）、强的领袖（企业家的德、魅与愿）、家的组织（中国色彩的组织控制）、融的文化（个人价值与时代共鸣）、和的环境（政治分寸与关系和谐）、集的创新（标杆模仿与整合再造）、搏的营销（从草根到极致的战争）和敏的运营（恰当高效的基础管理）"九大研究发现；在理论总结部分，通过有一定理论深度的总结、提炼，使这些研究发现条理化、系统化，形成带有规律性的结论。邵红表示,这些只是课题组取得的阶段性成果,对于这些研究结论的普适性,即能否在更多的中国企业中得到检验还有待进一步的深入研究,希望有更多的管理研究者加入其研究平台,丰富管理理论和实践成果,提升指导中国企业管理的水平。

2006年,齐善鸿等根据"道"的思想,结合现代理论的建构方法,构筑了具有中国文化特色的管理思想体系"道本管理"。"道本管理"突破了惯行的"人本管理"的一些局限,主张应尊重自然规律、尊重人性的规律以及人类发展的科学规律,而不能让人超越于客观的自然规律之上,致力于将企业发展为在社会大系统之内寻求人、经济、社会、自然等多种资源价值互动规律之道而创造财富的社会组织。"道本管理"从中国传统文化的视角为学者提供了新的借鉴。

在本次论坛上,齐善鸿"道本管理"研究团队也介绍了其在不同领域的最新研究成果。从管理理论的科学价值角度,认为当今中国管理科学研究所面对的问题,即实践立足点的文化缺失,必须以道家自然主义为文化根基,并以此为基础进行企业伦理体系的建构。从企业文化构建角度认为,企业管理的最高境界是"无为而治",员工实现与公司利益相一致的、高效率的自我管理。由此,建立"以道为本"的企业文化,是提高我国企业创新能力、增强企业竞争力、确保企业实现可持续成长的最有效的途径,同时也是与其他投入相比更为经济、投入产出比更高的途径。此外,在"道本管理"对管理创新的推动作用、对认识规律与发现真相方法论价值以及其具体操作模式等方面呈现了新的研究成果。这些研究成果也将陆续在《管理学报》刊载,在此就不一一赘述。

中国建筑材料集团有限公司董事长宋志平是一位有着丰富的企业经营管理经验的学者型企业家,他在论坛的主题报告中介绍了其"央企市营"历程中总结的实践经验:①坚持国家控股下的多元化所有制;②规范的公司治理和规范的治理结构;③大力推进职业经理人制度;④内部机制市场化;⑤要与普通企业公平正义地竞争,不要求特殊待遇。在谈到国企对民企的整合问题时,他从中国人的传统文化、思维方式考虑,提出了"包容性成长"的理念,达到国企民企"共生多赢"的目的。他希望这些实践经验能带给学者一些有益的启示。徐建国也从企业实践的视角提炼了能源、创新、走出去、产能过剩等4个方面中国企业面临的问题,希望能与学者共同探讨企业发展路径。

三、对实践导向管理研究的反思与展望

在2011"中国·实践·管理"论坛上,郭重庆特别为论坛题词:"中国管理学界的历史使命应是发现规律、解释现象、指导实践。要有质疑精神,因为质疑是科学家最宝贵的精神,要反思、批判,不要趋炎附势、循规蹈矩"。这是老一辈管理科学家对广大学者深沉的希冀,也是管理学者履行使命的箴言。为了为具有反思精神的学者提供平台,《管理学报》自2011年7月始,将"学术争鸣"栏目更名为"争鸣与反思",迄今已刊发论文11篇,从多角度对管理学界的一些现象进行了反思。在本届论坛中,学者和企业家也认识到其历史使命,对管理学研究现状以及未来发展方向都进行了深刻反思。

(一)对研究现状的反思

在本届论坛上,余明阳和刘作仪在致辞中都不约而同地提到了新加坡教育部某主管官员的一句话:"新加坡国立大学这几年在全球的排名持续上升,现在已经排到了全球第25名,国际影响力日益增大,但是新加坡国立大学对新加坡政治、经济、文化的建设和贡献越来越小。"这也是值得国内商学院、管理学院反思的问题。管理学者的目标是多元的,而管理学界的现状是决策者过分强调发表高水平论文这一单一目标。余明阳认为,商学院的多元目标中,最为重要的目标之一就是为实践服务,为国家大战略服务,解释中国在管理实践中碰到的具体困难和问题,而管理学家应该面向社会这个大课堂来解释一些重大的管理问题。躲在小楼里写一些全世界大概只有几个人看得懂的文章,这是不是管理学的真谛所在。这是一个值得管理学者反思的问题。

在研究的内容方面,用科学严谨的方法对于一些既定常识进行检验的研究成果不在少数。仝允桓认为,毋庸置疑,从研究的科学规范角度看,任何对于常识的检验都是有价值的,但管理学者不能一味地去验证常识,尤其不能总验证外国人提出的常识。这是对管理学者的一种警醒,验证常识固然有其学术价值,但对中国实践而言,更重要的是常识对实践的作用机理、常识在特殊情境中的变化规律,以及实践中非常识性的规律等需要学者进一步观察和提炼的问题。

在研究态度方面,王方华对管理学界存在的一些现象提出了质疑,他认为,拍脑袋想出一些独创的名词哗众取宠,这不是管理学者应有的态度。"管理科学部"在对课题资助评定时的态度是严肃且严谨的,也希望学者们以严肃的态度来

研究实际当中存在的问题。除此之外，学术腐败、学术不端等学术界的丑闻近年来也频频见诸报端。科学严谨、求真务实的研究态度是学者的基本素养，作为一名管理学者，自我管理应该是一切科学研究的基础课题，值得学者深刻自省。

"知止而后有定，定而后能静，静而后能安，安而后能虑，虑而后能得。"中国台湾国立中央大学林子铭用这句话来劝勉管理学者和企业家，一个人如果能够知道人生所追求美善的终极目标，他的意志才有定力，心境才能宁静，不会随外在环境而躁动；做到心情宁静，才能有平安的感觉，才能处变不惊而思虑周详，才能最终达到至善的境界。面对实践中复杂问题的挑战和科研工作的压力，学者应该明确自身的目的与价值所在，戒骄戒躁，潜心于研究，践行管理学者的历史使命。

（二）对发展方向的展望

管理经典理论对于实践的提升和研究的推进都有其重要的价值贡献，结合中国传统文化、国外管理经典理论依然是实践导向管理研究的重要依托。与会学者们提及了对于管理经典的回归，同时也根据实践的现实情况进行了反思。例如，吕力借助泰勒、法约尔、德鲁克等人的经典成果阐述了规范理论与规范研究的价值与意义；齐善鸿则从泰勒的科学管理原理所倡导的劳资双方的精神革命，引发了对管理的哲学反思；乐国林则对科学管理与效率制的反思，分析了管理理论异化应用现象。

徐建国通过结合自身企业经营管理经验与管理理论研究对实践导向管理研究提出自己的看法，中国的经济理论和管理理论不能停留在批评阶段，应该从中国的实践出发，透过现象看本质，提出宏观和微观相结合、理论和实践相结合、有操作性、有效益的对策。

企业实践是理论的来源与最终应用者，因此，实践导向管理研究要求企业界、政界和学界一起直面中国的关系问题，只有这样才能对中国当前的发展产生很大的推进作用。卡斯特认为，中国是全球化的重要试验场，如果这场试验失败了，也就意味着全球经济的失败。华中科技大学张金隆认为，当前的中国问题也是世界社会经济发展的一个重要问题，在某种程度上，如果我们把中国的问题研究好了，也是对世界管理和社会经济发展的一个重大贡献。在此过程中，"信息化""全球化""转型期"，还有结合"十八大"提出的"发展与创新""合作与共赢"等关键词，都是对应着实践导向管理研究未来的重要课题。

作为论坛的发起人，兼任管理学报杂志社社长与主编的张金隆用24个字对本届论坛进行了总结："主题明确、模式创新、观点鲜明、内容丰富、引发思考、平台作用"。确如这24字所言，学者们围绕"现象、本质、对策、中国、实践、管理"的主题对企业实践现象，中国管理研究现象背后的本质进行了深刻的分析与反思，对实践导向管理研究的发展提出了有益的对策。基于对社会所提倡的"创新"的回应，主办方在议程、形式和参会人员等各方面突破以往学术会议的惯式，希望为学者营造有效率、更自由的研讨氛围。在此基础上，"中国·实践·管理"论坛在未来的发展中，也将努力寻求自身的突破，争取为更多关注中国实践的管理学者提供优质的交流平台。

（原载：《管理学报》，2013年第3期；合作者：杨妍，陈鸿志）

把脉中国经济 探寻发展思路
——首届诺贝尔奖经济学家中国峰会述要

由新华都商学院、哥伦比亚大学商学院、北京大学战略研究所主办的"首届诺贝尔奖经济学家中国峰会"于2013年3月18—19日在北京举行。2006年诺贝尔经济学奖得主埃德蒙·费尔普斯（Edmund. S. Phelps）、2012年诺贝尔经济学奖得主埃尔文·罗斯（Alvin. E. Roth）、美国白宫前经济顾问格伦·哈伯德（R. Glenn. Hubbard）、法国前财政部部长埃德蒙·阿尔方戴利（Edmond. A. lphandery）、冰岛央行货币政策委员会外部委员吉尔菲·索伊加（Gylfi. Zoega）、第九届和第十届全国人大常委会副委员长成思危、中国人民银行副行长刘士余、中国经济体制改革研究会名誉会长高尚全、达沃斯能源合作顾问委员会委员林伯强、民建中央副主席辜胜阻、著名华人经济学家黄有光、世界银行行长林毅夫、北京大学国家发展研究院院长周其仁、新华都集团首席经济学家邱晓华、北京大学新市场经济与管理研究中心主任王建国等国内外经济学家齐聚一堂，共同为中国经济把脉，并提出了他们的新思路。

一、中国经济发展目标的反思

（一）挤掉GDP水分，实实在在增长

中国要挤掉GDP的水分，争取实实在在的增长，这是全国人大常委会副委员长成思危在谈及中国经济未来的稳定和健康发展时提出的首要问题。成思危认为，中国在过去改革开放30多年中经济发展速度很快，在2003—2007年期间，甚至是两位数的增长，但是如果认真分析一下，我们的GDP是有水分的，体现在GDP的计算过程中。

第一类水分，是豆腐渣工程。多半是跟政府官员的腐败有关的，建设的时候算GDP了，垮了以后还要再修，再修又产生GDP，这种GDP实际是负的GDP，是有害的GDP。

第二类水分，是无效的GDP。建设过程中拉动了生产资料的需求、钢材木材水泥的需求，包括投资通过公司转化成消费，拉动了经济。建成以后由于市场缺失、技术落后、管理不善等原因不能投产，所以建成之日就是关门之时，这样GDP只能产生一次，不能再产生了。

第三类水分，是过于超前的基础设施建设。基础设施建设适当超前，这是需要的，但是据估计中国现在有100多个城市要建地铁，这可能就值得探讨了。因为建一公里地铁大概是5亿～7亿元，有的报道称10亿元。真正建成的地铁基本上都要政府补贴，包括运行。当然大城市建地铁解决交通拥堵问题是必要的，但是一些中小城市是否有必要一定要建地铁，这值得探讨。建地铁无疑快速拉动了GDP，但是如果建成以后，始终需要政府补贴，发挥不了效益，那也是个问题。

针对GDP的增长目标，成思危认为，从中国未来十年经济增长率看，就是保持7%左右，但是这个7%是实实在在的没有水分的7%，宁愿要实实在在的没有水分的7%也比有水分的9%好。

（二）快乐国家指数：从GDP到快乐地转型

新加坡南洋理工大学黄有光教授在阐述中国经济持续增长与社会福祉时，首先对经济高速发展的中国奇迹进行了简单的解释，之后又总结了这种高速发展所带来的问题，最后，其提出要用快乐国家指数来取代GDP，作为新的国家成功的指标。

黄有光教授认为，中国本来就是能够高速发展的，以前没有高速发展是受到僵硬制度和错误政策的桎梏，还有战争和政治运动的影响，使得中国没有高速发展。中国能够高速发展的首要原因是邓小平的改革开放政策逐步解除这些桎梏，用市场条件，通过国际贸易取得比较优势的利益，因此提高了几乎全体人民，包括企业家、农民、工人、知识分子等的生产积极性，使经济可以高速发展。第二个重要原因是中国的经济水平、人均收入水平大大低于国际先进水平，所以就有后发优势，赶超的优势很大，当取消桎梏之后就可以高速发展。第三，港澳、台湾、海外华人，包括企业家、投资者、经管人员、科技人员在改革开放之后回来投身大陆，增强了对经济发展起重要作用的因素。

黄有光教授也指出了中国经济发展背后存在的若干问题。第一，最重要的是环境品质快速变坏。第二，收入和财富的分配越来越不平均。第三，收入分配不均如果是因为有些人会赚钱，有些人不会，那没有这么厉害。而中国的情形是在某些地方和某些方面，权力的滥用和权力金钱的勾结制造财富，这是人民特别不能够接受的。第四，现在中国道德水平很有问题，不过这并不是改革开放造成的，而是"文革"和教育不力造成的。因为"文革"的时候要求人们达到最高的道德水准，这是绝大多数人不能做到的。人们在被要求达到这个最高水准的时候，不能做到，那就只好弄虚作假，假装大公无私，破衣服穿外面，好衣服穿里面。而真诚才是多数人能做到的基本道德水准。如果把这个基本道德弄坏了，像一座高楼，地基弄坏了，迟早就要塌下来。加上对独生子女教育不善，小皇帝多，没有跟兄弟姐妹相处的训练，所以也没有什么照顾观念。道德水准的低下加上一些其他原因，就出现了食品安全等各种问题。第五，虽然中国改革开放已经进入市场经济了，但是以前中央计划经济的习惯太过分依赖行政管理，有些不需要用行政管理，可以用市场方法处理，但没有用。例如北京奥运的时候，为了减少道路上的车辆，限单双号行驶，汽车用抽签而不是用拍卖的方式，这都是违反市场规律的。

与成思危一样，基于对中国经济有效增长的思考，黄有光教授也对中国GDP的增长提出了反思，与之不同的是，黄有光教授提出了一个全新的概念用来衡量国家经济的健康发展。他认为仅看GDP的高增长是不够的，根据他对快乐的研究，福祉就是快乐。在温饱小康之后，人均收入的增加对快乐并没有重要的提升。而更重要的，如果我们没有进行足够的环保，那不但不能够增加真正的快乐，甚至会危害我们子孙的生存空间。因此，他提出以对环保负责的快乐国家指数来取代GDP，成为新的国家成功的指标。环保快乐的国家指数英文叫作ERHNI（environmentally responsible happy nation index），翻译成中文叫作"娥眉"，也是漂亮女孩子的意思。用这个指数来替代GDP的指标，是根据快乐研究学者提出的"平均快乐×生命年数"的理论。如果说今天很快乐，明天就因为污染而不在了，那就不是真正的快乐。因此，快乐就不应当是以环境作为代价的。根据这个指数，黄有光教授做了一个大致的估计，快乐国家指数最高的是丹麦、哥斯达黎加，在亚太地区最高是新西兰、马来西亚。用快乐国家指数取代GDP，有利于促进环保，增加人民快乐，促进和谐，使国家可以继续高速发展。

快乐比GDP更加重要，因为快乐才是最终的目的。参会的诸多国内外专家也都对中国的经济发展表达了类似的观点,对于目前的中国经济发展而言,人民的福祉要比GDP更加重要。

达沃斯能源合作顾问委员会委员林伯强先生指出,在关注经济增长的同时应更加关注资源和环境的可持续性。尽管黄有光教授提到中国拥有后发优势,但是林伯强先生特别强调,资源环境的不可持续性恰恰是发展中国家的后发劣势,因为当前的经济增长更多的是以资源环境为代价的。

北京大学周其仁教授在关注人口流动的同时也更加关注福利的配套。他认为,人们之所以愿意往城市里去,在于城市可以带给他们福祉,包括更高的收入和更低的成本,这是驱动"人往高处走"的原因。但现实是,当前的中国城市化却面临着种种不平衡的挑战,包括:劳动力的流动与相应经济权利发育的不匹配;巨量农民工进城,基础设施和公共服务不足;行政主导的城镇化,每级政府都在自己的行政权力范围内"造城",分散投资,降低效率;管理高密度社会经济的经验不足,缺乏合适的观念、专业知识与人才。

冰岛大学吉尔菲·索伊加(Gylfi. Zoega)教授指出,1978年改革开放以来,中国从计划经济转型到市场经济,实现了高速的经济增长,这里有一个大家公认的事实,就是由于人口众多,中国很可能成为世界最大的经济体,同时还有可能成为一个低收入国家。主要是因为人均收入相对比较低,虽然作为全世界最大的经济体,同时又是生产力比较低的国家,尤其是人们生活水平,相比一些中等水平的欧洲国家来讲,还是比较低的。

哥伦比亚大学商学院院长格伦·哈伯德(R. Glenn. Hubbard)教授也表达了他的观点:经济增长的最终目的是提高人们的生活质量。芝加哥大学罗伯特·阿利贝尔(Robert. Z. Aliber)教授更是明确建议,对于中国,正确的目标不应该是追赶西方,而是中国对加强下一代的生活质量应该采取什么样的政策。无论是作为旁观者,还是作为知名专家,他们的建议都从一定程度上为中国经济发展的方向提供了颇具价值的参考。

二、中国经济发展动力的探讨

(一)创新驱动

哈伯德教授在回顾经济发展时提到了两个重要的问题。第一个问题是,18世纪50年代英格兰人民的生活水平出现了非常快速的提高,为什么是在英国,而

不是在中国？第二个问题是，美国生产力之所以高，并不是因为美国可以购买更好的电脑，或者可以使它的运营更加网络化，那么美国生产力增加为什么会如此之快？哈伯德教授用两个字概括了这两个问题的答案：创新。简言之，英国的创新是工业革命，而美国则继承了这种创新精神，借助企业家来推动创新。因此，以英国、美国的成功经验来看，创新构成了经济发展的重要基础，哈伯德教授认为，如果中国能够吸取这方面的经验，也能够很快实现和美国一样的生产力。民建中央副主席辜胜阻也认为，中国要提高经济增长的质量，需要靠创新驱动，即中国经济发展方式需要从"要素驱动""投资驱动"转向"创新驱动"。

辜胜阻同时指出，中国经济转型要改变6个过度依赖：第一要改变过度依赖投资拉动经济增长的局面；第二要改变过度依赖出口和外资的外需拉动的局面；第三要改变过度依赖廉价劳动力的要素驱动的局面；第四要改变过度依赖房地产支撑经济增长的局面；第五要改变过度依赖资源消耗和环境代价的局面；第六要改变过度依赖部分人先富的非均衡增长的局面。中国经济要改变这6个过度依赖，非常重要的是实施"创新驱动"的战略。

谈到创新，就不得不提及企业家。哈伯德教授提到，在过去20年中，37位诺贝尔奖经济学家在获奖感言的时候31次提到企业家，而费尔普斯先生在获奖感言中更是提到了37次。这些世界经济学家们之所以关注企业家，原因正是埃德蒙·费尔普斯（Edmund. S. Phelps）教授在本次峰会中所讲的，企业家能够推动创新。

哈伯德教授对企业家的创新精神给予了解释，企业家及拥有创新精神的领袖们，他们之所以能成功，并不是说他们设定了一个目标就再也不改变，而是说他们在遵循这个目标的过程中，也是非常灵活的，他们能找到各种不同的机会，这就是企业家精神最重要的特点。所以，无论是政府，还是企业家，都能够更好地为人民服务，前提是要学习企业家的这种灵活精神。

诺贝尔经济学奖得主费尔普斯教授结合中国的具体国情，提出了对于中国企业家创新的三点建议。首先，对于国企而言，主要问题是商业上的判断，因为目前国企的经理人或者领导者可能并不是基于商业洞见来选拔或者提升的。其次，对于民营企业，主要问题是技术上的洞察，因为很多民营企业的老板的成功，已经证实了他们自身是有勇有谋的人，尤其是小型公司的CEO，但是技术可能成为他们的瓶颈。最后，要为企业家提供更好的教育，因为企业家受教育程度的提升可以显著改善企业家创业的成功率，如果能够为企业家提供高品质的教育，那么创新回报就会得到极大的提升。

当然，相比发达国家而言，我们当前的创新可能还不够，但这并不意味着我们是一个不会创新的民族。如同新华都商学院理事长何志毅教授所讲，很多人认为中国不会创新，只会复制，其实不是这样的，像"苟日新，日日新，又日新"是中国最早的国王刻在洗澡盆上的，意思是说，如果第一天是新的，第二天可能也会是新的，进而每天都是新的。他可能是讲把身体洗干净，但是这个意识是在他的脑子里。中国人还说"士别三日，当刮目相看"，就是说三天不见就有新的东西了。今天我们在创新方面确实还很落后，所以今天中国的国家领导人把创新型国家排在重要的议事日程上面，也是表示了重视。基于创新之于中国的重要性，何志毅教授的团队对国家创新力指数展开了研究，创新能力由三个部分构成，包括创新基础、创新活力以及创新成果。一个果，两个因，里面什么是总量，什么是均量都进行了逻辑设计。该体系仍在不断完善，他们希望做到像基尼系数、恩格尔系数那样简单有效。

（二）增量带动存量

新华都集团首席经济学家邱晓华教授分析了中国经济过去增长以存量作为代价的问题，并为中国经济未来的发展提出了"以增量带动存量"的解决思路。

邱晓华教授首先从如下几点回顾了中国经济改革开放发展30多年的历史。第一，中国的发展是在改革开放的大潮中实现了快速发展。改革开放是国家发生巨大变化的重要动力。第二，中国的快速发展是以低成本来实现的，低劳动成本，低资源成本，低环境成本，低社会成本，这种低成本驱动是快速发展的一个重要推动力。第三，中国的快速发展是紧紧围绕着老百姓的生活需求的满足而展开的，从20世纪80年代解决老百姓的吃饭穿衣，到80年代中期解决老百姓日用品短缺的矛盾，再到解决老百姓出行难用电难等诸多基础设施不足的问题。到90年代中后期又紧紧围绕着老百姓住房难的问题而展开了新一轮的发展。所以每一步都通过满足老百姓的基本需求来开拓市场，促进发展。第四，中国的快速发展和世界的联系是密不可分的，加入世贸组织并敞开国门，都为中国赢得了更大的发展空间。邱晓华教授认为，中国经济快速发展的背后，国家发展的质量和效益并没有像速度提升得这么快。高速不高效的原因就在于我们过去的经济发展往往以牺牲存量为代价。一方面是我们常常以存量资产的破坏来求得增量资产的扩大。社会总财富、净财富增加并不多。另一方面，我们总是以高库存来实现高发展。在相当长时间里面,中国的存货占GDP的比重都在20%以上。进入21世纪,好不容易降到了5%左右,但是即使只有5%左右,相对于成熟的市场经济国家来说,比重也还是明显的偏高。这种高库存其实就是一种高浪费。这种以存量资产的损失求得增量资产的发展也是一种浪费,这就是为什么中国经济发展高速不高效的原因所在。

与此同时,邱晓华教授也指出了解决问题的出路,要以增量带动存量,不是以存量为代价换来经济增长,而是以增量作为动力助长经济增长。邱晓华教授认为,扩大开放沿海、沿边,形成东部振兴、西部开放,这些都是用增量带动存量的发展思路的真实写照。增量带动存量这条路能够成功,原因有以下3点。

第一,增量带动存量可以获得三大突破。首先是突破旧制度的约束,从增量起步,能够更少地受到传统制度安排的束缚。其次是突破旧观念的束缚。在新的领域,新的地区,新的行业,形成新的发展,需要有新的理念,旧理念对它的束缚不是那么强烈。最后是可以突破旧利益格局的束缚,并且增量领域没有那么多利益分离,可以比较快地获得突破;

第二,增量带动存量可以取得双赢。增量带动存量能够获得国家的赢,企业的赢,以及劳动者个人的赢;

第三,增量带动存量可以带来3个效应。首先是示范效应,新区域的突破性发展,对旧的区域肯定是一个很好的示范。其次是稀释效应,通过新经济的成长,通过新力量的积累,使得我们有了改变存量,改变原有面貌的手段和物质基础。最后是裂变效应,通过局部的变化,量变到质变,所以这样的改革发展之路就是以增量的发展促进存量的发展之路。

三、中国经济发展的策略建议

(一)基于匹配原则进行市场设计

2012年诺贝尔经济学奖得主埃尔文·罗斯(Alvin. E. Roth)教授分析了美国市场设计的经验,以此来为中国的市场设计提供参考。在罗斯教授看来,市场设计的关键是匹配市场,并且以其对波士顿招生系统的改进为例来对此作了阐明。

罗斯教授认为,在美国,匹配市场是非常重要的,这一点其他国家也可能是一样的。就日常生活来说,孩子要读幼儿园、读中学、读大学,都会涉及匹配市场的问题，因为涉及双方选择的问题，包括找工作，不是说任何一份工作想要就可以得到，自己要被雇主选择才行，在医疗保险计划中也会涉及匹配市场，都是双方选择的匹配问题，并不是说付得起大学的学费就可以去学校读书。

波士顿公立学校的招生计划过去有很大的缺陷，因为采取的是密集接受系统，每个学生会递交他的志愿名单，根据优选的次序，第一志愿是什么，第二志愿是什么，学生和家长来提交名单。学校一般首先在报考他的第一志愿的学生中去选择，这个系统看起来没有大的问题，但是对于学生而言第一志愿填的是哪个学校至关重要，因为有可能第一志愿没有录取该学生，第二志愿已经招满了，第二志愿也不会被录取，因此如何填报第一志愿是非常重要的，所以学生不会想填一个特别受欢迎的学校，因为风险很大，一旦不录取第二志愿第三志愿都不被录取。因此，学校会建议，如果你想被你的第一志愿所录取，请考虑选择不那么受欢迎的学校，因为这是在信息缺失情况下的最安全方式。

这样的设计虽然降低了学生的风险，但却并不是很好的市场设计，因为并没有遵循匹配原则，学生未必安全地选择了他们喜欢的学校。基于匹配市场的考虑，罗斯教授通过递延接受算法（Deferred Acceptance Algorithm）对系统进行了重新设计。让学生和家长可以非常安全地填报他们最喜欢的学校，是该项工作的原则。首先不公开、秘密地提交自己的志愿，然后每个学生都去向第一志愿提交申请，学校就在所有第一志愿学生中根据优先顺序给他们分配座位，罗斯教授强调，第一轮的时候学校并不会立刻接收这个学生，只是把位置保留下来了，如果还有名额的话，每个学生跟前一轮被拒绝的学生向下一个志愿提交申请。每个学校将前一轮保留的学生、新申请的学生再进行一起考虑，然后按已有顺序再给这些学生进行初步的分位，不在这个名单上的学生就被拒绝了，这样的方式就一直轮回下去，直到没有学生申请被拒绝，这个算法就算结束了。每个学生都会有一次最后分配，根据这种算法，学生就很有可能保证被他的第一志愿学校所接受，学校也会得到他们想要的学生，这就实现了市场设计的匹配。

（二）基于比较优势进行产业调整

北京大学林毅夫教授分析了产业调整容易犯的错误，并且指明要基于比较优势进行产业调整。林毅夫教授认为，一个国家，如果它的经济要持续地增长，那么它的产业技术结构需要不断地升级变化，这个变化过程当中，国家采用针对特定产业的产业政策来帮助这个产业的发展是至关重要的，但是必须承认，大部分国家的产业政策是失败的。导致失败最主要的原因是大部分国家的产业政策违反了他们的比较优势。站在新结构经济学的角度，一个成功的产业政策，必须针对这个国家有潜在比较优势的产业。

林毅夫教授同时也对什么是比较优势做出了解答。在市场竞争中，如果一个企业要成功的话，企业所生产的产品和提供的服务的成本应该是比其他竞争者低的。企业的成本分成两块，一块是要素生产成本，劳动力成本，自然资源成本，资本的成本；另一块为交易成本，交通基础设施，电力提供是不是完善，金融服务是不是能够解决企业所需要的这种投资的问题，或者所需要的流动资金的问题，法制环境是不是完善，哪些会影响一个企业的交易成本。产业政策要成功，必须选择这个国家在该产业上的要素生产成本是低的，在国内市场，在国际市场跟其他国家相比它都是有竞争优势。要素生产成本要低的话，也就是说，这个产业必须符合这个国家的要素禀赋所决定的比较优势。

林毅夫教授通过对比举例进一步说明了产业政策的成败。十五六世纪时全世界最先进的国家是荷兰，荷兰在纺织业上面，它的技术和生产能力比英国还好，英国当时有产业政策去支持他们国内的纺织业的发展，包括给一些补贴，政府想方设法把荷兰工人请到英国来传授他们技能等，他们是成功的。当时英国的人均收入已经是荷兰的70%。工业革命以后，英国变成最先进的国家，德国、法国、美国，他们的政府也在追赶英国，也采用了很多教科书里说的手段，他们也成功了。当时美国、法国、德国的人均收入已经是英国的60%～75%，二次世界大战以后，日本追赶美国也用了很多产业政策，也成功了。当时日本的人均收入已经是美国的40%，20世纪60年代、70年代亚洲四小龙追赶日本，它的产业政策也成功了，当时他们的人均收入已经是日本的30%～40%。

作为对比，中国在20世纪50年代产业政策针对的是超越美国产业，可是人均收入只有他们的5%，人均收入反映劳动生产力，劳动生产力反映的是资本拥有量，这样看中国就跟发达国家有很大的差距，这就是失败的原因。

最后，林毅夫教授给出具体的建议：怎样寻找一个发展中国家潜在比较优势的产业，就是找那些发展非常快，人均收入水平可能是你一两倍的国家，那么他们现在的产业是什么？他们发展很好的产业是什么？他们现在发展很好，就代表他们即将失掉比较优势，如果他失掉比较优势正好就是你的潜在比较优势。林毅夫教授认为，如果一个国家的经济按照新结构经济学来增长和因势利导的话，任何一个发展中国家应该可以维持一个二三十年甚至更长时间8%～9%的增长时期,从一个低收入国家进入中等收入国家,或许可以在一两代人时间里面变成高收入的经济体,每个国家应该都有这样的机会。

(三)基于终端顾客进行技术创新

塔夫茨大学阿玛尔·毕海德(Amar. Bhide)教授分析了当前技术创新容易忽略的重要方面,他提出了一个基本问题:为什么挪威的科研成果没有瑞典高,但是他的人均GDP产出会更高呢?从技术本身的角度,瑞典可能更高,但是挪威的技术创新则更加有效。因此,技术并非技术创新的唯一因素,有效的技术创新还有更重要的基础,这个基础便是位于终端的顾客。

毕海德教授指出,事实上很多创新在开始的时候可能就忽略了营销这一个环节,只是关注技术,这样就无法获得最终的全面的成功。消费者这个层面也是很重要的。一些经济学家和政策决策者很多时候都忽略了消费者这个因素。实际上,创新的受益者并不是生产者,而是消费者。1985年买一千万晶体管的成本可能是1000万美元,而到2005年就不到10万美元了,所以说科技创新最大的受益者其实是消费者,因为消费者可以鼓励生产者更多地创新,更多地承担风险。消费者本身也要承担一定的风险,这是消费者和生产者之间的对话和回馈,从而使得科技不停进步。

毕海德教授还以自己作为消费者的体验来说明消费者之于创新的意义。他在1981年买了第一台电脑,当时是1万美元,可能在这些年中,他一共花了20万美元买电脑,他买电脑的时候或许并不知道电脑会给他带来什么样的好处或者价值,虽然他知道这台计算机可能对工作很重要,但是他只是相信它肯定会给工作带来价值和利益。把所有消费者的个体行为汇总起来,就可以看出,消费者对风险承担力是加强了,因此,才有了苹果、微软这类公司的成长。而他每天要花很多小时跟自己的计算机打交道,使他更加适应计算机的操作模式,同时他会把他的想法反馈到生产商这边,所有iPad用户也是像他这样,他们也是不断努力使设计产品的科学家和科研人员能设计出更好的产品。因此,在他看来,消费者并非无缘由地捡到了创新的好处,消费者也是付出了努力,至少也是承担了新产品的风险。从这个角度来说,消费者应当作为推动创新的重要力量。

(四)基于返还民权进行模式变革

北京大学王建国教授在界定经济模式的基础上,对当前中国经济模式进行了分析，并指出了中国经济模式如何变革。王建国教授将经济模式定义为4个战略的系统组合。第一，价值承诺，一个国家或者政府必须对国民有一个价值承诺，这是从商业模式借过来的。第二，一个国家或者政府对国民制度定位。第三，财富创造战略怎么满足价值主张，实际上是GDP的创造战略。第四，是财富分配战略，实际上是GDP的分配问题。

王建国教授根据这种战略组合分析了中国经济模式的主要要素，并总结了中国模式的内在规律和内生矛盾，他将这些概括为权控经济。王建国教授建议，需要对当前的经济模式改革，而改革的根本就是放权，把控制资源的权利放到老百姓那里去，即返还民权，本来这个权力是老百姓的，但是又集中了，现在应该返还给老百姓，因为没有民权就没有民智，没有民智就没有民强。

中国经济体制改革研究会名誉会长高尚全也表达了政府应当简政放权的观点。高尚全指出，两会最大的共识就是实现"中国梦"，怎么样实现"中国梦"？就是靠改革创新，我们要有这种时代的精神。政府是创造环境的主体，而不是创造财富的主体，所以要减政放权，真正变成服务型政府。具体而言，第一，要完善以公有制为主体，多种所有制经济为基础的经济制度；第二，要坚定不移地打破垄断；第三，要完善司法制度，使得司法能够真正地公平；第四，要真正转变政府职能。

在中国金融体制改革上，中国人民银行副行长刘士余也持有类似的观点。他认为，中国金融体制改革要推到一个更高的阶段。因为现在国家持股比例还是太高，整个金融机构的公司治理，还远远没有达到真正的公司治理的境界。未来十年，应当立足于开放市场的体系建设，发展新的民营为主导的中小银行体系，并且要坚定不移地推动利率市场化，汇率市场化的改革。如同法国前财政部部长埃德蒙·阿尔方戴利（Edmond. Alphandery）在峰会中谈到的，如果微观经济机制能够在市场中自由地流动，那么现在看到的一些失衡就可以得到调节。

（五）基于商业文化进行职业引导

哥伦比亚大学的理查德·罗伯（Richard. Robb）教授以及巴黎理工大学的助理教授莱彻·博吉洛夫（Raicho. Bojilov）都发现了一个很有意思的中国现象。罗伯教授讲了他和他的中国学生的故事，他的中国学生找到他，说想在美国找一份分析师或者交易师的工作，实际上是不太可能的，因为有一些能力非常强的学生在竞争。罗伯教授就问这名中国学生，为什么你不想去华尔街成为一名销售人员呢？随后，罗伯教授就看出来这个学生有些不高兴，因为他不想告诉他的家长，我从哥伦比亚大学毕业后就成了一名销售员。

但是罗伯教授却认为这是非常有荣誉感的职业，销售团队可以帮助公司销售产品，并且通过创新来对经济发展做出贡献。在美国人看来，如果去参加一场晚宴，一个人说我是小城镇的镇长，一个人说我是销售飞机引擎的，相对而言，这个销售人员处于非常高的社会地位。

而在博吉洛夫看来，这种差异表现更加明显。他认为，在美国，有一些受过高等教育很成功的人士成为企业家，而在中国最有才能的人都成为了公务员。在美国，才能不是特别出众的人才去做公务员，或者受的教育不是特别高的才去做公务员。

当然，这种观察和差异并非绝对，但是包括费尔普斯教授、罗伯教授以及博吉洛夫在内的诸多学者都一致表示，中国在职业引导上应当更多的是基于商业文化而非其他。职业的选择和职位的提升依据的是一个人的贡献和能力，而不是看地位和关系。如同费尔普斯教授所讲，我们应该把注意力更多地放在商业文化上，这对于创新而言非常关键，有了这种文化才可以更好地进行商业创新和机会拓展。

四、结束语

总而言之，中国经济发展要有实实在在的GDP，更要对人民的福祉和快乐做出贡献，为了驱动这种有效增长，中国经济需要创新和企业家精神，还要通过以增量来带动存量，而非一味地以存量作为代价来增长，无论是市场设计、产业政策、顾客创新、模式变革还是职业引导。当我们可以践行这些智慧之时，我们就已经踏上创新和新经济增长之路。

（原载：《华南理工大学学报（社会科学版）》，2013年第3期；合作者：何志毅，刘祯）

"协同管理"价值取向基础研究*
——基于协同管理软件企业单案例研究

一、引言

随着"互联网+"和"工业4.0"时代的到来,中国一跃成为世界第二大经济体,东方管理智慧也成为世界关注的焦点。2016年我国继续深入推进"互联网+"行动计划和国家大数据战略。2017第十届中国管理模式杰出奖,确立"数字化生存与管理重构"作为年度遴选主题,企业的数字化转型已势不可挡。在云计算、大数据、物联网等新兴技术驱动下,数据将成为未来企业的核心资产,中国企业已经处于数字化生存与管理重构的新时代。数字技术潜力巨大、市场体量庞大、政府"有所为有所不为",都为中国企业数字化时代的发展抢占了先机,数字经济时代下中国企业面对前所未有的机遇和挑战。

价值链重构是这个时代最突出的特征,"这是一个颠覆你,却与你无关的时代!这是一个跨界打劫你,你却无力反击的时代",一切都被重新定义。与此同时,管理也迎来了以"协同管理"作为分水岭,由"分"到"合",协同创造价值的新时代。战略管理学家安索夫(Ansoff)在1965年将"协同管理"概念引入管理学界,但协同管理概念一直模糊不清,虽然协同管理的理论尚未成型,但其思想和地位开始不断被人们重视(乐苏天,杜栋,2015)。美国著名管理学家彼得斯(1985)在《寻求优势》一书中指出,没有强大的价值观和哲学信念,再高明的战略也无法成功。若一个组织缺乏明确的价值准则或是价值观不正确,就会迷失方向。所有优秀的公司都很清楚他们主张什么,并建立相应的价值准则,越是在外部环境动荡时期,价值取向就显得越发重要。因此厘清"协同管理"在当前管理理论发展中的地位,以及价值取向等基础的研究问题具有重要意义。

二、文献评述

(一)管理思想哲学探析

在整个科学发展过程中,贯穿其中的是科学研究的方法论,即一切具体科学的研究所遵循的共同的路线与方向,它内在于整个科学发展之中,随着科学的发展制约着科学的前进(赵光武,2002)。从古至今科学研究方法论,要经历超越还原论、发展整体论以及还原论和整体论辩证统一的三个演化阶段。在思维上的体现就是从具体到整体,再从抽象到具体的分析和综合,是相互交织的辩证思维过程。以"分"的精细化解释"合",以"合"的整体性认识"分"。当今管理学研究正处于超越还原论,发展整体论的两阶段之间,其外在表现是东方管理研究蓬勃兴起,管理学界纷纷转而研究中国企业实践,探索其成功的奥秘和蕴含在其中的东方智慧。

《道德经》对这两种方法论有过比较和阐述,"恒无欲也,以观其妙;恒有欲也,以观其所徼"。"有欲观"(即还原论),认识事物时由"形"(徼)及"神"(妙);"无欲观"(即整体论)认识事物时由"神"而及于"形"。《道德经》中无不闪烁着"有欲观"和"无欲观"的交相辉映,时而"有欲观"锋芒毕露的真知灼见,时而"无欲观"无为而治的真悟。二者"你中有我,我中有你",故曰"此两者,同出而异名,同谓之玄"。"有欲观法"和"无欲观法"不可厚此薄彼,由"徼"及"妙",又由"妙"及"徼",反复验证,互为体用,"有欲观"和"无欲观"两种方法配合得天衣无缝,妙不可言(玄之又玄),是认识宇宙解开一切奥妙的钥匙(众妙之门),故曰"玄之又玄,众妙之门"。可见"还原论"和"整体论"的统一是"有欲观"和"无欲观"的统一。

在数字化时代下价值链被重新定义、传统行业被颠覆、组织边界被打开,同时人本思想的普遍回归,使得管理学发展也面临一场空前时代洪流洗礼。陈春花和刘祯(2017)提出的水样组织,就是基于东方文化熏陶下的管理智慧的阐述,水样组织拓展了现有的组织内涵、观点、维度,但同时也指出东方文化是东方的也是世界的。苏东水(2008)指出,今后管理研究的思路和视角、技术和方法、领域和热点都将更多从东西方管理融合背景下做出探讨,随着全球一体化进程加快,以及国际文化纵深交流和发展,东西方管理融合与发展,成为当今管理理论和实践的重要趋势,东西方管理必然走向融合发展,趋势不可阻挡。而东方智慧的核心就是整体观,为管理思想的与时俱进,提供了宝贵的精神财富和经验借鉴。

(二)管理思想由"分"到"合"

回顾组织理论一直在回答效率从哪里来的问题,泰勒的科学管理原理,告诉我们效率来源于分工,马克思·韦伯和亨利·法约尔告诉我们效率来源于分权,人力资源理论回答告诉我们效率来自于人的激活,满足人的需求,创造条件发挥人的潜力。所以百年管理理论,回答了3个效率,劳动效率、组织效率、人的效率。分别诞生了3个经典管理原理,科学管理原理、行政组织理论和人力资源管理。整个过程都在回答组织的效率从哪里来,百年组织管理理论的脉络都是基于"分",分工、分权、分利(陈春花,2017),但以往理论都没有遇到一个挑战,互联技术导致必须"万物相联",必须是"合",外部环境开始决定组织绩效。"分"导致了"不协同","分"导致的部门墙,跨层级协同难等问题就是其突出表现,而"合"是从"分"中异化出来解决"分"自身问题的唯一途径。内外同时作用,使得组织效率不再来源于分工而是来源于"协同",因此管理走到第四阶段——协同创造价值阶段。"协同管理"正是从"分"转向"合"的一个分水岭。"集大成,得智慧",协同管理是东方智慧整体观,和西方还原论指导下的东西方管理思想的辩证统一。

以往百年组织管理理论的分工、分权、分利,都不能解决组织效率问题,组织效率的来源由"分"转向"合"。要强调人的聪明才智和实践经验的重要作用,主张发挥人的个体能动性,充分"激活个体";再结合计算机信息处理方面的高能性,把世界成千上万的个体聪明才智,以及古人先贤的智慧结合起来,"集合智慧"。因此我们不禁探寻,什么样的企业才能在"协同创造价值"的时代,集合智慧持续发展。东方智慧中有"圣人不积,既以为人,己愈有,既以与人,己愈多","德者,得也"等价值观方面的阐述,而儒商的发展也让我们开始反思企业的基本价值取向问题。价值取向属于价值哲学的范畴,是主体在面对和处理各种冲突、矛盾和关系时所持有的基本价值立场、价值态度过程中表现出来的,直接决定、支配主体的价值选择。在价值链重构过程中,企业的价值取向是面对激烈的市场竞争,进行价值重新分配,以及处理各种矛盾冲突的"定海神针",因此什么样的价值取向才可以激活个体,什么样的价值取向才可以凝聚更多的智慧,是创造价值的"协同管理"需要解决的基本问题。本研究以协同管理软件企业为案例研究对象，深入挖掘"协同管理"高效价值创造的价值取向策略体系，并用整体观的东方智慧进行价值取向基础解读。

三、研究方法与研究设计

回归管理学科本身，管理学是经世济用之学，要能面对企业实践和改善企业绩效（苏勇，于保平，2009），其本质规律和属性，一个是实践属性，一个是创新属性。"实践是检验真理的唯一标准"，基于协同管理软件企业实践成果，可以避免脱离实践而谈东西方管理思想融合；协同管理软件不仅是架设协同应用软件，更重要的是融入了"协同管理"理念（杜栋，2008）。管理思想融入协同管理软件，进行管理的可视化、流程化、可追溯是一种创新性的尝试，因此选择协同软件企业进行案例研究，兼容了实践性和创新性的要求。本研究按照西方范式进行单案例探索分析，融合东方智慧，将协同管理软件赋予管理思想，是用新的技术方法，融入东方智慧的一种有效途径。

（一）研究方法和案例选择

本研究旨在回答数字化时代下，如何立足于协同管理软件中的"协同管理"。而案例研究方法理论，较适合回答"如何"的问题（Yin，1994），因此本研究采用了单案例，根据本研究关注问题，从以下3个方面来选择研究案例研究对象：①研究案例相关资料的可获得性。案例企业要成立一段时间，从而保证资料的可获得性和资料保障性。②研究案例的典型性。选择的案例研究对象，应当是在协同管理软件行业，具有典型性和代表性的企业。③研究案例构建理论的实践涌现。目前对于协同管理的研究尚缺乏深入研究，而案例研究对象的实践涌现，有助于帮助我们捕捉和追踪实践中的新现象、新规律，为构建理论提供有效方法（Eisenhardt，1989）。

根据上述标准进行案例选择，最终选定北京致远互联软件股份有限公司（以下简称致远互联），选择过程严格遵循了理论抽样的准则（Eisenhardt & Graebner，2007）。该案例企业的典型性从以下方式呈现：①管理思想是管理软件的灵魂，管理软件是管理思想的呈现。数字化时代下管理思想的发展和管理软件的发展密不可分。而东西方管理思想的融合重构于协同管理，则对协同管理软件的深入研究有助于深刻体会企业发展过程中蕴涵的管理思想的转变和管理思想数字化承载方式的呈现。②作为行业领军企业，长期占据协同市场产品化服务领军地位。2005—2016连续12年市场占有率第一[1]。公司15年发展，已有45 000余家客户。其发展历程和市场状况本身就具有典型性研究价值。③研究数据和资料的可获得性方面，该案例企业自2012年建立已有15年的历史，由于行业优势其数据资料均有完整保存，且本研究团队专家自2017年4月，深入企业内部进行企业战略咨询服务，并签署了研究合作协议。其中一名团队成员入驻研究院已有半年之久，为本研究的开展奠定了翔实的数据和资料基础。

（二）数据来源

本研究数据分为一手资料和二手资料两类，一手资料包含访谈资料和公司内部会议资料两种；二手资料包含致远互联内部资料和外部公开发表和出版资料。研究团队自2017年4月两次对该企业进行战略咨询，两次就协同管理进行深入探讨，并签署研究合作协议。结合研究问题，进行过多次内部人员探讨和会议参与，正式和非正式访谈人员达十余名，包括高层、中层和基层员工各层级员工。此外还以非正式访谈，以及现场参与正式公开演讲的形式，接触该公司的战略合作伙伴、客户等利益相关者，对研究情况进行了解。在此基础上研究团队成员进行了整理、分析、归纳。具体数据和资料来源详见表1。

表1　数据和资料来源详表

数据类型	主要来源
一手资料	访谈资料（时间2017年4—9月）： 1. 总裁，总时长约为6小时 2. 副总裁（2人），总时长约为20小时 3. 研究院执行院长，总时长共计约9小时 4. 普通员工（4人），总时长约为13小时 5. 战略合作伙伴，客户等利益相关者（2人），总时长约10小时 内部会议（时间2017年8—10月）： 1. 内部研究员会议，总时长约为4小时 2. 2017伙伴夏令营活动，总时长约为24小时 3. 咨询、出版、人力资源战略合作会议，总时长约为10小时 4. 北京协同应用大赛启动仪式和赛事本身（2次），总时长约为6小时

［1］　数据来源于CCID、CCW、IDC研究报告。

（续表）

数据类型	主要来源
二手资料	致远互联内部资料
	1. 2017协同案例大赛资料
	2. 公司协同管理平台内部资料
	3. 内部传媒——协同视点观察资料
	4. 致远互联标准解决方案资料等
	外部公开发表的或出版资料
	1. 公司网站介绍
	2. 期刊论文发表资料
	3. 公司主要领导公开演讲和出版资料
	4.《协同管理导论》《协同创造价值》《互联网+工作的革命》内部研究系列丛书

（三）数据分析及研究步骤

研究采用归纳法进行数据分析（Eisenhardt，1989），将协同管理思想结合价值链重构的外在环境特征，紧紧围绕价值链中的价值期望、价值创造、价值评价、价值分配4个价值环节，构建了协同预期、协同过程、协同评价、协同分配4个协同阶段。根据现有数据和资料，进行文本挖掘和策略提取。每一个阶段的分析都围绕以下方面进行展开：第一，对原始数据和资料进行分析、归纳和编码，提取致远互联协同管理4个阶段的数据信息；第二，对分析和编码的信息进行归纳总结，找出不同阶段的协同策略；第三，结合协同策略和价值环节的基础上，结合东方管理思想综合提出东西方管理思想融合的价值取向体系。

为了保证案例分析过程的严谨性，本研究从构建效度、内在效度、外在效度、信度，按照Yin（2004）从4个方面进行了检验和控制。第一，建构效度方面。本研究采用多元的证据来源，尽量多的收集一手和二手资料。在进行研究框架建立和改善阶段，形成书面文件，和公司内部人员面对面交流，进行核实和讨论。在证据链方面，经历获取数据和资料、提取相关概念、构建初步框架、收集访谈和内部数据验证、修改完善提出协同阶段和策略。第二，内部效度方面。本研究根据提出的策略归纳，和原始数据进行匹配和核对，检验提取过程是否科学合理。此外和公司内部人员和团队研究成员探讨，并就竞争性解释进行多次重新审视和迭代归纳。第三，外在效度方面。回顾协同管理方面的研究资料，和现有理论进行对话，形成组织间协同四阶段的策略归纳。第四，信度方面。在研究初始阶段就建立的详细的研究计划书，多次探讨并进行公司内部汇报再修改完善。数据分析阶段，有不同人员进行分析和对比，讨论形成一致意见。数据分析时依据事例型资料、文本型资料、言语型资料3种资料的多来源证据。

四、案例简介

致远互联于2002年正式成立，是中国最大的协同软件产品研发、营销、服务及解决方案提供商，该企业已连续12年位居"中国协同管理软件市场占有率第一"，是协同管理软件行业的领导者，协同标准的创建者。2016年国资委直属及下辖企业超过百家选择致远互联一体化服务实现集团信息化管理落地。致远互联具有强大的客户规模，在世界500强企业95家的中国企业中，覆盖以中粮集团、中国石油化工股份有限公司等28家，占比约30%；第二，中国500强中，覆盖北京建工集团、中国东方航空等约100家，占比约20%；第三，信息化百强企业中，覆盖北汽集团、中国国电集团等60余家，占比约60%；第四，上市公司覆盖飞鹤等100余家。在市场表现方面，2005—2016连续12年客户总量第一，逾45000家客户，500万移动用户量。2004—2016连续13年用户满意度第一[2]。2009—2016连续8年销售增长率第一。

五、案例探索与数据分析

（一）协同软件价值取向关键环节分析

只要技术在推动，一切不可能都会变得可能，致远协同研究院在2013年对应用协同软件实施企业进行调研显示，可以从沟通效率、组织学习能力等多方面有显著效果（具体见图1）。这是一个英雄辈出的时代，更是一个集合智慧的时代（陈春花，2017），需要集合更多的智慧才可以应对，而协同软件的实践为我们深入研究，对激活个体、集合智慧的可视化、流程可追溯、过程可衡量提供了可能。并对以较高的价值创造，应对数字化带来的复杂性和不确定性提供了企业实践经验借鉴。

---

[2] CCW、中国质量协会用户委员会

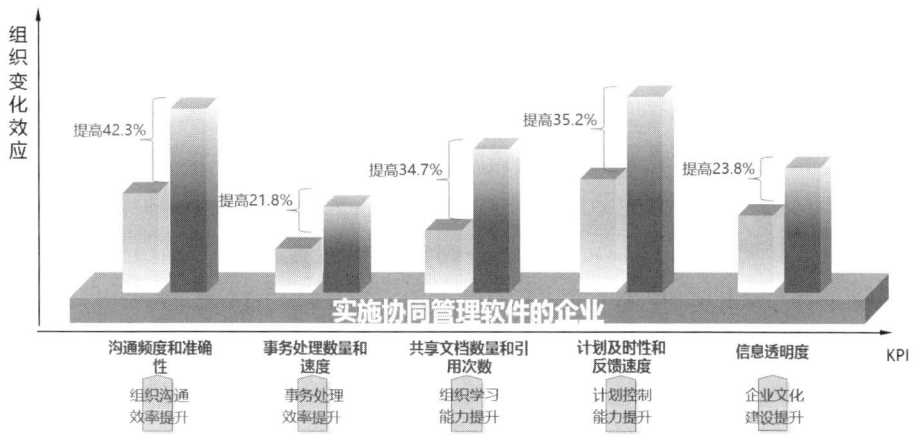

图1 协同软件实施企业的组织变化效应

资料来源：协同研究院，2013。样本量：2284 大中型企业、政府等。

陈春花（2016）指出，今天已经不再是产品和产品、企业和企业之间的竞争，而是价值链和价值链之间的竞争，而共享价值链已经成为今天战略的基本出发点。整个价值链的竞争能力，决定了价值链条上企业的竞争能力。价值链关键环节承载着协作企业间的价值产生、价值分配等活动，只有对不同价值链环节的深入分析才能凸显协同管理的价值取向。因此"协同管理"的高效价值创造，需要从价值链切入研究。本研究将价值链分为价值预期、价值创造、价值评价、价值分配4个部分，与此对应对协同管理的研究，从协同预期、协同过程、协同评价、协同分配4个环节出发进行价值取向分析和归纳。

（二）"协同管理"四阶段策略分析

1. 协同管理的协同预期

在协同管理的4个环节中，价值预期是协同开展的前提。通过证据示例和归纳得出，具体分为3种策略：价值观统一策略、协同期望管理策略、协同互补策略。首先，价值观统一策略是筛选协同伙伴的关键因素，Coser（1964）指出冲突是一种交互行为，价值观的争夺是导致冲突的来源之一，为了避免后期合作中的价值观冲突，最便捷的方式就是筛选价值观一致的协同伙伴；其次，协同期望管理策略的有效实施决定了协同是否可持续，储小平和刘清兵（2005）认为管理好期望的方式，一是降低期望收益，二是提高实际收益，不允诺无法实现的协同预期是该策略的关键；最后，协同互补策略决定了协同价值创造的协同增值程度，

Murray（1989）指出团队成员在技能和经验方面的差异对长期绩效有利。能力互补的团队成员，可以促进彼此的协同进步。三者结合共同服务于，企业协同管理的第一阶段——协同预期阶段。

在价值观统一策略中，协同主体间能达成合作意向的关键，是有良好的价值创造预期，"在企业合作中最高的是价值观和文化的协同（C4）"。在对合作伙伴进行协同价值创造前，企业会通过各种方式，塑造一致的价值观念，因为"物以类聚，人以群分"，"以利相交，利尽则散；以势相交，势败则倾；以权相交，权失则弃"，"唯以心相交，方能成其久远"，价值统一会降低沟通成本——实现心心相通，决定协同双方能一起走多远。其次在协同期望管理策略中，"当有了协同期望以后组织就产生了连接（B2）"，通过各种有效途径让伙伴了解协同软件的价值点，和协同对象能创造什么样的价值增值，东方智慧中"不谋万世者，不足谋一时；不谋全局者，不足谋一域"。最后在协同互补策略中，要找到协同双方的互补项，协同双方明确各自的价值互补点，"物固莫不有长；莫不有短；人亦然。故善学者假人之长以补其短"。该阶段的关键落脚点是建立有效协同连接，为后一阶段协同价值创造奠定基础。结合东方智慧，"精诚所至，金石为开"，是保证协同预期产生的心心相连的关键——"诚"。

表2　协同预期的证据示例和归纳

价值预期	证据示例		策略归纳
协同预期	事例型证据（A）： 1. 伙伴夏令营，邀请讲师进行阳明心学讲习，建立致良知学习群，进行线上线下学习，组织学习群内成员持续学习　（A1） 2. 协同工作平台可以充分支持移动化、社交化和云架构，帮助摆脱组织扁平化、非结构化带来的管理困境　（A2）		价值观统一策略（A1；C1；C4） 协同期望管理策略（A2；B1；B2） 协同互补策略（C3；C2）
	文本型证据（B）： 1. 当有了协同期望以后组织就产生了连接　（B2） 2. 协同期望能够达到1+1>2的时候，组织的期望值就有了……当一个个体价值发挥到极致，不能再放大的时候，他一定想寻求组织的协同期望　（B1）		
	言语型证据（C）： 1. "用我们的良知和对协同真实的情怀和梦想做的这个事情上，我们共同的根据商业式的道场，把这个道场和我们内心的世界天道结合在一起"　（C1）		

（续表）

价值预期	证据示例	策略归纳
	2. 我只做研发，你没有好产品，我有好产品给你，因为我没那么多人，你来给我做销售，做交付 （C2） 3. 和伙伴谈合作时，打动他们的首先产品是有需求的，有市场。ERP市场在下降。当某一个人的能量发挥到极致的时候，他需要和他具有互补性的一个人 （C3） 4. 企业合作中，比较欣喜的是发现最高的是价值观和文化的协同。相互浸泡，秀功能，扬善抑恶。文化的浸润，相互趋同 （C4）	

2. 协同管理的协同创造

在协同管理的4个环节中，价值创造是协同的核心。通过证据示例和归纳得出，具体分为4种策略："以人为中心"策略、价值点衔接策略、目标嵌套策略、集合智慧策略。首先，"以人为中心"策略，管理理论从"经济人—社会人—复杂人—文化人"的演变，以及德鲁克的"知识员工"的提出，就是管理人本思想体现。其次，价值点衔接策略，陈春花（2016）指出企业之间的竞争已经转移为价值链和价值链之间的竞争，如何充分挖掘协同主体的相对长项，作为其加入价值链的价值着眼点，对提升价值链竞争能力具有重要作用。再次，目标嵌套策略，价值创造的过程中，必然会涉及不同协同主体的多目标嵌套。个体一旦追求自身的目标就会使组织陷入混乱，因此找到目标契合点很重要（McGregor，1960），因此能满足多方协同主体的嵌套策略，对价值创造过程具有关键作用。最后，集合智慧策略，是价值创造环节的落脚点，是保证协同价值创造的关键。三者结合共同服务于，企业协同管理的第二阶段——协同价值阶段。

在"以人为中心"策略中，"协同的核心是人本主义，以'人'为目的，以'人'为依靠，协同是要基于人（B2）"。"民者，国之根也，诚宜重其食，爱其命"，协同的实施主体最终还是人，因此协同要基于人为主体才能真正有效果。在价值点衔接策略中，"协同运行策略可实现价值链的重新衔接（B1）"，从而实现多方面的价值整合，创造具有较强竞争优势的价值链。在目标嵌套策略中，"最佳状态是战略目标转成组织行为，个体行为集合可达到组织的目标（C1）"，"达到目标最优的策略组合（C4）"，"利出于一孔者，其国无敌"，由此可见目标嵌套的重要作用。在集合智慧策略方面，"其实协同软件本身也是客户和软件厂商协同的过程（C3）"，优秀客户为软件的发展完善贡献了智慧支持，实现帕累托最优。该阶段的关键落脚点是集合智慧，即为检验前一阶段协同预期的有效性，也为后两个阶段提供了可供评价和分配的基础，具有承前启后的地位,是价值链4个环节中的核心环节。结合东方智慧,"天之道,利而不害"是保证价值创造中,能集合智慧的关键——"利"。

表3 协同过程的证据示例和归纳

价值创造	证据示例	策略归纳
协同过程	事例型证据(A): 1. 提升组织沟通效率42.3%,事务处理效率提升约21.8%;组织学习能力提升约34.7%,计划控制能力提升约35.2%,企业文化建设提升约23.8% (A1) 2. 以人为中心构建软件的思想、应用、服务,而非过去以物料、资金、信息为中心 (A2) 文本型证据(B): 1. 互联网+根本上说是通过技术、产业、人群、价值之间的协同来实现的……协同运行策略可实现价值链的重新衔接,产生的系统效应远大于各子系统之和……协同会使组织利益最大化 (B1) 2. 协同的核心是人本主义,以"人"为目的,以"人"为依靠,协同是要基于人,而不是基于产品和基于流程 (B2) 3. 协同整合阶段,覆盖率75%,应用系统与协同整合,全方位多手段进行产业链整合,实现可持续协同计划 (B3) 言语型证据(C): 1. 任何一个组织包括致远都有自己的战略目标,战略目标一定会转成组织行为,因为组织需要执行这个战略目标,组织行为一定分解到每一个个人的行为,每个个人行为的集合如果可以达到组织的目标,这是最佳的状态 (C1) 2. 不是做零和博弈而是非零和博弈,是做帕累托最优,在合作过程中产生了增值。不是说固定的,固定是零和博弈。帕累托最优是整个社会的总财富增加了,一起来分享增加值 (C2) 3. 由于技术的存在,让个体的赋能和社会中的组织产生协同效应。价值成为企业经营的思想和内涵,其实协同软件,本身也是客户和软件厂商协同的过程 (C3) 4. 如果策略相同,就是1+1=2。策略要有互补项才能产生协同效应,大家都是为了目标最优的策略组合,一定要有互补性 (C4)	"以人为中心"策略 (A2;B2) 价值点衔接策略 (B1;B3) 目标嵌套策略 (C1;C4) 集合智慧策略 (A3;C2)

3. 协同管理的协同评价

在协同管理的4个环节中，协同评价是承接协同过程，开启协同分配的基础。通过证据示例和归纳得出，具体分为3种策略：协同激励策略、双向价值创造策略、激活个体策略。首先，协同激励策略是对暂时还不能进行协同产出，或是没有能力进行产出的协同主体制定的特殊照顾策略，即让未来有价值的，协同伙伴休养生息，蓄势待发。弗鲁姆提出来的激励理论，指出人的积极性被调动的大小，取决于期望值与效价的乘积，具体为激励力=期望值×效价，是激励协同主体在进行评价时，暂不以短期利益为唯一标准。其次，双向价值创造策略，是协同主体能否多范围创造协同契机的评价方式，双向可以让协同评价具有多样性和综合性，有利于寻求更多的协同合作伙伴，是较好的协同模式。最后，激活个体策略是评价协同体系有效与否的重要标准。陈春花（2015）指出，个体的价值在崛起，激活个体是互联网时代组织管理的新范式，是协同模式有效程度的"试金石"。三种策略结合共同服务于企业协同管理的第三阶段——协同评价阶段。

在协同激励策略中，"一开始不盈利，我们就多支持支持（C1）""免费给系统（C2）""不同的伙伴会有不同的激励政策（C2）"都是在价值评价环节的特殊关爱，"信，国之宝也，民之所凭也"。在双向价值创造策略中，"比如降低销售成本、采购成本、运营费用等，提升效率增加收入（C3）"，"协同软件既可以降低成本还可以提升收益（C4）"，降低成本和提高收入双向价值创造。取信于协同主体，"言必信，行必果"；"信人者，人未必尽诚，己则独诚矣。"在激活个体策略中，"每年的用户协同案例大赛，企业都积极参与贡献（A2）"，用户个体被激活，"个体激活到一定程度的时候才产生组织激活（C5）"，"大厦之成，非一木之材也；大海之阔，非一流之归也"，要充分重视个体价值。该阶段的关键落脚点是激活个体，"信者我亦信之，不信者吾亦信之，德信"，因此结合东方智慧，保证激活个体的关键——"信"。

表4　协同评价的证据示例和归纳

价值评价	证据示例	策略归纳
协同评价	事例型证据（A）： 1. 致远互联的协同管理软件价位低，可为企业节约大量的成本　　　　　　　　　　　　　　　　（A1） 2. 每年的用户协同案例大赛，企业都积极参与贡献　　　　　　　　　　　　　　　　　　　　（A2） 3. 有效沟通的3个条件是，平等沟通、过程可查、达成协同　　　　　　　　　　　　　　　　（A3） 言语型证据（C）： 1. 分公司是全资，有的代理刚一开始不盈利，我们就多支持，当他开始盈利了，就独立运行。我们会有一些产品激励，比如我们先不收你钱，你先去卖。重点扶持，卖完之后，再给回我们成本　　　　　　　　　（C1） 2. 免费给你一套系统，或是给你很低的价格你自己使用，让你知道这是个好东西……不同的伙伴会有不同的激励政策　　　　　　　　　　　　　　　　　　（C2） 3. 降低了协同代价，协同成本。比如降低销售成本、采购成本，运营费用，这些费用都有所降低，还很有可能因为效率提升之后，增加你的收入。提升客户满意度　　　　　　　　　　　　　　　　　　　　　　　（C3） 4. 协同软件既可以降低成本还可以提升收益　（C4） 5. 一定是个体激活到一定程度的时候才产生组织激活。组织激活到一定程度的时候再回到个体激活，是这样一个循环　　　　　　　　　　　　　　　　（C5）	协同激励策略（C1；C2）； 双向价值创造策略（A1；C3；C4）； 激活个体策略（A2；A3；C5）；

4. 协同管理的协同分配

在协同管理的4个环节中，协同分配是协同整个过程的结束，也决定了下一个协同过程能否持续的关键。通过证据示例和归纳得出，具体分为3种策略：协同价值显性化策略、协同追踪控制策略、协同溢价分配策略。首先，协同价值显性化策略，可以让协同效果真实可见，野中郁次郎和竹内弘高，提的隐性知识与显性知识的螺旋式模型中，包含知识外化的阶段。协同软件可以实现将非编码的知识编码化，使得隐性知识显性化为企业共有知识并传递，是协同内外隐性知识的有效途径，也为价值显性化提供了技术和知识基础。其次，协同追踪控制策略，可以让协同过程可追溯、可监管、可控制，从而为后续协同主体间的价值分配提供证据。最后，协同溢价分配策略是对协同溢价的最终分配，是整个协同过程的终结，是对协同溢价归宿的确立阶段，是协同分配的关键。3种策略结合共同服务于企业协同管理的第四阶段——协同分配阶段。

在协同价值显性化策略中,"在组织内外形成知识分享策略(B1)",使得使用软件的用户,能够将"知识积累增长率提高60%左右,知识传递效率增加80%以上,知识共享提升50%以上(A3)",充分显现价值创造效果,为价值分配奠定了量化的客观基础。在协同追踪控制策略中,"组织协同成熟度的第三个阶段是协同控制阶段(B2)","管理者只需要后台监控即可(A1)","软件使用可监控,价值分配具有后续优势(B3)"。在协同溢价分配策略中,"溢价空间有一个分配策略(C1)","分配有冲突和矛盾的时候按照规则来定(C2)",虽有以上刚性的分配机制,但"有恒产者有恒心,无恒产者无恒心","圣人不积,既以为人,己愈有,既以与人,己愈多",该阶段的关键落脚点是协同溢价分配,结合东方智慧,"夫唯不争,故天下莫能与之争",因此保证持续协同的关键——"不争"。

表5 协同分配的证据示例和归纳

价值分配	证据示例	策略归纳
协同分配	事例型证据(A): 1. 多节点协作大幅提升一线的连接能力,通过高层向基层授放权,"决策"可以在一线做出,中高层管理者只需要在"后台"监控即可 (A1) 2. 传统价值分配是不可评估的,而协同软件将贡献变得可测量,可评估,可比较 (A2) 3. 使用协同软件后,知识积累增长率提高60%左右,知识传递效率增加80%以上,知识共享提升50%以上,将隐性知识传递显性化 (A3) 文本型证据(B): 1. 在组织内外形成知识分享策略,依靠现代技术构建组织协同平台,进行全方位、多样化的协作 (B1) 2. 组织协同成熟度的第3个阶段是,协同控制阶段,集中管理流程与控制,覆盖率50%,跨部门、全功能的协同应用构建 (B2) 3. 软件使用可监控,其实在价值分配过程中,后续我们是有优势的。越往后我们优势越强,因为你越用,对我的依赖性越强。前期我们不在乎价值收益,后期我收益会越来越多,收益会越来越大 (B3) 4. 和伙伴在协同的过程中,也产生了溢价,有一个在伙伴销售模式下的利益分享策略 (B4)	协同价值显性化策略(B1;A3;C3); 协同追踪控制策略(A1;B2;B3); 协同溢价分配策略(A2;C1;C2);

（续表）

价值分配	证据示例	策略归纳
	言语型证据（C）：	
	1. 1+1>2溢价了，若2是成本，1+1=10，那么获得8的溢价空间，那么8怎么分呢?有一个分配策略　（C1）	
	2. 当有冲突和矛盾的时候，就立规来解决。规则不公平我们这些人就定这个规则让他公平、合理、透明。没有规则不能成方圆　（C2）	
	3. 价值评价在价值分配前面，因为数字化了以后即便没有分配也能算出来。因为谁的贡献大，谁的贡献小，是可评估的　（C3）	

（三）"协同管理"价值取向体系

通过从协同预期、协同过程、协同评价、协同分配4个环节出发，建立"协同管理"价值取向的策略体系，具体包含了价值观统一策略、协同期望管理策略、协同互补策略、"以人为中心"策略、价值点衔接策略、目标嵌套策略、集合智慧策略、协同激励策略、双向价值创造策略、激活个体策略、协同价值显性化策略、协同追踪控制策略、协同溢价分配策略。根据4个协同环节对应的价值创造过程，分别归纳为东方智慧中"诚、利、信、不争"价值取向，刚柔并济共同打造"协同管理"高效价值取向体系，探寻了协同管理体系构建和关键环节的东方智慧，"泰山不辞土壤，故能成其大，河海不择细流，故能就其深"，"德者，得也"。

表6　"协同管理"价值取向体系

高效价值创造环节	协同管理策略汇总（刚）	东方智慧解读（柔）	融合（刚柔并济）
协同预期（价值预期）	价值观统一策略 协同期望管理策略 协同互补策略	"精诚所至，金石为开" "物固莫有长；莫有短；人亦然。故善学者假人之长以补其短" "夫尺有所短，寸有所长，物有所不足，智有所不明" "不谋万世者，不足谋一时；不谋全局者，不足谋一域"	柔（诚）
协同过程（价值过程）	"以人为中心"策略 价值点衔接策略 目标嵌套策略 集合智慧策略	"民者,国之根也,诚宜重其食,爱其命" "天之道,利而不害"；"上善若水" "利出于一孔者，其国无敌；出二孔者，其兵不诎；出三孔者，不可以举兵；出四孔者，其国必亡"	刚（利）

高效价值创造环节	协同管理策略汇总（刚）	东方智慧解读（柔）	融合（刚柔并济）
协同评价（价值评价）	协同激励策略 双向价值创造策略 激活个体策略	"信,国之宝也,民之所凭也" "信人者，人未必尽诚，己则独诚矣" "信者我亦信之，不信者吾亦信之，德信" "大厦之成，非一木之材也；大海之阔，非一流之归也" "言必信，行必果"；"烽火戏诸侯"；"立木为信" "一言既出，驷马难追"；"一诺千金"；"一言九鼎"	刚（信）
协同分配（价值分配）	协同价值显性化策略 协同追踪控制策略 协同溢价分配策略	"水利万物而不争"；"为而不恃，功成而不居" "圣人之道,为而不争"；"善有善报，恶有恶报" "圣人不积，既以为人，己愈有，既以与人，己愈多" "食禄者不得与下民争利，受大者不得取小" "有恒产者有恒心，无恒产者无恒心" "七分合理，八分也可以，只拿六分"	刚+柔（不争）

六、结论

（一）理论贡献和实践意义

在理论贡献方面，首先，本研究提出"协同管理"百年组织理论，从"分"转向"合"的一个分水岭。组织效率不再来源于分工而是来源于"协同"，因此管理走到第四阶段——协同创造价值阶段。本研究一定程度上推动了组织理论的发展，从而创造性地解决了在外部环境决定组织绩效的环境下，组织效率从哪里来的问题。其次，进行"协同管理"价值取向基础进行研究尝试，抓住价值链环节将协同管理分为协同预期、协同过程、协同评价、协同分配4个环节，通过案例研究总结13个具体策略，提出刚柔并济共同打造"协同管理"高效价值创造体系的，"诚、利、信、不争"的东方智慧。最后，价值取向是企业赖以生存的根基，价值观和哲学信念决定了企业的生死存亡的关键，因此"协同管理"价值取向基础的探索，为后续研究的推进奠定了哲学基础。

在实践意义方面,首先,本研究为企业实践指明方向,"分"已经不能应对巨变的外部环境,效率来自于"合",企业应该转变思维和战略,尽量多地"协同"利益相关者,构建具有竞争优势的价值链体系,才有可能应对高度复杂和不确定的外部环境。其次,根据协同的4个环节,提出了13个协同管理策略体系,为企业实践建立高效的价值创造体系指明了策略方向。再次,结合东方智慧,提出"诚、利、信、不争" 5字箴言,作为"协同管理"价值取向,为企业价值观和文化确立和调整提供借鉴。最后,对管理过程的高效管理,提供了较为有效的实施工具。指出可以将管理过程的黑箱进行透明化提高企业效率。基于协同管理软件的支持,实现管理的可视化、流程可追溯、效率可衡量,为提升企业现实效率寻求了较为高效的解决方案。

(二)局限性和未来研究方向

本研究运用单案例,探索性分析"协同管理"的价值取向,存在诸多不足之处。第一,作为单个协同软件案例研究,其外部效度有待进一步考察,本研究在此基础上提出的理论和策略有待进一步检验和完善。同时也不排除其他类似企业的高效率价值创造策略和途径,因此未来多案例的复制和比较是一种有效尝试。第二,本研究是一项探索性研究,通过西方范式策略汇总和东方智慧相结合,对"协同管理"的价值取向研究进行尝试。但对于具体西方范式下的具体内部策略,以及东方智慧融入软件的具体实施方式仍有待探索。第三,管理科学是一门介于自然科学和社会科学之间的学科(苏东水,2009),"他山之石,可以攻玉",如何运用东方智慧作为"道","协同管理"为"术",同时和经济学、物理学、社会学等多学科,进行有效交叉融合,共同来解决数字化时代下的管理问题,是协同管理未来发展方向。

(原载于《管理世界》(2017增刊);合作者:朱丽,徐石,刘古权)

协同管理国内外文献比较研究
——基于科学计量学的可视化知识图谱

一、引言

  自互联网技术的出现,"颠覆性创新"几乎每天都在发生,组织管理遇到了前所未有的新挑战,在企业进行数字化转型和管理重构的同时,全球范围内的价值链也被重新界定,以往任何管理方式已经很难解决现在实践所遇到的问题,时代在呼吁新的管理理论指引。自泰勒提出科学管理原理,管理沿着分工、分权、分利,分别解决了劳动效率、组织效率和人的效率问题,其代表性经典理论分别为科学管理原理、行政组织理论和人力资源管理,西方百年管理脉络都是基于"分"(陈春花,2017)。互联网带来的"万物互联",使得外部环境成为解决组织效率的关键,组织效率的决定因素开始由内部转移到外部。而"协同管理"是管理由"分"到"合"的分水岭,"激活个体、集合智慧"成为未来发展的必然,价值链重构是这个时代最突出的特征,"这是一个颠覆你,却与你无关的时代!这是一个跨界打劫你,你却无力反击的时代",一切都被重新定义。协同创造价值,价值链重构下的协同管理,为当今处于巨变时代下的企业实践指明了方向。

  "协同"思想由美国战略管理学加安索夫,于1965年引入管理学,其出版的《公司的战略》一书中指出协同是指公司通过各业务单元相互协作,实现企业的整体价值大于各个独立组成部分的简单加总。哈肯(1984)系统阐述了协同理论,自协同的理念引入到企业管理领域,协同理论就逐渐成为企业战略管理的重要理论基础和依据。协同学中的结构从无序到有序的转变在微观层次表现为,从没有协同到高度协同。哈肯将协同学称为"协同工作之学""协调合作之学",

协同学适用于从自然科学到社会科学的多个领域。协同其基本目的是通过个体间协同方式，获得比单个个体运作时更大的收益。随着企业经营理念的日新月异和科技发展的不断更迭，单一企业受限于资源和能力，已无法凭借一己之力，保持持久的竞争优势，因此竞合新模式逐渐兴起。德鲁克指出，管理就是两件事——降低成本、提高效率。协同管理模式不仅降低企业和内外部环境的资源和信息交换的成本，还可以通过将内部和外部的系统整合产生1+1>2的效应，从而形成一个低成本、高效率的，可以应对外部环境变化的，开放的复杂性协同机制，使公司整体利益大于各独立部分的综合的效应。因此协同能力将成为21世纪企业的核心竞争能力来源，而协同管理也将成为21世纪最有效率的管理。

"协同管理"理论尚未成型，概念也模糊不清，但协同的思想已经开始受到重视和关注（乐苏天，杜栋，2015）。基于协同管理研究的背景和时代意义，本研究首先从论述了"互联网+"时代，对协同管理的新要求，运用科学计量学（Scientometric）对检索到的国内外相关文献进行梳理，通过对现有研究的时间和空间分析，对比国内外现有研究成果、研究阶段和研究热点，总结现有协同管理研究的进展、思路、方法等的变化趋势。本研究的意义在于，借助国际新兴的科学计量学的方法，梳理协同管理研究脉络，紧扣国内外研究前沿热点，以期为协同管理研究在中国管理理论贡献和实践的应用方面提供方向指引。

二、"互联网+"时代下管理的新挑战

"互联网+"时代不仅改变了生产流程和消费者的行为习惯，同时对信息化时代下的管理提出了崭新的要求。企业资源中的人、财、物、信息等日趋复杂且被赋予了鲜明的时代特点。从社会层面上来讲，经历了农业社会—工业社会—信息社会，"互联网+"时代的信息社会，要求个体突破"信息孤岛"；从人的层面讲，人体能的重要性由知识取代，创意重要性日益凸显，创新之间的碰撞会产生新的价值高地，因此创新需要人能够突破"创新孤岛"；从员工的层面讲，由最初的劳工关系转变为雇员关系，现在只能称为合作伙伴，员工或是其所在的部门是业务流程的执行方，而业务流程的整合需要员工或是部门之间突破"业务孤岛"；从组织的层面讲，组织结构由原来的直线型到层级型，今天组织需要是网状型，其核心是通过组织结构的设计更好地整合资源，突破"资源孤岛"。因此现有的"信息孤岛""创新孤岛""业务孤岛""资源孤岛"的存在呼吁新的协

同管理模式，创造出无障碍、无边界的，立体的、多维度、多通道的网状关联通道，突破"孤岛"现状，对分散的资源进行整合，统一管理和调配以创造更大的价值。

协同管理的核心命题是围绕组织内和组织间的价值创造、价值评价和价值分配的协同过程而展开的，价值评价很难把价值创造与价值分配很好地协同起来，而互联时代的到来，这个问题显得更加突出。协同管理本质就是打破人、财、物、信息、流程等之间的固有壁垒，突破"信息孤岛""创新孤岛""业务孤岛""资源孤岛"，使资源高效整合起来，为共同的有价值的目标协调运作。为了厘清协同管理的发展脉络和研究走势，本研究针对国内外最新研究文献，借助可视化知识图谱，对该领域进行深入考察，旨在对国内外现有成果的对比研究进行梳理和总结。

三、检索规则和可视化研究方法

（一）检索规则

本研究所构建的基于文献的数据池有中英文两部分所构成，英文文献来源于Web of Science（WOS）数据库中的所有语种的所有文献类别，中文文献来自CNKI知网的核心期刊数据库。在进行文献阅读和理论学习的过程汇总，定义了多个检索关键词，力求涵盖协同管理在管理学中的应用。具体的检索规则如下：①关键词之间的界定为"或"；②检索学科界定为管理学相关范畴，排除了交叉学科的干扰；③检索时间为所有；④关键词英文以Topic，中文以主题/篇名/关键词/摘要为限定。具体规则和检索结果如表1所示，检索后共得到英文106篇（下载时间为2017年5月3日），中文1752篇（下载时间为2017年4月27日）。

表1 中外文献检索规则

数据库	关键词	数据库	学科类别	结果
WOS	Collaborative Management; Cooperation Management; Cooperative Management; Synergic Management	SCI-EXPANDED, SSCI, A&HCI, CPCI-S, CPCI-SSH, ESCI, CCR-EXPANDED	MANAGEMENT OR BUSINESS	106
CNKI	协同管理	SCI, EI, CSSCI	经济与管理科学	1725

(二)可视化研究方法

美国信息可视化研究界流传着"数据是一口新油田"的说法(Chen,2002),信息化时代人们被海量的数据所淹没,"大数据"被人类所利用和挖掘的部分,仅仅是浮出水面的冰山(辛伟等,2014),更大的价值等待被探索。耶鲁大学爱德华·塔夫出版的《定量信息的视觉展示》,系统地展示了人类如何运用"图形"表达"思想"和"数据"的历史,同时综合了计算机和统计学方法,最早奠定了"数据可视化"学科的理论基础。在科研、商业和政府部门对数据和知识的重视程度不断增加,可视化技术飞速发展,其中美国华裔研究者陈超美创建的Citespace,是在全美信息分析中较具影响力的可视化软件之一。该软件通过对文献数据的挖掘、处理和绘制等方法,动静结合地展示了静态的"知识结构框架图"和"知识发展进展谱",体现了知识在时间上的流动和发展(刘则渊等,2008)。该研究借助可视化文献工具CiteSpace V绘制协同管理的知识基础和研究前沿的知识图谱(Person,1994),对该领域的发展历程和研究"全貌"进行客观和精准的描述。

CiteSpace软件的知识图谱分析,用节点描述了分析对象,用年轮的方式表达了分析对象的被引频次,年轮的颜色表示了研究对象的被引用时间范围,从蓝色的冷色调到红色的暖色调表示了时间从远到近的变化,年轮越厚表明了单位时间段被引用频次越多。以共被引为例,两个节点之间的连线表示二者的共被引关系,二者连线的颜色表示第一次共被引的时间,而连线的长短和粗细表明了其联系强度。节点外围的红色表示该分析对象近期的重要性强,而节点外围的紫色表示该节点和其他节点存在广泛联系,往往可以充当"桥梁"或是知识域中的枢纽,二者都需要在分析过程中给予重点关注。以下可视化分析分别以国家、机构、文献、关键词、作者等为节点,从而全方位对比国内外研究历程和现状。

四、国内外文献对比可视化分析

针对检索结果获得的1831篇论文,通过对软件的时间切片(Time Slice)、节点类型(Node Type)、阈值选择(Selection Criteria)、剪裁(Pruning)等进行相应选择,从文献时间分析、文献空间分析、文献关键词分析、重点文献分析、国内外研究阶段分析、国内外合作者网络分析,以及聚类和前沿分析,找到协同管理研究的发展阶段、知识族群和未来研究热点和前沿。

（一）国内外文献时间分析

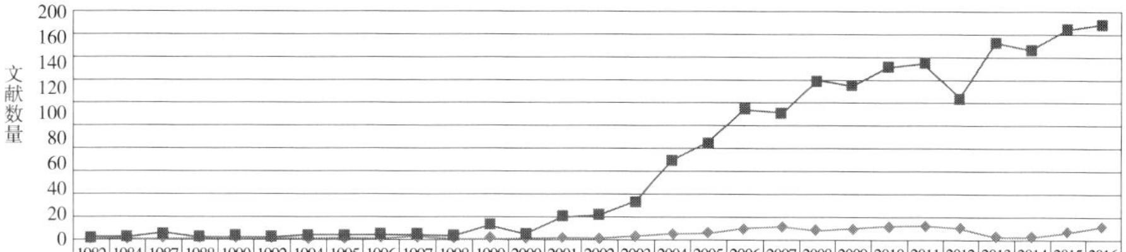

	1982	1984	1987	1988	1990	1992	1994	1995	1996	1997	1998	1999	2000	2001	2002	2003	2004	2005	2006	2007	2008	2009	2010	2011	2012	2013	2014	2015	2016
CNKI	1	1	4	1	2	1	3	3	4	3	2	12	4	19	21	30	64	79	104	99	130	125	139	142	112	170	164	178	177
WOS	0	0	1	0	0	0	0	0	0	1	0	0	0	1	0	2	5	5	9	11	8	9	11	12	10	2	2	6	11

文献发表年份

图1　中外协同管理文献研究检索数量

检索到的关于协同创新的中外文献如图1所示，可以看出国内外研究的显著不同，国外基本没有太多发展，而国内该研究从2000年开始到2016年，除2012年以外呈现不断上涨的态势。就研究发展态势而言，国内外文献增长周期呈现完全不同的发展态势，从2000年开始，国内该领域的研究不断激增，呈现蓬勃发展的态势，而国外则基本停滞不前。在文献数量方面，从1997年开始作为分水岭，1982—1997年国内外还未呈现明显差异，而从2001年开始，国内对国外文献数量呈现最高达85倍的巨大差异。致远协同研究院指出，协同管理来源于中国管理软件的创新〔3〕。这充分说明了“协同管理”具有鲜明的中国特色，是根植于中国管理实践的概念，随后会对国内外协同管理领域进行可视化计量分析，从而进行深层次的对比研究。

（二）国内外文献空间分析

根据WOS数据库中检索到的文献信息，运用CiteSpace Ⅴ软件，设置Time Slice的值为3，数据抽取对象选择为TOP50，网络剪裁的路径算法选择“Pathfinder”和“Pruning the merged network”，网络节点选择类型为国家（Country），得到图2协同管理研究国家图谱，该图显示中国的文献贡献率最大（59篇），远高于其他国家（美国13篇、德国7篇、意大利6篇、英国4篇等）。虽然中国研究产出的数量是最多的，但是在整个网络中美国的节点重要程度最大（中心度为0.2），其次是德国（中心度0.12），英国（中心度0.07）。表明国家图谱中，其他国家都直接或是间接地和美国、德国、英国有合作关系，形成了以“美国—德国—英国—中国”为核心的学术群体，可见我国在协同管理研究领域的研究影响力有待加

〔3〕致远协同研究院. 协同管理导论[M]. 北京：经济日报出版社, 2012.

强，注重量的积累的同时还应伴随着影响力的提升。

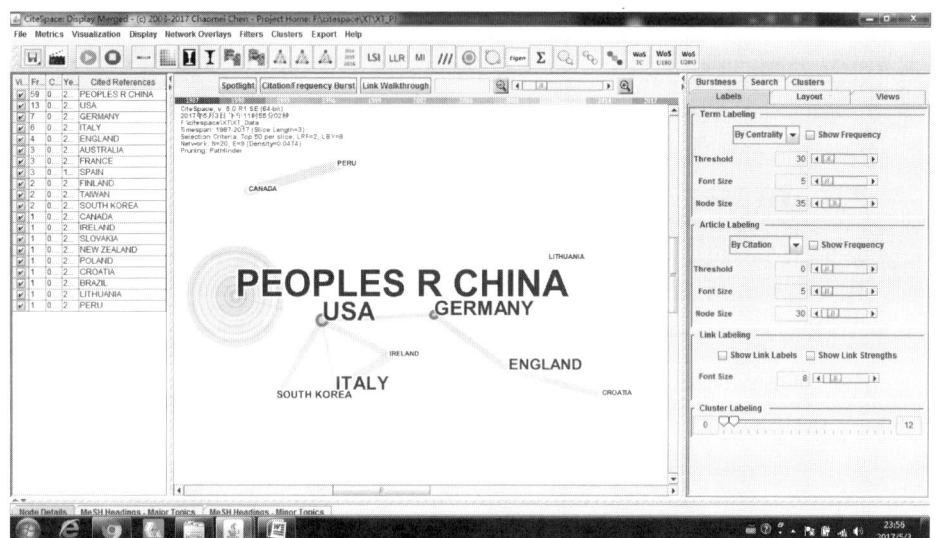

图2　协同管理研究国家图谱

运用CiteSpace Ⅴ软件，设置Time Slice的值为3，数据抽取对象选择为TOP50，网络剪裁的路径算法选择"Pathfinder"和"Pruning the merged network"，网络节点选择类型为研究机构（Institution）其他设置不变，选择WOS数据库，得到国外协同管理研究机构图谱，选择CNKI数据库，得到国内协同管理研究机构图谱。从网络的紧密程度角度而言，国外期刊涉及的协同管理研究机构图谱中有105个点（研究机构）和35个边（研究机构间合作），整体网络密度为0.064，而国内期刊涉及的协同管理研究机构图谱中有247个研究机构和29个研究机构间的合作，整体网络密度为0.001，可见国内期刊发表的研究机构间合作较为松散，知识图谱主要是展现合作关系，因为机构间合作较少，因此没有列出。机构间合作关系的松散的现状，在一定程度上说明协同管理研究领域的相对封闭性，研究机构间的合作有待进一步加强。

表2　国内外协同管理研究发文量最多的机构

发文量	发文机构（WOS）	最早发文时间	国家	发文量	发文机构（CNKI）	最早发文时间	国家
6	哈尔滨工业大学	2007	中国	24	上海理工大学管理学院	2003	中国
4	山西大学	2004	中国	22	武汉理工大学管理学院	2004	中国
3	Tech Univ Chemnitz	2008	德国	12	同济大学经济与管理学院	2002	中国
3	武汉科技大学	2006	中国	9	武汉理工大学	2006	中国
3	香港理工大学	2004	中国	9	华中科技大学管理学院	2003	中国
3	Politecn Milan	2009	意大利	8	东北大学工商管理学院	2005	中国
3	Calif Polytech State Univ San Luis Obispo	2009	美国	8	天津大学管理与经济学部	2013	中国
3	北京交通大学	2007	中国	7	北京交通大学经济管理学院	2010	中国
2	Univ Carlos Ⅲ Madrid	1999	西班牙	7	上海大学管理学院	2010	中国

（三）国内外文献关键词频次分析

关键词代表了研究的主要议题，代表了国内外管理学领域内协同管理从1983年开始的研究热点，排名前十的国内外期刊WOS和CNKI出现频次和出现最早时间如表3所示。

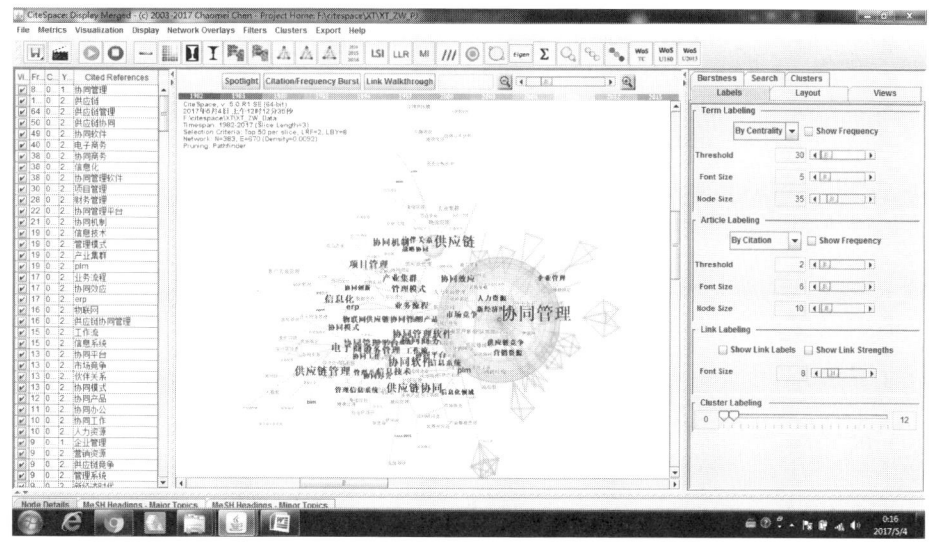

图3　协同管理研究关键词图谱（CNKI）

表3 国内外协同管理研究关键词分布

关键词（WOS）	最早出现年份	频次	关键词（CNKI）	最早出现年份	频次
collaborative management/cooperative management	2004/2003	23（29.87%）	协同管理	1983	819（60.26%）
collaboration/cooperation	2006/2003	11（14.29%）	供应链	2000	193（14.2%）
performance	2001	9（11.69）%	供应链管理	2003	64（4.71%）
innovation	2003	7（9.10%）	供应链协同	2006	50（3.80%）
System	2009	6（7.79%）	协同软件	2005	49（3.61%）
Model	2008	5（6.49%）	电子商务	2003	40（2.94%）
supply chain management	2009	4（5.2%）	协同商务	2003	38（2.80%）
management	2001	4（5.2%）	信息化	2006	38（2.80%）
supply chain	2008	4（5.2%）	协同管理软件	2005	38（2.80%）
framework	2003	4（5.2%）	项目管理	2006	30（2.21%）

针对国内外协同管理研究领域涉及的关键词对比分析可以得出，相同之处为：①国内关键词"协同管理"和国外关键词"collaborative management/cooperative management"出现频次位居第一，分别为23次和819次，在排名前十关键词中占比分别为29.87%和60.26%。②国内外协同管理关注的共同焦点为"供应链"，出现频次分别为4次和193次，占比分别为5.2%和14.2%；"③供应链管理"作为关键词国内外出现频次分别为4次和64次，占比分别5.2%和4.71%，其中"供应链"（位居第二）和"供应链管理"（位居第三）在国内"协同管理"研究中的重要性更高。而国内外期刊关注不同点为：①国外期刊强调合作和协作"collaboration/cooperation"；②关注协同管理对产出如"performance"和"innovation"的影响；③国外发表期刊对协同管理的系统"system"、模型"model"和框架"framework"等宏观方面较为关注。国内期刊关键词明显具有实践的导向作用：① 将"协同"思想运用到供应链中，提出"供应链协同"；②关注信息化对协同管理的影响；③更多地研究"电子商务""协同商务""信息化""协同管理软件"等协同管理方式在使用软件方面的成果。由此可见国内外协同管理研究相同之处为关注供应链管理方面的运用，不同之处为国外关注对绩效的影响，而国内重视对协同管理在信息技术下的系统管理软件问题，更加偏重软件环境下的协同管理执行。

(四)国内外关键词重要性识别

关键词代表了文献研究的主要议题,对关键词的分析可以得出现有研究议题的演进和规律性变化,研究热点以及聚类方式。关键文献影响的持久性是重要衡量指标(李杰,2016)[4],而半衰期高的关键词是表示持续被研究的关键词;突现词高表明了关键词的关注度激增,成为本阶段的研究热点;关键词的聚类分析能够呈现出研究议题之间的区别和联系,从识别出协同管理研究的知识族群。因此研究从国内外研究关键词的半衰期、突变词和聚类3个方面进行分析。

1. 半衰期分析

陈木佩(2010)对比物理学和管理学科时指出,管理学科的半衰期波动较大,自2000年至今管理学科的高频关键词的使用频次逐步降低,由新的热点所取代,在一定程度上表明管理学科进入了高速创新时期[5]。在本研究的协同管理关键词中,半衰期最长的为协同管理(半衰期28),是该领域研究的最基本概念。与此同时2000年提出的供应链(半衰期10),2003年提出的信息技术(半衰期10),2003年提出的电子商务(半衰期7),2000年提出的市场竞争(半衰期7),2006年提出的协同平台(半衰期7),都呈现了较好的发展态势。

2. 引文突变词分析

协同软件(突现度12.71)、协同商务(突现度7.84)、协同管理软件(突现度7.3)、信息化(突现度7.04)、物联网(突现度6.68)、财务管理(突现度5.96)、业务流程(突现度5.69)、协同模式(突现度5.41)、协同产品(突现度4.84)。

表4 引文突变词

突现词	突现度	突现时间
新经济时代	4.66	2001
业务流程	5.69	2002
协同产品	4.84	2002
协同商务	7.84	2003
供应链管理	4.8	2003

---

[4]李杰、陈超美.CiteSpace:科技文本挖掘及可视化[M].北京:首都经济贸易大学出版社,2016.
[5]陈木佩.学术关键词半衰期测度和老化研究[J].科技创业月刊,2010,23(8):156-157.

（续表）

突现词	突现度	突现时间
plm	4.36	2003
协同软件	12.71	2005
协同管理软件	7.3	2005
信息化	7.04	2006
营销资源	4.43	2006
供应链竞争	4.43	2006
供应链协同管理	4.41	2006
价值链	3.94	2006
财务管理	5.96	2009
协同机制	4.78	2009
物联网	6.68	2013
协同模式	5.41	2013
成本控制	3.83	2015
五位一体	3.83	2015

3. 知识组群识别

在由关键词组成的图谱中，虽有一定的离群点，但数量较少，网络集中度较强，可见该研究领域的研究基础知识明确。根据出现频率较高的关键词可以归为以下4个类别：第一类为"协同管理软件"，该类由"协同软件""协同商务""协同管理平台""协同办公"等关键研究组成；第二类为"供应链协同管理"，该类由"供应链协同""协同效应""供应链竞争""供应链战略""供需网"等关键研究组成；第三类为"协同管理模式"，该类由"协同管理""协同模式""战略协同""人力资源""营销资源""能力要素"等组成；第四类为"时代特征"，该类由"新经济时代""大数据""信息化""技术创新"等组成。分析研究显示，协同管理中的协同管理软件已经成为较为成熟的研究领域，随着大数据、信息化和新经济时代的到来，协同管理软件越来越成为企业协同管理实践的有效工具和管理实施途径。

(五)国内研究阶段分析

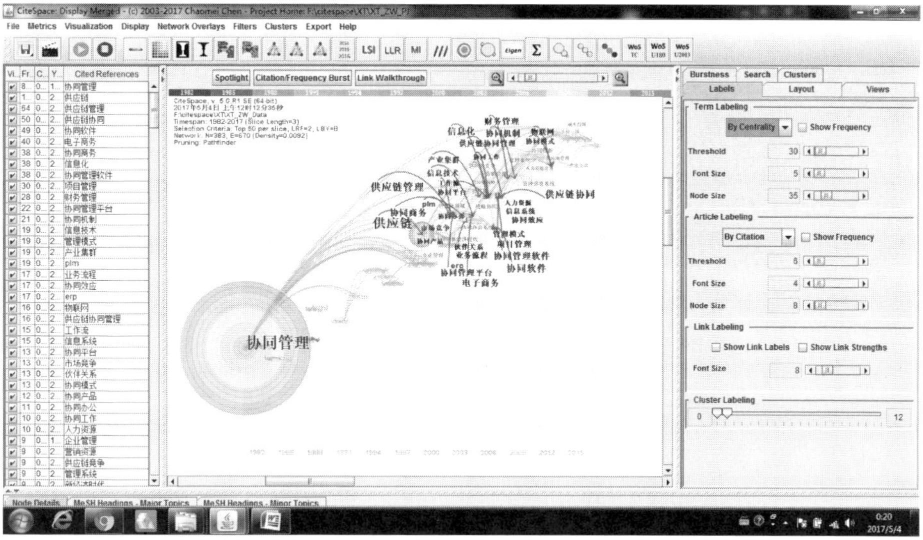

图4 关键词网络时区图

由图4可知,在关键词时区图中,随着时间的推移出现较多关键词为"协同管理""供应链""供应链管理""电子商务""供应链协同""协同软件""信息化""协同平台"等高频节点,关键词出现次数大于2的如表5所示,由此可以得出协同管理研究随着时间的推移,可以分为以下4个阶段:

第一阶段(1984—1999):协同管理理念的兴起。国内最早于1983年协同管理的含义在一则短评中,提及研究苏联"协调会"管理法,对科研机构和生产机构的新型管理方式,把设计单位、科研机构以及生产企业协同管理起来,是把科研、设计、中试以及生产的权力以及责任结合在一起的思维方式,而"协调会"就是协同管理权力组织(佚名,1984)。理论界并没有一个统一的定义,按照杜栋(2008)协同管理是将企业的人、客户、财务、信息、流程进行关联,使之为了完成共同的目标或是任务进行协调,消除协作过程中的壁垒和障碍,通过有效资源的最大开发利用,实现资源的利益最大化。之后的研究学者们对于协同的管理也未进行有效和清晰的界定,因此源于协同的起源,根据现在实践领域对于协同的鲜活应用,清晰界定协同管理,是研究该领域最为关键的基础工作。

第二阶段(2000—2003):协同理念在供应链管理中的应用阶段。Konsynski和Mcfarlan(1990)指出协同理念在供应链中的应用。供应链管理专家David Anderson和HauLee(1999)发表"协同供应链:新的前沿",明确提出新一代的

表5 关键词（频次≥2）列表

时间范围	频次	关键词	半衰期	时间范围	频次	关键词	半衰期
1984—1999	81.8	协同管理	28	2004—2008（续）	38	信息化	7
2000—2003	19.3	供应链	10		30	项目管理	5
	64	供应链管理	7		19	管理模式	3
	40	电子商务	8		19	产业集群	5
	38	协同商务	4		17	协同效应	6
	22	协同管理平台	5		16	供应链协同管理	5
	19	信息技术	10		15	信息系统	4
	19	PLM	4		13	协同平台	7
	17	ERP	6		13	伙伴关系	4
	17	业务流程	4		11	协同办公	2
	15	工作流	4		10	协同工作	2
	13	市场竞争	7		10	人力资源	7
	12	协同产品	4	2009—2017	28	财务管理	6
2004—2008	50	供应链协同	6		21	协同机制	5
	49	协同软件	2		16	物联网	2
	38	协同管理软件	3		13	协同模式	2

供应链战略就是协同供应链。供应链的协同是指供应链的各个节点企业为了提升整体供应链的实力而进行的相互协调和努力（ManthouV，2004）。沈厚才，陶青，陈煜波（2000）提出，随着企业所面对的市场环境的巨大转变，市场环境由供应商主导的、静态的、简单的状态向顾客主导的、动态的、复杂的市场环境转变，因此从战略协同、策略协同和技术协同3个方面研究了供应链协同的研究进展。供应链管理的核心是供应链协同，是需要建立在较高的信息传递的基础之上的，而信息共享是实现供应链协同的必要手段（Konsynskib，1990）。电子商务的发展利用电脑和通讯设施，重构协同管理的全过程，其巨大的魅力在于将多方资源整合来降低巨大的外部交易成本，对于内部的管理增加数据的准确性，加快企业本身对外界的反应速度，而在企业间可以实现信息精准快速传递，以及满足顾客的个性化需求等（任利成、薛耀文，2004）。因此在此阶段信息技术的发展，使得电子商务、协同商务以及协同管理平台成为了解决供应链管理中协同问

题的有效手段，是市场环境的巨大转变下提升企业竞争力的关键。

第三阶段（2004—2008）：协同办公软件广泛使用阶段。涂序彦（1992）多库协同软件提出研究了多库协同软件运用Multi base scooperation software来支持用户求解实际问题，提出基于新型计算机的智能管理系统。2004年协同软件市场已达到6亿元，中国工程院院士倪光南在协同软件产业发展高峰论坛中指出，协同软件将要成为继电子邮件、浏览器后，互联网带来的另一个杀手级应用，协同软件平台正在朝着企业应用枢纽的方向转变，协同软件涉及了即时通讯、文档共享、工作流等日常会议所需工具，涉及了企业运营的整个业务系统。协同软件可以是组织和部门内部，以及跨组织、跨区域、跨系统、跨网络的动态团队，实现高效、便捷的信息交换和流程控制，从而提升组织的敏捷性、应变性和高效的管理决策，因此基于此协同软件成为了资本界和产业界热捧的对象（李漫波，2005）。蔡淑琴和梁静（2007）在分析协同定义为管理协同、技术协同和人机协同的基础上，将供应链协同进行了重新定义，指出信息共享是供应链协同管理的必要非充分条件，信息共享并不能解决协同工作量增大的问题，要进行合理的信息共享设计是供应链协同必要环节。因此协同办公软件的出现在协同管理中，具有较强的实践意义。该阶段以协同软件、软件协同效应、协同平台、协同办公、协同工作等为主要研究阶段，也展示了协同办公软件应用的不断深入发展。

第四阶段（2009—2017）：协同机制和模式调整阶段。通过供应链企业间的关系性资产、资源或是能力互补，知识共享管理和有效的供应链治理机制，可以使企业间优势互补，获得超额利润，最终目标是创造价值的最大化（马翠华，2009）。财务管理信息化适应了电子商务运作方式，集会计审核、会计报告、管理方法等有机融合，实现物流、资金流、信息流和业务流的融合，从而达到了资源和信息共享的目标（郭宗文，2008）。财务信息化协同模式，是随着信息技术的不断发展，实现财务和业务之间的协同，从而发展出来的一种信息化的财务协同模式，具有共享性、决策性、标准化、实时性、开放性等特点（李佳芯、刘硕，2017）。企业财务管理信息化协同模式，是企业和利益相关者在网络上，进行财务管理信息共享与收集的模式。该模式突破了传统的财务管理时空界限，提高了财务效率的同时降低了业务迅猛发展对财务人员增加的要求，拓展了财务管理的职能。

（五）国内外合作者网络分析

运用CiteSpace V 软件，网络节点选择类型为作者（Author）其他设置不变，分别选择ISI和CNKI数据库，得到国内外协同管理研究关键词图谱，从图5和图6可以得出，国外期刊发表过程中，213名合作者合作次数为197次，合作网络密度为0.0087；国内研究中312名作者合作99次，合作网络密度为0.002。可见国内外协同管理研究的合作关系比较稀松，因此研究者合作关系有待加强。

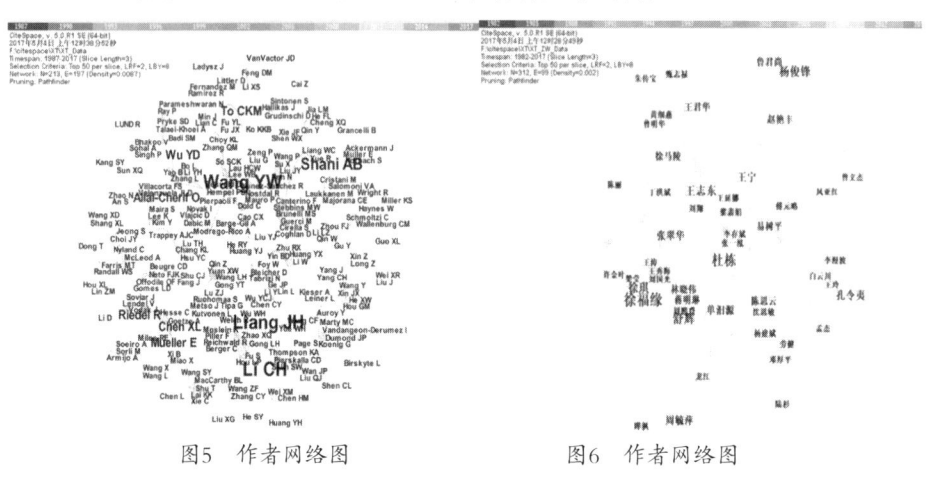

图5 作者网络图　　　　图6 作者网络图

五、研究结论与展望

（一）研究结论

研究基于可视化文献计量方式，进行国内外协同管理研究对比，得出以下几个结论：

第一，国内外文献对比研究发现显著不同，国外研究停滞不前，而国内自2000年激增呈现蓬勃发展态势。这充分说明"协同管理"具有中国特色，也是根植于中国的管理实践，为解释中国一跃成为世界第二大经济体，提供了一种可能的解读视角。

第二，通过国内外文献空间分析，得出该研究现已形成，以"美国—德国—英国—中国"为核心的学术群体，我国在量上有较大优势，但有影响力的研究有待突破。

第三，在进行机构图谱分析发现，研究机构之间合作较为松散，在一定程度上具有"封闭性"，不利于该研究的进一步发展。

第四,国内外文献关键词频次分析发现,国内外研究关注点不同,国外强调合作和协作问题,并直接探索对协同管理的创新和绩效,影响的机制、模型、框架。而国内则着重将其应用到"供应链""信息化""电子商务""协同管理软件"等方面的成就,更加强调适用性,以及信息技术的软件环境下的应用。

第五,协同管理的持久性研究主题集中在,电子商务(2003年提出半衰期为7),市场竞争(2000年提出半衰期为7),协同平台(2006年提出半衰期为7),协同管理研究在这几个方面焕发了强大的生命力。

第六,根据突现度分析,得出现阶段研究热点为协同软件(突现度12.71)、协同商务(突现度7.84)、协同管理软件(突现度7.3)、信息化(突现度7.04)、物联网(突现度6.68)、财务管理(突现度5.96)、业务流程(突现度5.69)、协同模式(突现度5.41)、协同产品(突现度4.84)。

第七,通过知识组群识别得出,该领域知识基础明确,呈现集中性较强的态势。呈现了四大族群,具体为以"协同软件""协同商务""协同管理平台""协同办公"等代表性关键研究组成的"协同管理软件"知识族群,以"供应链协同""协同效应""供应链竞争""供应链战略""供需网"等关键研究组成的"供应链协同管理"知识组群,以"协同管理""协同模式""战略协同","人力资源""营销资源""能力要素"等为代表的"协同管理模式"组群,以及"新经济时代""大数据""信息化""技术创新"等为代表组成的"时代特征"组群。

第八,通过关键网络时区图研究发现,我国协同管理研究经历了4个阶段,第一阶段(1984—1999)为协同管理理念的兴起。第二阶段(2000—2003)为协同理念在供应链管理中的应用阶段。第三阶段(2004—2008)为协同办公软件广泛使用阶段。第四阶段(2009—2017)为协同机制和模式调整阶段。四个阶段划分清晰,逐渐向实践性演化。

第九,通过国内外协同管理研究作者网络分析得出,国内外协同管理研究的合作关系,较为稀松,研究者合作关系有待加强。

(二)未来研究展望和挑战

第一,有效互联成为协同管理研究的重心。如何运用协同管理在技术上的核心是互联、互通。解决"信息孤岛""创新孤岛""业务孤岛""资源孤岛"四大问题,实现信息的协同、业务的协同和资源的协同,充分发挥企业的"战斗力",是未来研究的重心。

第二,提升系统能力成为协同管理研究的落脚点。协同管理就是通过对该系统中各个子系统进行时间、空间和功能结构的重组,其效应远远大于各个子系统之和产生的新的时间、空间、功能结构。而如何探索整体系统和子系统之间的关系成为实现"竞争—合作—协调"的协同,提升系统能力成为研究落脚点。

第三,基于协同管理软件的研究成为最佳切入点。国内协同管理研究蓬勃兴起的原因,在于实践先行。协同管理软件为协同管理研究提供了沃土,因此结合企业时间的协同管理软件企业的深入研究,成为研究协同管理的重要突破口。

第四,合作研究成为最佳实现途径。协同管理在模式上需要实现共享、共赢。协同管理能有效运行的关键是利益相关者之间能否形成达成共识。从"协同行为"到"协同体系",可以让更多人的能力集合在一起,去实现单个人不能实现的目标。

第五,协同管理研究要具有外部适应性。协同管理机制是否有效的标志是,能否适应变化的外部环境,是否高效率地创造外部环境所需的价值。其实现方式要求组织内部、组织内部和外部,迅速和准确地进行信息和资源共享。随着科学技术的飞速发展,这就为协同管理机制对环境的适应性提出了巨大的挑战。

(合作者:朱丽,徐石,刘超)

大公司崛起

——正在崛起的世界500强企业和他们的下一页篇章

让我们先从股市市值来看看，美国股市的所有上市公司市值大概为26.1万亿美元，而美国独角兽企业市值4030亿美元。这意味着独角兽公司的市值占1.5%。再看看中国，中国股市的所有上市公司市值大概为9.6万亿美元，中国独角兽公司的市值2390亿美元，这意味着独角兽公司的市值占2.5%。这两组数字说明，独角兽公司所占比例非常小。这也意味着，"独角兽公司、快公司、炫公司"等等名词正在商业世界纷纷日新月异地交替的时候，如果仅仅依靠这些公司，整个经济不会受到太大的影响，但是，如果那些90%的公司，尤其是大公司做出改变的话，整个经济就会发生根本性的改变。而根据2017年4月份彭博社公布的市值排名，第一名的苹果公司的市值就是7964亿美元；第九名的腾讯市值是3254亿美元；第十名的阿里巴巴市值是2975亿美元。

我们再看全球世界500强的名单，2017年7月20日发布了最新的《财富》世界500强排行榜，上榜500家公司的总营业收入小幅增长至27.7万亿美元；净利润总和增长约3%到1.52万亿美元；入围门槛则增长了3%，回升到了216亿美元。我不需要去做太多的数字的比较，全球前十大公司市值和规模，每一个单体公司的市值规模足以说明问题，甚至我们可以从员工数上来看，员工人数最多的企业是沃尔玛和中石油，分别为230万和151万员工。如果我们再统计这十大公司所提供的产品和服务所覆盖起的人群，其数字更加能够说明它们对于整个经济与社会环境的影响。

大公司的崛起会让世界变得更加美好

最近几年，无论是苹果、facebook、亚马逊，还是腾讯、阿里巴巴、华为，这些超大型企业的远见与野心、决心与执着、活力与创新，深刻影响着人们的生活，影响着整个世界，甚至人类的未来。当大公司崛起，拥有与新创企业一样的热情与挑战力的时候，世界也会为之而改变。

而最让人惊喜的是，这些崛起的大公司中，看到越来越多的中国企业的身影。得益于之前经济的高速发展，中国正在涌现一批活跃、受教育程度较高的年轻人成为社会的中坚力量。与父辈不同，不再担心温饱问题的他们逐渐将目光转向生活品质的提高，这为后续兴起的由互联网革命带来的各类产业经济培植了土壤。他们开始创造出除了自身价值之外的更广阔的商业想象空间；甚至直接撼动了被垄断多年的资源性传统行业；无论是阿里、百度、腾讯还是华为、海尔、美的；中国企业开始以其品牌真正出现在终端消费者内心；这些企业代表的共性特点非常显著，即为追求更美好生活所带来的价值。

由于美好生活的定义不再局限于产品的使用功能，而更倾向于实现美好向往，这样需求不再局限在原有的市场领域，而是非常可能极速地创造出新需求新市场；人们开始不再仅仅追求产品带来的同质化生活，而是开始追求个体满足感和过程体验感；这些年最打动中国消费者的不再是解决家庭生活便利的消费品；而是追求满足购物过程的极速、分享和娱乐。由于中国消费者个体数量在世界市场占有重大份额，也因此无论是中文语义还是中国文化元素以及中国人的个性体验开始成为市场开发者的关注焦点。可以这样说，中国正在崛起的世界500强企业开始引领世界，因为他们更了解并代表着有消费能力的大多数人类的感知，也因此更具备创造新市场的能力；他们有能力离开已有竞争者的红海市场而再创造出一个解决某个需求的巨大蓝海——更重要的是，他们本身的终端个体市场的份额即代表了充足的生长空间。

这些企业较美欧企业更具有迅速形成市场并占领市场的能力；或许管理学的很多定义将被他们改写，竞争理论不再有效存在，人类近距离和远距离的分享价值被这些企业淋漓尽致地研究；也许诸如人工智能、无人驾驶、大数据等研究不是发源于中国，而一旦中国企业开始这些领域的研究，他们将代表绝大多数的应用需求，个体的集聚效应让更多的关联研究不得不以中国作为基地；因此我们认为正在崛起的世界500强企业已经代表着人类知识的更广泛的研究、代表着更具效率的非竞争领域的实践、代表着人类个性感知的更具价值的实现。

融合生活，驱动人类进步会是下一篇章

在越来越多领域被机器取代的同时，情感、心理、艺术等等代表人类特有文化和因素的领域将成为企业生命力的支点。手工制品、软木雕刻、绘画、音乐、服装等具有工匠代表能力的人类艺术，将渗入到创新领域的科技行业，比如传统的跑步机可以分别在共享、音乐等领域开展新的尝试；比如，在手持终端可以搜索到身边共享的健身设备、教练；一旦开始枯燥的锻炼就有经过运动与音乐关联数据提供运动者适合健身场景的音乐辅助，在进行类似跑步和快走这样的锻炼时，听巴洛克和古典主义的作品最容易进入状态；特别是莫扎特的器乐协奏曲的快乐章，稳定、简洁、快速的节奏对于呼吸和步伐有着绝佳的带动作用等等；这些工作想到并不难，而重要的是这样的关注度让传统行业开始关注人类感知、精神世界等人类智慧。

要知道，人类文明发源之一的中国在200年被殖民统治的时期之前是具有空前智慧的，而这些智慧被长久封存；在经历同步于世界的互联网革命时代里的改革开放，这些智慧或许有能力被深度激发，甚至在未来继续主导人类文明。可以想象，中国消费者逐渐开始对中国企业的认知度无限依赖和衍生；这些消费者将推动中国企业走向创新，将义不容辞地承担更有意义的应用；我们深切地期待这些中国500强公司可以改变当下的中国式早期教育，为下一代人提供成为未来创新力量新一代的机会。可以这样理解，这些世界500强企业将在一段时间内开始主导技术创新，与此同时，他们的管理方式将被研究解剖并期待广泛复制；近距离和远距离的中国式消费者将成为不断驱动和实践创新的体验者。

未来这些企业在技术驱动及渴望创新的全球文化背景下，我们提出一些可以预见的特征。特征一，几乎每个公司都是技术公司，例如传统的汽车制造商会用行车数据来研究驾驶习惯，改善设计和服务；线下零售商会借助技术手段观察和记录更多的顾客行为来提升自己的竞争力。尽管每个公司都是技术公司，新趋势要求设计师关注得更多，只有用设计引导情感的技术公司才能脱颖而出。

其次，这些公司的未来极有可能创造新的组织架构，为了更好地利用各地资源，"无为而治"可能可以最大限度地为未来组织发挥整体智慧。组织结构可能变成围绕资源更有效配置的结果导向的结构，实时分散的网络化结构，建立起一

个每个人都可以发挥自己的企业；每个人都可能同时处在不同的岗位，一切根据终端用户的切实需求动态调整；组织间的交流变得更透明，利益不再是追逐的主要内容，可共享资源变得比每个订单的具体盈利更重要；这些公司也将推动更直接有效地与终端用户或者顾客一起创造价值；只有更开放式的组织才能更有效地围绕终端用户需求，才更能达到未来人们对个性需求的满足度。

另外，随着人类智慧被提炼和产品化发展，这些公司将说明未来趋势中富有人类精神的创造比制造重要得多，即使市场每天都在翻天覆地地变化，大公司要有能力确认自己真正拥有用户，确认自己究竟为用户创造什么样的价值。大公司会变得更脆弱，没有谁能够基业永固，比如当特斯拉出现，大众、奔驰、丰田、通用、福特等传统汽车巨头也一定在面临更多创新的挑战，新能源技术的发展和信息技术革命让汽车行业出现颠覆性创造的可能性大大增加；所以未来当我们再听闻某个汽车品牌倒下的时候，原因可能不是经济问题，而是新的竞争对手的出现。

（原载于《财富》（中文版）2017年第11期）

第五部分

面向新时代

互联网时代下
如何通过学习获得成长

互联网时代下个人和企业如何通过学习获得成长。

一、互联网时代学习面对哪些挑战

第一个挑战，信息的传递方式变了。很多时候如果我们只传递知识，只传递信息，其实我们是要被技术所替代，甚至可能会有一个机器人会把最基本的东西全都讲了，所以这是一个互联网带来的挑战。

第二个挑战，学习的路径和方式变得非常多元。我们可以随时随地地学习，不一定非要回到课堂当中来。在路上，在任何一个时间点都可以学习。这对传递知识的方式提出了挑战，如果我们传递知识的方式仅仅在纸面的书上、课堂上，其实你离学习很远。

第三个挑战，没有什么最佳实践案例，因为环境一直处于动态变化中。我们曾经特别喜欢的企业今天会遇到巨大的挑战，原来从不知道的企业突然地亮相。我们做管理学研究和教学的时候遇到的挑战就是，你能不能动态地跟踪这些企业实践，并把学习的人和做研究的人做一个很好的对接。

第四个挑战，也是互联网带来的最大的挑战，就是不确定性。我们到底是学知识，还是学一种思维方式，还是学习能够运用自然方法去解决问题，这就对学习本身的结果也提出不同的要求。

在互联网下的企业学习需要4个特点：

第一，需要通过线上技术更广泛地获取知识和信息。

第二，需要更加理智地做独立的判断，否则会被信息淹没。

第三，必须有一种能力做动态的互动，这种动态的互动不仅要跟企业实践，还要跟企业变化，还要跟消费者变化做互动。

第四，还需要做出自己独立的判断和行为的选择。

二、传统师徒如何传承

师徒之间之所以会出现带出徒弟饿死师傅，或者徒弟没有长好，师傅长得很胖，根本的问题是我们在今天，无论是老板跟员工，还是上级跟下属之间，如果用这种关系你肯定没有办法分，因为你的价值很小。

以郭德纲师徒关系为例，郭德纲和徒弟不应该再是师徒，而是变成事业伙伴，要创造一个更大的平台，这个时候你会发现，两个人可能都会变得很好，甚至有可能创一个指数级的增长，可能会在相声这个领域变成一个独角兽。

我最近出了一本新书《激活组织》，以前的组织管理很在意管控，如今组织里角色的安排变了，为什么要激活组织，我讲了3个巨大的变化。

第一，今天绝对不是通过分工获得效率，是通过协同来获得效率。如果分工做一定得不到最好的效果，但是协同会带来最好的效果。

第二，今天不再是通过考核绩效来进行管理，而是创造价值。如果还是考核绩效，你会发现确实非常少，如果我们可以一起来创造，会发现价值实际上是非常非常大。

第三，要有全新的一种组织文化。我们以前讲组织文化非常在意的是服从、彼此之间部门和界限的关联，今天我们要求一定要有创造，但是又能够互相地抚慰，所以对个体的要求其实是变了。

师生之间最重要的是能否把所研究学习的知识价值影响更大，从而推动社会和市场的进步。为什么孔子可以有这么多弟子，为什么这些弟子又可以让我们把儒学传承了下来，而且影响了我们中国这么长的一个历史。我相信最重要的是他们彼此之间建立的那样一种知识的传承不是基于个体，是基于整个的知识能不能够真正去解决问题，当它真正能解决问题的时候我们会发现，他们所焕发的力量是跨越了历史的。

三、如何激发组织的创造力

当变化不可预知的时候其实对组织的另外一个能力挑战非常大,就是适应变化的能力。什么样的组织形态可以在这个时代下更有效?我觉得核心可能要解决3个问题。

第一,优秀的人在不在这里。越在一个变化的时代,越需要靠人的创造力,优秀的人会不会在这个组织平台上。

第二,能不能让这个组织跟更多组织合作。互联网的时代背景下,单一组织很难存活,我们必须要放在一个大的系统当中,有人称之为生态系统,也可以称为价值网络,所以第二个要解决的问题,能不能在一个大的价值网络中间做组织间的协同。

第三,组织自我超越的能力,我们叫作组织弹性。能够自己不断地调整自己,能够吸引最优秀的人,又能够跟更多组织做更大范围的价值网和生态合作,然后不断地有弹性来调整自己,这样的组织某种意义上来讲,会比较能够面对不确定性。

在动态状态下的组织里获得持续的增长其实非常难,无论从哪个角度看,最终还是要回到经营的能力和经营的业绩上。所以,动态的结构下怎么获取经营的绩效,其实是对组织的一个比较大的要求,这也是我们在今天做组织形态设计时候比较困难的地方。

所以,今天所有的面对互联网技术的企业有3个明显的特点。第一,划小单元,目的是为了构造能够动态,有一个稳定的结构。第二,他准许在这个企业内部有一个比较好的流动,不会把某个人固化在一个角色,一定要把内部的流动和安排做出来,让他们有机会做创造。第三,整个公司要建立一种真正的信任跟授权的文化。如果没有真正的信任跟授权的组织文化,你没有办法应对这个变化。

这里管理者会遇到两个挑战。第一,你能不能成为一个被管理者,你本来是一个管理者,但是按照今天的组织逻辑来讲,有可能要成为一个被管理者,能不能做得到,这个对很多人的挑战非常大。第二,你怎么去既做变化,又保持取得绩效,其实这就是比较难的。像我从组织角度来看独角兽的模式,我都对它有一个担心,就是它能不能够真正地去盈利,这是我最大的担心,因为只有真正的盈利,你才会真正产生可靠的现金流,如果没有一个真正的现金流,我们没有办法谈你这个企业有稳健的发展基础,如果你的现金流都是融资来的,实际上没有太大意义。

所以一定是要每个人去做创造价值，这样一个形态可能才符合我们今天讲的互联网的形式，谢谢。

（原载：春暖花开公众号，2015年5月10日）

互联网+的逻辑：共生与共享

互联网2.0时代，突出的是"互联网+的逻辑"，简单表达就是"共生经济，众享价值"。极少的人能够看到"已经发生的未来"，但是"未来从来不会自动发生"。核心关键是我们需要理解如何认知"正在发生的未来"所需要的逻辑和价值观，这个规律可以用一句话来描述"未来是一片森林，共生才可成长"。

我在前年出版的专著《经营的本质》序中写过，记得一个文学家写过这样的随笔：如果学习经济学一定会满含眼泪，因为这是一门悲哀的学问。其悲哀在于，要用有限的资源，去满足人们无限的需求，而这是经济学本身根本无法完成的任务。

曼昆在每一年给哈佛大学一年级的学生讲授经济课程时总会说："经济学课程的目的是理解人类居住的这个世界，而不是倡导某个特定的政策立场。"那么企业经营呢？经济学的遗憾恰恰给它留下了创造的空间。而创造本身一定与时代的价值共识有关。认识到这一点，也正是企业可否永续经营的命门。在今天，移动互联网下，知识的进步倍速提高、信息的传播倍速加快，给企业经营者留下的学习、反思时间，无疑也倍速压缩了。这也促使我再一次认真思考这个命题。

读《增长的极限》：悚然一惊

多年前阅读《增长的极限》这本书的时候，给我带来的强烈震撼影响至今，那种被震住的感受依然历历在目。之前，我会觉得自然资源是无限的，从没有考虑过诸如水、空气、土地、森林、矿藏等，有一天会突然枯竭。从未想过有一天会大面积、长时间发生停电、停水的情形。但这本书，明确地表达着一个可能的事实：资源会被耗尽——假若人类按照自己的习惯去增长。

作者在书中提出的主题是：目前的政策将会导致一个可持续未来还是走向崩溃？该怎么做才能创造一个能为所有人充分提供充足所需的人类经济？让我震惊的是，作者是在通过对未来世界人口、经济增长、生活水平、资源消耗、环境等变量都做了"精确"预测后，得出"崩溃"的预言的。这在今天看来是很普遍的认知，对于30多年前的我实在是极大的震动。正如书中所言，只有两种途径能够回到可持续增长的轨道上，一是"有管控的下降"（managed decline），通过有序地推出新的解决方案（太阳能代替石油能源）；一是"崩溃"（collapse），你不再驾驶汽车。有序地推出新解决方案，一定需要较长的时间，就如北京的"雾霾"，如果要寻找到解决方案，绝不会是短期可以做到的。所以，在基础资源完全耗尽前开始动作，你依然会冒着当资源耗尽时在等待新方案的风险。

受到这本书影响，自己对环境的认识，从"资源视角"转换为"资本视角"；从"消耗占用逻辑"转换为"创造共生逻辑"。转换的核心是：在任何行动安排和战略选择时，需要采用可持续性的价值观，需要有共生的逻辑，需要带来可众享的结果，因为只有这样才会符合环境发展的规律。

同理，产业发展的历史一直是企业淘汰的历史，信息技术和互联网技术出现后，环境的不确定性迅速增加，不符合环境发展规律和产业发展规律的企业被淘汰出局的速度也在加快。我的脑海中常常出现IT通讯产业的版图，摩托罗拉，曾经的世界第一、中国第一；诺基亚，曾经的世界第一、中国第一；三星，在今天是世界第一，中国第一；但是苹果用几款极致而单纯的智能手机就把整个产业格局彻底颠覆，今天华为以迅猛之势进入，接着下来谁会保持在领先的位置呢？

企业之所以可以存活，是因为企业组织能够创新，具有极强的危机意识，最高领导者的坚持，以及把顾客需要转化为企业的追求。手机企业的兴衰起伏，人们也从中得到启示：谁更基于消费者创新，谁就能生存；谁与顾客走在一起、共生成长；设计平台，让价值链成员众享价值的，谁就会成为下一个领先者。曾经在一次交流中创造了一个词"向生而生"。"向生而生"就意味着寻找到可持续性，让组织具有可持续性，让组织成员、价值链成员共生成长，共享价值。

风口之下：你选择的是机会，还是可持续性？

哈佛大学历史学教授尼尔·弗格森在新著《大退步》（The Great Degeneration）中，重新思考构成西方文明的四大基石——民主自由、市场竞争、法治、公民社会，他甚至认为制度的衰退导致了西方世界经济的衰退和国家政治的保守固化……这些思考启发我从新的视角去看中国今天提出的"新常态"的表述。

过去35年中国完成从计划经济向市场经济的转型，在这个过程中，中国利用了丰富的资源，尤其是劳动力的资源。随着经济持续的高增长和发展，很多资源和要素都变成了短缺，甚至中国人口老龄化问题也在加剧，劳动力短缺在不久的将来成为现实。在这种情况下，"新常态"的表述标志着中国调整自己的增长方式、经济结构、发展模式，这也可以理解为是对全球环境可持续发展的判断所做出的选择。实现这个选择，更加需要共生的逻辑与众享的价值观。"共生"与"众享"是至关重要的，因为这意味着可持续的选择。在生存竞争中，仅仅凭着预见的能力出众并不足以让你持续成功。必须能够在预见的基础上，构建出持续发展新事业的能力并使之转换为市场成功的行动。尤其是在互联网时代，商业机会犹如雨后春笋般萌生，财富的移动和积聚的速度前所未有，新的创富者和创业者层出不穷，创业及创新如大潮般蓬勃雀跃。但是，冷静去观察，能够在大潮中真正成为弄潮者的还是少之又少，为什么？我不认为这些创富者和创业者创意不够，不认为他们没有发现市场机会和顾客的价值，也不认为他们无法获得资金的支持，更不认为他们的毅力和吃苦不足，核心的关键，他们选择的不是持续性，不是"共生"与"众享"，只是一个机会。

记住，机会不会让你持续成功，因为机会稍纵即逝，唯有共生成长，并可让相关成员共享价值，成功才可持续。

2004年，哈佛商学院企业专家马克·英西蒂和罗伊·莱维恩经过10多年的跟踪研究，合著出版了《关键优势：新型商业生态系统对战略、创新和持续性意味着什么》一书，指出同自然界的生态系统一样，商业界也存在着自己独特的生态系统。该思想对企业营销创新进一步产生了积极的刺激作用。

生物学对"共生"的概念是这样描述的：共生是生物在长期进化过程中，逐渐与其他生物走向联合，共同适应复杂多变环境的一种生物与生物之间的相互关系。共生，既具有组织过程的一般特征，又具有共生过程的独特性。它不是共生单元之间的相互排斥，而是相互激励中共同合作进化。这种合作进化不仅可能产生新的单元形态，而且可能产生共生能量和新的物质结构，表现为共生个体或共生组织的生存能力和增殖能力的提高，体现了共生关系的协同作用和创新活动。但是共生不排斥竞争，它不是自身性质和状态的摒弃，而是通过合作性竞争实现单元之间的相互合作和相互促进。这种竞争是通过共生单元之间功能的重新分工定位与合作实现的。

这段阐述，不仅概括了共生作为一种生物现象的本质特征，也对在人类社会生活中解读共生现象，指导共生行为，提供了标准和指针。而以下生物学关于共生系统特点的描述，会给我们选择共生伙伴提供启发。

特点一：共生伙伴选择关系具有专一性。

"宿主"（共生中体积大的一方）与"内共生体"（体积小的一方）组成了"共生伙伴"的关系，而对于一种特定的宿主来说，其共生伙伴具有很强的唯一性。这种唯一性高度确定又高度排他，其他生物一般很难介入其中，于是这种关系被概括为"共生伙伴的专一性"。研究发现，共生关系建立之初，一定会经历一个细胞与另一个细胞间的相互识别。由于宿主的共生伙伴大多具有唯一性，所以这种识别至关重要。

特点二：共生伙伴关系的区别性。

共生伙伴之间的利益关系，并不是无条件地均衡分布在双方之间的，这就要区别不同类型的"共生系统"：

类型1，互利共生系统。共生伙伴之间在过程中互通有无，在功能上互相补偿，在效果上互惠互利。

类型2，偏利共生系统。共生伙伴一方受益，另一方基本上不受影响。

类型3，寄生共生系统。一方受益，另一方受害。

特点三：共生伙伴依赖关系。

在不同的共生系统中，共生伙伴相互之间的依赖程度不同，关系类型也大不相同。

类型1，生死相依型。共生关系一旦建成，宿主就会丧失独立生存能力。

类型2，聚散两便型。共生伙伴可以分离，属于一种"好聚好散，再聚不难"的共生关系。

特点四：共生伙伴互动关系的动态性。

共生伙伴之间的行为逻辑是既斗争又合作的，因而其互动的结果总是呈现为动态平衡状态。有研究表明，在大多数细菌与细胞的共生系统中，如果环境条件有利于内共生细菌的生长，那么细胞内大量繁殖的细菌会引起宿主细胞死亡；如果环境条件有利于宿主生长，快速繁殖的宿主细胞会通过类似于"稀释"的作用，摆脱内共生菌。

关于"内共生体"的过程借鉴

研究发现，细胞经由吞噬作用将环境中的外来细菌摄入体内，而外来细菌能避开或经受住细胞内消化酶的消化作用，就有可能长期并稳定地生活在宿主细胞内，最终转化为宿主的"内共生体"。

其生成过程，通常是经过三种途径实现的。途径一：细胞的吞噬体发生物理损坏；途径二：吞噬体膜上的溶酶体受体丢失或失活，使外来细菌得以保全；途径三：溶酶体由于某种原因不能将其中的酶释放到吞噬体上，或溶酶体酶系没有能力降解吞噬体。这些过程的特性说明，自然中共生关系在建立之初，可能完全是一种偶然事件。也就是说，共生，未必肇始于双方互惠互利的目的，也未必启动于双方明确而自觉的彼此识别，完全有可能只是由于偶然。一种一方某种机能强劲，另一方某个部分缺损或某种机能缺陷，两方相互组合时的偶然。

但这恰恰给企业带来深刻的启示。正如前面提到经济学面对有限资源的无奈，而经营则可以创造再生资源；经济学建立在"人是自私的"假设上，而营销却要从"利他"出发一样。彼此也是一种共生关系。

企业不能放弃主动选择。判别是否需要协同，是否可以协同的最高检验标准，就在于发现彼此关系的现实性质和未来趋势，是否存在"互利共生"的特质与可能。

中国企业在压缩式发展进程中，几度经历了深陷竞争僵局的困惑，作为突破竞争僵局的着力点，协同营销、共生营销曾经进入了经营者的视线，而企业在实践中也经历了纵横协同的尝试，如价值链上下游协同、跨行业互补式协同、企业间嵌入式协同、区域模块化制造、行业内联合图存等等，都是一种共生的尝试。

结束语

"新常态"下，"互联网+"更提供了无限的协同可能，但是与之前明显不同的是，原来的协同营销本质上还是一种竞争关系的变体，互联网思维下的共生经营，则是远离竞争的价值创新。而互联网科技带来的这场社会变革，也使得企业"超越竞争"的夙愿更加成为可能。这里有一个重要的媒介，也是企业重要的共生选择伙伴，就是——你的目标消费者，准确说叫"粉丝""社群"——这里彼此已经不是一种单纯的利益关系、从产品到货币的商品交易关系，而是真正意义上的共生关系。而显然，这是一门新学问。

不是你自己有多么优秀、突出，而是你和共生对象如何和谐相处，你在未来的生态圈价值链中有没有自己的位置；也即不是木秀于林，而是你在一片森林中如何共生成长、彼此激励进化——从现在开始。

（原载：春暖花开公众号，2015年4月28日）

互联网2.0时代，连接和智慧决定一切

非常高兴有这个机会与大家交流企业在互联网方面经营上面的安排和调整。

两年前，我回到新希望六和的时候，很多人问我说，你觉得这样一家传统的企业，而且体量又这么大，可以转型成功吗？你为什么这么笃定说这家企业可以和互联网有关？但是在这样一个时代，与互联网发生连接，不是能不能做到的事情，而是必须去做的事情。现在回头看这两年的选择，也是我们必须做的，而不是对与错的问题。所以当一些企业家问我说我的企业是否可以和互联网产生相关的时候，我会和他说，这个问题没有必要讨论，因为，互联网本身就是生存方式，是你必须接受的事实。说实话，两年前我没这么自信说这句话的，因为两年前互联网和我们的传统企业还没有这么密切的关系，而在2015年的今天，这已经成为一个不需要辩驳的事实，传统企业必须和互联网连接，互联网也必须与传统企业融合。

认知互联网2.0时代

那么，我们怎么去认知今天互联网形态下的经营安排，首先，我们需要明确的一个变化就是"互联网2.0时代"。2015年之前，企业的增长依然在规模增长的逻辑上，是在原有基础上获得增长，规模增长某种意义上可以理解为线性增长概念。2015年开始，增长逻辑发生变化，用户数量、资本驱动、生态链打造等等，让增长呈现出更多的变化，更多的非连续性，借用量级的概念被称之为量级增长，这是2015年一个非常巨大的改变。我个人实际上没有太在意所谓传统企业，或者非传统企业。原因在哪里？就在这个地方。不管你是传统还是非传统的，你只要抓得住变化的节奏和本质要素，机会永远都会是你的。比如柴静的《穹顶之下》，抓住了人们对雾霾的迷茫，一天获得了5000万人关注，这是一个量级增长。量级增长最大的特点是非连续性，所以一定要了解到这种变化对大家意味着什么。

正是这种改变，让我看到传统企业的机会。因此，我把2015年之前称之为互联网1.0时代，这个时代的基本特征是"消费互联网"，创新价值是营销至上，流量为王，虚拟经济。像阿里巴巴、腾讯、京东等公司都获得成功，他们消费互联网，获取流量，营销至上，他们获取虚拟经济的概念，赢得了资本的驱动并展示出无限拓展的想象空间。2015年后我称之为互联网2.0时代，这个时代的基本特征是"产业互联网"，创新价值是产品至上、服务为王、共生经济。我一直坚持说互联网并不让我紧张，因为只要我做得好，一定会有人跟我联系，因为我在产业价值当中。互联网在提供便捷，快速整合，更新渠道的价值创造基础上，一定要提供优质的产品、增值的服务以及回归到实体经济的价值，所以包括阿里巴巴、京东等企业，也一定要从单纯的互联网属性，转变到产业价值本身，如果不能提供产业共同成长的价值，这些企业也一样会产生焦虑。所以互联网2.0时代是基于产业去做，不是基于消费去做，这恰恰就是传统企业的机会。所以互联网2.0时代的到来，正是传统企业的机会，说得夸张一点，是传统企业给互联网企业一个新的发展机遇。

基于这样一个时代特点，我们的企业要怎么做呢？我认为首先要有企业的组织准备。组织不做准备，任何的战略都无法落地，相对来说战略是容易落地的，但是最难的是组织和文化的转型。

（1）组织转型的起点：理解消费者，来源于对顾客的价值的领会。

（2）组织转型的核心：提供解决方案。企业要考虑在做转型的时候，互联网的这个方向上，我们用什么来做我们的解决方案。要记住，组织转型其实是解决方案，而不仅仅是一个思考和方向。

（3）组织转型的本质：经营效率。如果你能解决效率的问题，你就解决了企业的转型的问题。去年我在这里讲你要和变化共舞，共舞的概念就是你要变化。所以组织本身就要变成以顾客为导向的组织而不是以职能为导向的组织。真正面向客户的快速反应组织，就是要一线有决策权。组织本身是要调整的，如果管理的习惯还是老大说了算，组织变革就一定无法成功。

四个行动

在有组织准备的前提下,我们需要从以下4个方面行动。

(一)为目标寻找资源而行动

我需要大家与我一样地去理解目标。目标是我们工作的起点也是终点,因此对于目标的理解是极其重要的。多年的管理观察发现,人们总是希望目标合理,但是目标一定是不合理的,因为目标是对未来的预测,而预测无法合理。

基于自身的能力和资源设定目标,也许目标能够实现或者也相对合理,但是要知道,当目标实现的时候,也许你的企业已经被同行和市场淘汰。对于目标而言,不是探讨合理性,而是探讨必要性,这是计划的第一个特性,也就是目标的特性。

所以目标并不是关键,关键的是实现目标的行动,也就是寻找资源的行动要合理,只有行动合理了之后,目标才会实现,行动合理是计划的第二个特性。某种意义上讲,计划就是行动的安排。

(二)市场份额的重要性远大于市场本身

我们在持续划小经营单元,其目的就是要我们有能力贴近市场,贴近顾客,获取市场份额的增长。一段时间以来,我们只是关注到销售实现,只是关注考核指标的完成,但是没有真正关注到市场以及市场格局的规划和变化。我们所处的行业,在最近几年里会发生一些根本性的变化,比如行业资源的集中度会更高,行业总体规模发展会遇到瓶颈,行业发展的关键要素转变等等,这些改变对于企业能力的要求具有极大的挑战,但是同时也是一个行业调整和重塑的机会。

能够在这样一个行业变化时间里,居于有利地位的企业,一定是拥有市场地位的公司,正如彼得·蒂尔说的那样:市场有可能被低估,但是份额代表着一个团队对市场的掌控力。

因此,我需要每一个区域市场的同事理解到这一点,我们不仅仅是要完成销售任务,更重要的是要获得市场份额;我们不仅仅是要服务顾客,更重要的是服务顾客的增长;我们不仅仅是要实现考核,更重要的是拥有规划市场的能力。

(三)离开竞争才可超越竞争

互联网技术让很多人焦虑,其焦虑的原因是因为大家认为互联网技术会颠覆和淘汰传统企业。但是，我没有因此焦虑，因为在我看来，这不是根本原因，因为淘汰经营者的不是技术，而是顾客，忘记顾客，注定失败！技术只要你愿意投入总会有人来帮助你解决技术问题，因为拥有技术的人总是有的，而最终只有顾客需求的技术才是有价值的技术，才是我们每一个经营者真正需要追求的东西。是否以顾客、客户的需求为导向才是最重要的。所以，我也在之前写了一篇文章，告诉大家，互联网不是关键，关键的是走到顾客端。

这也是为什么我会特别强调，要离开竞争，因为竞争与顾客没有直接关联，竞争在很大程度上是企业与企业之间，同行与同行之间。当你沉迷在竞争中，你可能会沉迷在自己，以及同行之中，此时你一定是会忘了顾客，忘了你最应该创造的价值。

（四）拥有增长型思维惯性

最近几年来，我在多种场合下给大家做培训，谈论转型与增长的问题，其中一个观点，就是组织需要有增长型的思维惯性。要想组织有增长型思维惯性，首先需要管理者具有增长型的思维惯性，因为人的思维惯性决定着人的选择和决策，组织的思维惯性决定着组织的选择和决策，决定着组织的方向。所以，要想增长，首先要解决的是思维惯性问题。我再帮助大家重温一下，增长型思维惯性是什么？

先来看非增长型思维的表现：完成指标，不要冒险，谨慎从事。有些时候我与经理人讨论，完成KPI是否就完成了任务？我一直非常喜欢美的集团的经理人团队，因为在与他们合作的过程中，发现他们总是把完成KPI作为最基本的要求，从不以这个作为最高的目标。我想这也是美的集团能够持续发展成为最有影响力公司的根本原因，那就是他们在用增长型思维惯性在工作。增长型思维的特点就是：拓展自己的视野，放纵自己的想象力，努力去做。所以行动的根本选择在于自我超越。

过三关

最后，我想做一个总结，我们要做这样的行动要有这样的认知，你要有这样的方法，这些方法是这些做转型研究的专家给出来的，我们要把创新、构想变成可持续的业务，你一定要过三关（方法）：

第一关：忘记。

新业务若想获得成功，首先得忘掉原有业务的商业模式。

第二关：借用。

通过"借用"获得关键的竞争优势，所谓"关键"的竞争优势是指公司会向外部投资者重点推介的优势。

第三关：学习。

不是简单学习人家的东西，而是真正找到理解未知因素的能力才叫学习。真正决定新业务成败的，却是商业模式本身所固有的诸多不确定因素。要想尽快认识这些未知因素，领导者应该先集中精力完成一项任务——学会预测新业务的经营业绩。

第二个结束语，真正的改变还是依赖于人，依赖于人的改变。比如说你是拥有经营的思维还是管理的习惯，坦白讲我们大部分的管理者还是管理习惯为主的，而且我们中国这么多年来企业管理的浪费就是把优秀的人变成了管理者。管理者不产生经营的价值，我一直告诉自己我不是管理者，而是一个经营者，我要对经营负责的。你和我说的变化，我想听的是产品变化在哪里、用户变化在哪里。你越优秀，就越变成管理者，在这个过程中，你会离顾客越来越远，而最终决定绩效的就是这最后一公里。最可惜的浪费就是把优秀的人放在管理岗位。放在管理岗位，为了证明他优秀他就会做很多事情，他做得越多，成本就越多，浪费就越多，所以应该让这些人到市场上去，这样他越能折腾绩效就越好。

今天任何一个人都要改变，我做出我自己的改变，我也期待你的改变，谢谢大家。

（原载：春暖花开公众号，2015年4月18日）

知识转化为商业必须是靠一个组织

在一个环境巨变的前提下，任何一个组织及个人都需要理解到，创造未来比预测未来更加重要，因为未来不确定，没有人可以预测。所以面对未来，最重要的是创造属于你的未来，做到这一点，其根本就在于人能不能够真正发挥作用。也就是组织如何激活个体的问题，对这个问题的认识在今天也已经成为共识，但是为什么很多企业很难做到？究其原因是：组织内无法建立信任。

在今天，知识转化为商业不是靠一个人，必须是靠一个组织。很多企业，发展到一定阶段都遇到一个最大的问题，就是他们组织的创造和适应变化的能力不够。如果从人力资源的视角去看，这些组织中的个体都是非常优秀的，导致这种情况出现，往往会归结为"组织懈怠"。但是，为什么组织会出现"懈怠"呢？原因是在这些组织中，冒险改变与创新的人得不到信任，相反，不做改变、固守陈规的人反而得到信任。这些现象，表明信任是一个极为需要关注的话题。

除了技术与环境的因素之外，信任成为重要的话题，还因为组织形态发生改变：从过去讲求价格机制的市场式组织，演变为讲求理性管理的科层式组织（bureaucratic organization），再演变为介于市场与科层间的网络式组织（networking organization）。而网络式组织运作的基本机制，则为信任。透过信任，网络组织之间的交易成本才得以降低。关注组织中的信任的另一个重要原因是，信任作为一种有价值的、稀有的、难于模仿的和可能是无法替代的能力，可以取得高于平均水平的回报，从而可以创造企业的持续竞争优势。

企业在成长过程中，其组织也必然处于成长之中，尤其是今天组织需要开放自己，打破组织的边界，才能够融合在变化之中。信任作为一种核心能力，决定和影响着组织能够真正具有面向未来的能力，以及与环境共处的能力。组织成长的变化情况，需要管理者特别关注，组织中的信任如何才能满足组织成长需要的这个话题。但是很有意思的是，中国文化背景下，对于陌生人建立信任是极其不容易的，所以很多人需要想办法与其他人建立"关系"，成为"自己人"，通过"关系"纽带，才可以让陌生人变成熟人，这样才可能建立信任。换个角度说，组织信任的建立对组织成长与发展有着极为重要的影响。

一、企业成长中的信任问题

影响企业的环境区分为内外两种，外部的有政策环境、市场环境等，内部环境主要有企业的发展战略、组织形式、管理体制、企业文化等。外部环境对企业的影响是很大的，但是这些环境因素最终要通过企业自身来发挥作用。在企业的成长过程中，企业的组织形式可能会发生变化，企业的管理体制也可能会变化，但事实表明，企业内部最明显的变化是企业的组织规模与复杂性。这两点会直接导致组织的文化出现波动，并从未影响到组织发展本身。

为什么企业的组织规模与复杂性是最明显的变化因素呢？企业组织规模较小的时候，员工之间，特别是管理层人际交往比较多，对彼此的意图、动机、行为方式有较多的了解，组织内的信任程度较高。这个时候，往往也是企业初创的阶段，所以各种正式制度的控制较少，组织较多地依靠信任和默契来运行。随着企业的成长，企业需要越来越多的员工。众多新员工的加入，导致了组织规模与复杂性迅速扩张。这种组织规模与复杂性的迅速扩张，冲淡了组织内的信任，这是组织规模扩张与复杂性对组织内信任的直接影响。

另一方面，组织规模与复杂性的扩张带来了组织控制的加强。一方面组织规模的扩张，加强控制是必要的。控制主要以各种正式的契约、制度、程序表现出来，这些契约、制度、程序可以统称为正式制度。但是另一方面，从某种意义上来说，作为控制措施的制度本身就表达了一种不信任状态。从而，组织控制的加强导致了组织内信任的减少。这是组织规模与复杂性扩张对信任的间接影响。

上述分析表明，组织规模与复杂性的扩张直接地和间接地都导致了组织内信任的减少，增加了组织内的交易成本，削弱了企业的创造与适应环境变化的能力。

二、组织成长需要建立组织信任以应对变化

组织内的信任随着组织成长的变化而变化。在组织的创立初期,组织成员,特别是核心管理人员较少,人际交往、沟通比较频繁,彼此了解对方的意图、动机和行为习惯,认同感较强,可以形成一种基于认同的信任氛围。这种较高的信任是一种核心竞争能力,使得组织具有高速成长的潜力。如果具备关键技术,同时外部环境有利,则组织就会进入高速成长期,如果观察阿里巴巴的成长过程,不难发现,马云最终所构建的核心成员班子,大部分是他创业时期的合作伙伴,这种信任帮助阿里巴巴得以高速成长。

随着组织成长,大量新成员进入,组织规模扩张,组织内的信任度下降,组织面临着信任危机。为了维持组织的运转,组织将倾向于建立更多的正式制度的控制,但各种制度仍不完善,同时制度的有效性还没有得到检验,员工对制度缺乏认同,基于制度的信任有待逐渐加强,组织内信任类型主要是基于算计的信任。这种类型的信任程度较低,极易遭到破坏。组织能否顺利成长取决于组织对成长速度的把握、正式制度建立的及时性和有效性、是否具备信任发展的条件等。

所以如何建立组织内的信任,形成一种良性的组织文化,对于企业如何面对环境巨变的挑战至关重要。一些新兴企业,认为企业应该"去管理化",我不同意这样的观点,正如前面分析的那样,当组织发展到一定的规模,由于规模与复杂性导致的信任危机必然会产生,从而导致组织竞争力的降低,这些新兴的企业之所以可以认为"去管理化",更主要的原因,是因为这些企业还处在创业初期,规模与复杂性还比较小,人与人之间的信任还在,所以的确不需要管理。除非这些企业不再增长,或者扩大规模,一旦要增长与扩大规模,因成长而导致的问题就会出现,成员之间原有的信任程度就会降低。所以此时,更需要建立好管理系统,以应对这些问题的出现。

由于信任的发展要经历基于算计(交易或者利益)的、基于知识的、基于认同的3个阶段。在信任发展的初期,即基于算计的信任阶段,组织的运转主要依靠制度控制,此时,信任和控制主要体现为互补关系。所以,在组织需要扩张和发展的时候,组织应将较多的精力用于组织的制度建设。由于外部环境具有太多的不确定性,组织成员个体的价值崛起,外部系统的开放,以及组织自身的开放性等因素,都需要组织重视组织文化建设,培养和强化基于认同的信任,因为这

个时期，即便是组织可以支付极高的成本来维系组织成员，或者去寻求更强有力的成员来帮助组织成长所需要的新能力，但是，管理者都需要清醒地认识到，基于认同的信任的建立，才是根本解决之道。在这样的信任文化基础之上，每一个创造价值的个体，才可能与组织组合在一起，共同创造价值，才能够通过基于认同的信任，获得组织与个体之间的协同成长。拥有强有力的个体，组织才可能具有应对外部变化的创造能力。

（原载：春暖花开公众号，2016年10月3日）

激活自我，让知识为自我赋能

在知识的时代谈"知识"，就像我们很想搞懂"什么是一个人"，就像我是大学教授要跟大家讲"什么是大学"？这是很有挑战性的话题，所以我选择了从"激活自我"这个话题切入讨论。这是一个聚变的时代，怎样才能使自己更有能力与时代同步呢？那么你需要知道时代最重要的核心价值在哪里。

往前推，最早的核心价值是劳动力，接下来是技能，再往下是拥有的经验储备，推到今天，无论你的劳动力、技能和经验都不太能让你面对现在的变化。那么最重要的价值点在哪里？今天我们选择用"知识"作为能力的载体。如果要为自己赋能，知识是最需要重点掌握的。激活自我，让知识为自我赋能。今天交流4个方面的内容：

对于生活在信息时代的人来讲，最大的挑战是怎么去甄别知识。我们很多时候得到或关注的不是知识本身，也许是一个消息、信息、符号或没有任何意义却干扰你的东西，这些是知识吗？你能够去甄别的知识，它所产生的价值是什么？对于知识时代，你如何准备？我号称是知识工作者，大学毕业后就开始做老师，每年备课的时候，就算是同一门课，对它的理解和价值的确认都有所不同。我一个学生说他听了我13年的组织行为学课程，我吓了一跳，我说你每年都听，能听出什么？他说老师不一样了，我也不一样。所以，对于同一门课程，每个人对知识的理解相差非常大。他触动了我对于知识和时代互动的挑战，也触动他在不同环境下自我认知的挑战，这也许是我们每个人要做的事情。

既渴望知识又应接不暇

我们面对的现实和我们理解的知识有什么关系？今天每个人都是知识工作

者，你所有的一切几乎都要打上知识的烙印，无论是学习、工作：看电影要理解剧情，就要理解里面展现的所有变化；朋友之间交流，如果没有知识的传递，貌似也没有共鸣的东西。人们对知识的渴望比以往任何时代要剧烈，爆发的程度比以往任何时代都要充沛，你发现好像有些应接不暇。

我认为有5个原因，让我们既渴望知识又应接不暇：

首先有两点，一切都是不确定的，这种不确定是因为技术和知识带来的，迭代速度非常快。我有时候也有点焦虑，我每年快到年底时会请我的本科学生做一件事情，把他们这一年认为最新的词列出来（50个）。我从2013年开始做，当时可以认识一半的词，到了2016年，我只能认识其中的3个，才发现我其实离年轻人、创新的词非常远。这种迭代、加快、新增的知识给了很多人挑战，我是其中一个。

第三是认知盈余。太多东西很难选择，我被问得最多的问题不是"学不到、不知道"，很大程度是"不能下决定"。不能下决定不是因为不拥有知识，知识不充分，而是信息太充分，以前信息不对称可以让我们做很多选择，现在信息对称后反而让我们很难做选择。这一切导致我们对很多问题和事项出现一种没有办法做决定的情形出现。

第四，我们的时间更加稀缺了。我们比较习惯说"碎片化"，一方面意味着时间增多，时间的区分分割更多；一方面意味着时间减少，有价值输出的集中时间更难控制。

最后一点，对知识验证的要求越来越高。从前做老师是笃定的，学生都会认为老师讲的知识都对，但是今天说的时候，你不能那么笃定，因为你拥有的信息都还没有学生多，这个时候你会发现你要验证你说的知识，难度比过去高。

这一系列的挑战让我们面对知识经济有两个态度存在，我引用一个人说的话：深深的焦虑和黯然的孤独。这个文绉绉的表述挺形象的。我们有非常多选择、可能性却不知道哪个选择、可能性和我相关，我们希望有真实的对话和定力。当你拥有的时候，你需要很强的自我独处和判断的能力，当你拥有这个能力的时候，你发现那是一种真正的孤独。我们变成一大批很深沉、拥有知识又孤独的人。

这种情形导致了一个关键：你能不能真正理解知识。你可以识别、判断、价值互换、选择和自己目标及方向一致的东西，其前提是是否真正理解知识。我们要面向未来，靠什么面向未来？唯有知识，可面向未来。

我们是否真的认识"知识"?

我先做的是自问,我以研究、写作为我的生活主干,我最喜欢别人对我的称呼是"读书人",我也读了很多书,写了很多书,但读书是否就是知识?很多朋友骄傲地说自己经历和体验了很多东西,对很多事情可以去评价和评断,那么经验是否就是知识?还有人说我过往可以用很多事情证明我是成功的,这些所有的证明会内化为我个人的一种能力,这个能力是我不断迈向成功的基础。这个能力是知识吗?

有关知识的讨论,我们到底要关心什么话题?你会发现这是一个人类久远的问题,可以追溯到古希腊的苏格拉底,他一开始就问这个问题:知识到底是什么?

人类一直在回问这个问题,而且希望拥有这个答案,关于这个问题,就是关于人和世界、人和自我的关系。它会涉及4个最重要的内容:人能否认知,人如何认知,人的认知所能达到的程度和范围是什么,真理的标准是什么。当我们回溯这个部分,讨论知识概念的时候,当人类有智慧、有思考的时候,就在思考人与世界、人与自我、人与一切外在事物的关系。

我们从最早问知识的人——苏格拉底开始回溯,知识是什么?他问泰阿泰德,泰阿泰德说:某人知道某事,以觉察的角度来说,知识就是感觉。这是有记录以来最早给知识下的定义。我们一提到知识,就会提到苏格拉底之问,这是关于知识的很有意思的一个视角。

那么这种感觉是什么?我做了很长时间关于知识文献的梳理,能够把"感觉"表达出来。因为"感觉"是描述态的东西,我们能感受到却说不出来。

非常多人回答了"知识是什么"这个问题,我梳理下脉络:

第一种回答:知识是一种思想状态。那么知识本身就是信念,你相信的东西,这是由你来定的,所以是你得到的信念。

第二种回答:把知识变成一种对象,无论知识是不是有知觉,它可以拿来被衡量和认知,知识就是衡量和认知的标尺,这也完全取决于你。

第三种回答:把知识当作认知和行动的过程。在现代领域,有一个日本著名学者野中郁次郎一直在研究知识管理,提出了这个观点,还提出另外一个视角:知识是获取信息的条件。最出名的表述方式是:隐性知识和显性知识,这就把知识获取的条件讲清楚了。

第四种回答：知识会影响未来行为，也就是知识改变命运，通过知识来对人对事调整，德鲁克从这个角度下的定义是：知识是能够改变人或某种事物的信息。

第五种回答：不会有知识，没有任何知识，知识是你想象出来的，这是不真实的。

这些梳理给了我很大帮助，我们每个人认识和讨论"知识"，也许我们并没有那么清晰地想到知识有各种角度的阐述，比如思想状态、行为的选择、获取信息的条件、选择未来行为的能力，这都是我们要去理解的部分。这也让我对知识有一个很奇怪的感觉，也就是知识是一个很大的框，什么都可以放进去，你能理解的、不能理解的、想理解的、已经被验证的都可以放进去，它可能是我见过的最宽的定义。

从苏格拉底到现在，给知识下定义一直没有形成共识，这类似于我之前研究的"文化"，概念宽泛却无法达成共识，有人说是生活方式、思维方式、习俗、默认的规则、潜规则等等有无数个角度的定义。

我把知识和文化两个放在一起，是想说明：它们是不断演化和验证的过程，你自身对知识的提升会帮助你对外界的理解更加宽广，这是知识能够支撑你的厚度、改变你命运最重要的部分。我个人从学术的角度出发认为，这是一个集合定义，由三样东西构成：直觉、智慧、形式化的知识（常识、规律等），集合起来就是人类知识的全集。

我是把学者们下的定义以概况的方式阐述给你，我发现知识是：

第一，知识是广泛而抽象的概念，所有东西可以放进去，但只跟你相关。知识在某个程度上是完全个性化的，它只属于你，它宽泛到什么程度，和你相关。

第二，知识是增强实体行为有效合理的信念。

这两个定义不是我的，但我倾向于用这两个定义。因为我这样理解知识以及对知识的定义，所以我们要问：你真的拥有知识吗？很多人读非常多的书、上非常多的学，但是有效知识并没有被释放出来。我们会看到一些人没有你想象中读的书多，但是他有效价值的释放超过你的想象，我可能会认为后者拥有知识的能力更强，或者他已经拥有了知识，而前者没有真正拥有知识。

你真的拥有知识吗?

在现实当中,我们看到4种关注的情形:

第一种情形,我们常常听到有人说"喜欢这个、不喜欢这个"。这是分别心,不是你有辨识力。有辨识力的人,不会简单说喜欢和不喜欢,因为当你真正辨识价值之后,你会克服自己,如果没有这种辨识力的时候,你就会有分别心,你可能太多去做分别,却没有足够的辨别。

第二种情形,"这个事情我做不到"。很多学生问我为什么每天晚上可以写3000字,这是很难的事情。我和他说:你先从每天晚上写3个字开始、写30个字开始,慢慢你就会写300个字、3000个字。这不是能不能写,而是对于自我设限和认知这个事情没有很认真理解,没有理解这个事情真正的原因是什么。

第三种情形:世界变化太快了,我常问自己是否变得不够快。熟悉我的人知道,在微博时代我没有参与太多的活动,后来我发现我如果不动,我就会被淘汰。所以在微信时代我就开始动了,如果要上知识付费,我就赶紧上,主要的原因不在于我能不能上、世界变化快与慢,而是我变与不变、快与慢。

第四种情形:大部分人认为我们很难应对信息聚变、事物不断迭代的时代。其实是你的惯性导致你无法应对。除非上课,我也不是特别喜欢用视频方式和大家交流的人,但我都做了。有人问我什么是职业化?就是和自己的惯性、习惯做不懈地斗争。你就能成为一个非常职业化的人。

你可能有更多别的角度和冲突谈拥有知识的困难,这4点是我面对的困难,为什么会成为困难?我认为和一个核心问题相关:你是否拥有知识?如果你拥有知识,你就有辨别力,不再有分别心,知道自我的界限都可以打破、任何变化都是机会,更重要的是知道所有的经验拿掉之后你会看到一个更美好的世界,这是我找到的解决方案。

如果要解决这个问题,我们需要真的知道,我们拥有的知识,还是不是知识?数据、信息、知识,这3个概念要分清楚。在大数据时代、信息时代,我们更容易混淆这3个概念。我访问过很多企业,很多人说我们有大数据了,我们要做数字化转型,要成为数据公司。我觉得这些道理都是对的,但我都会问,你们要把数据拿来干吗?他们几乎都回答不出来。

(1)数据。我们容易混淆,是因为我们不清楚知识的边界。数据的定义是未加工的信息和知识,数据是可以以不同角度来用的。我曾经到山东一个县级市，领导告诉我这是全中国县级市GDP水平最高的，我问他，人口总量是多少？他就不说话了，他应该是全国县级市人口数量最大的。那么换句话说，人均GDP在全国县级市是排得没那么靠前的，因此GDP总量最大是没有意义的。

第二天我去了另外一个城市，领导告诉我他们在二类城市人均GDP是最高的，我问说人口总数是多少？他说40万人，我说那GDP总量一定不高。如果数据不加工，数据对我们做任何决策是没有帮助的，如果拿这个数据做决策，就会把自己害了，我们要上升到一个新的层次：信息。

（2）信息。我去一家企业，他们说自己是行业第一，我就会问他说第一的位置多久了？他说是12年，我接着说，那你增长吗？他说最近5年没有增长，我说那你这个定义有什么用呢？为什么要从数据过渡到信息？没有处理过的数据，是没有办法做价值判断的。处理过的信息，是否就可以做价值判断了？还没。还要再走一步。这一步就是知识。

（3）知识。知识是处理过的信息之后再做鉴别产生的。我了解一个城市GDP之后，我还要接着了解它的产业结构，然后做一个经济整体的价值判断，这个城市就有知识了，就可以帮助这个城市做出选择。

你是否拥有知识，需要做3件事：找到真实的来源、你要做处理、你要去鉴别它。你只有经历了这个过程，才可以讨论和拥有知识。对于这个时代的人来说，最大的挑战就是有效区分信息和知识。这个挑战的解决和调整，你需要退回到知识的定义中提到的"知识是属于你个体的"，当你记住这个事情的时候，我就能帮你区分信息和知识的关键点：你一定要拥有你个人化的信息，然后是对信息有梳理和加工的过程（你需要方法论，自行判断）。很多时候，我和人交流的时候，他们总是去转述别人的东西作为自己的理解，那么你还没有掌握知识。你没有内化成个人的信息，那么就不具备掌握知识的前提条件。

一个人想拥有真正的知识，是不容易的事情，通过技术、互联网可以掌握非常多数据以及比数据少一点的信息，但是如果你没有内化成个人的信息以及加工，我会觉得你是一个知识特别匮乏的人。在知识时代，我们反而知识匮乏，太可怕了。

我想给大家一个概念：知识流动链。怎么把数据加工成信息，然后加上自己的识别和判断，变成行动，获得反馈，最后形成智慧。人类最高的要求就是希望人类具有智慧，智慧形成的过程是一个链条的过程，真正拥有智慧的人会充分拥有更大量的数据，变成认知，落实到行动中。那么智慧会变得特别丰厚，这就是流动链条。

数据、信息和知识的关系，可以用这张图来看。你在客观世界得到的数据，只要你愿意，你可以努力处理成信息，通过你的处理进入你的大脑，然后成为你个人化的部分，属于你的，你再通过形式化的组合最后指导你的行为，你成为有智慧的个体。很多人问我到底什么叫智慧？我说，我们用学术性的说文解字的表达方式，"智"，上面是"知"，下面是"日"，也就是每天要知道多一点；"慧"的上面是"雪"，下面是"心"，就是让自己冷静学习，双倍吸收，而且这些吸收一定要进入内心，成为你自己的，这个时候你就有"慧"了。你必须不断向外界寻求数据和信息，但是你必须内化为你自己的价值、判断。

我们来看个小小的案例：在重大灾难中，普吉岛的海啸有一个10岁的小孩竟然救出当时海滩中的100人，他之所以能判断，是因为他是拥有知识的人类个体，他可以根据数据和现象，经过加工，很快做了一个知识的判断，因为他拥有海啸的知识，他救了很多人，这个行为，是人类智慧的标志行为。这可以成为对"拥有知识"的完整理解。

我想给大家介绍一个人和一本书：怀海特的《教育的目的》，教育到底拿来做什么？他有一个观点对我影响至深，也就是智力发展的三阶段论，一个人智力发展一定要经历3个阶段：浪漫阶段、精确阶段和综合应用阶段。

智力发展的浪漫阶段：在小的时候，一定要在浪漫阶段当中，直观地去获取对世界的认识，不需要加以分析，只要想象就行。智力发展的精确阶段：长大之后，一定要精确，所有接纳的信息要能够处理它，这个时候侧重的是对信息的分析和正确的阐述。智力发展的综合应用阶段：当你学到这些，你还没有完成你的智力发展，要能够综合应用前两个阶段，然后再回到第一个阶段是事物的浪漫认知阶段。也就是：首先，看山不是山，看水不是水；接下来，看山是山，看水是水；最后，又是看山不是山，看水不是水。

我的问题，也是我的难题：我觉得大家缺失的能力是在综合应用能力上，我们的浪漫阶段也会了，大学毕业后精确阶段也会了，但是偏偏不会综合应用，也就是我们的智力根本没有开发，这是我比较担心和烦忧的地方。

真正拥有知识，是你把所有东西能够理解消化，然后你去应用它，经实践验证，经过综合应用后，才有价值。如果你掌握的所有数据和信息是不能用的，而且不能通过实践验证价值，你是没有拥有知识的。我们发现非常多的人讨论王阳明，讨论"知行合一"，我这里就转述王阳明的这两段话："真知即所以为行，不行不足谓之知。"如果你不能成为行动，你就不能证明你知道。宋元之际儒学家金履祥所著《论语集注考证》："圣贤先觉之人，知而能之，知行合一，后觉所以效之。"知行合一，才能真的检验你拥有知识。以上是对于个体而言，我一直在组织领域践行管理，所以不得不说组织如何拥有知识。

组织如何拥有知识？

我们非常在意一个组织面对未来的能力。我最近写了《激活个体》《激活组织》，就是想说明组织除了要完成绩效以外，还要拥有驾驭未来不确定性的能力，这个能力当中很重要的一点是组织拥有知识。

那么组织拥有知识了吗？德鲁克对于这个领域的一个观点给我巨大启发，他说无论在西方还是东方，之前知识一直被视为"道"，好像离我们很远，只有少数人获得，后来几乎一夜之间知识变成"器"，和你非常相近，成了一种解决方案、工具和方法，成了资源和使用的利器，这是一个很大的改变，这种改变让我们要认真对待。

德鲁克就开始认真回顾知识产生的过程使得整个人类进入工业革命之后巨大的变化，他对前三个阶段进行分析：

第一个阶段，知识应用于生产工具、生产流程和产品创新，从而产生了工业革命。

第二个阶段，知识以及被赋予的含义开始被应用于工作中，从而引发了生产力革命。

第三个阶段，知识正被用于知识本身，从而产生了管理革命。

我加了一个阶段：知识在今天正在迅速成为首要的生产要素，使资本和劳动力处于次要位置，我把这称之为"知识革命"。

这四个阶段的划分使得整个产业效率、生产效率、管理效率、全要素效率都会产生巨大的改变，那么你的组织要不要拥有知识？

现代工业革命需要的要素是把流传千年的技能和经验转化为知识，把工匠的经验变成方法论和工具，这些方法论和工具，我们称之为知识，使工业革命的效率比之前的几十个世纪还要高很多，里面最大的调整就是管理学的开篇《泰勒的管理学原理》。知识应用于工作，使社会生产力快速递增，每隔18年就会翻一番。当1911年，科学管理原理发表，管理成为科学普及应用到工业产业线的时候，所有发达国家生产力水平都已提高了50倍左右，这是非常巨大的价值贡献。

事实上，知识是今天唯一有意义的资源，知识已成为获取社会与经济效益的一种手段，知识正被应用于系统化的创新。今天，我们难以想象它对生产力的发展会提高到什么程度？今天的知识已经应用于所有的部分，你可以看到：谷歌、亚马逊、通用电气、阿里巴巴、腾讯，以前很难想象几千亿、几万亿销售额和市值的大规模价值贡献，但今天它们做到了，就是因为知识的支撑。我们如果想在今天具备竞争力，我希望大家成为知识驱动的公司。

一个用知识驱动的组织，像前面提到的这几家组织，它们在4件事上做出巨大的努力：第一，组织当中要有知识DNA；第二，组织结构通过数据化来驱动；第三，知识链和数据流协同开放的伙伴系统；第四，持续创造价值。

你是一个知识驱动的组织，还是职能驱动、投资驱动、权力和资源驱动的组织？我们怎么获取这样的组织驱动？我特别喜欢一个人，他影响了日本经济，就是戴明，他把质量管理带去了日本，使日本在20世纪七八十年代有巨大的工业腾飞。戴明很强调组织要有一个东西，就是深厚的知识系统，由4个元件构成并相互影响：对系统要欣赏（对整体最大化的欣赏）；理解所有变动相关联的知识；要有自己的知识理论；对人类心理知识的理解。它们彼此之间互相影响，然后带来系统特性，如果一个组织具有系统特性，效率就会非常高。请你去打造你组织的深厚知识系统。如果你可以打造这个部分后，你就会有很强的竞争力。知识的生产力日益成为经济和社会成功、整体经济表现的决定性因素。你的组织是否拥有知识，有两个事情非常重要：你是否是知识驱动型的组织；你是否拥有系统的深厚知识。

怎么获得知识？

我给自己3个座右铭，"你的手是比头高的"是其中一句。我们所有想的东西必须变成行动，去验证，通过行动和验证，知识就是你的，而且会让你非常有力量。我们应该系统、有组织地利用现有的知识创新知识。

在行动上做两件事情就好了：

第一，不断有目的地放弃。组织要有目的地不断放弃，学习新东西不难，难的是忘掉旧的东西，否则你没有办法装进新的东西。

第二，你必须持续地理解外部环境。

接下来要做几个动作,第一个动作是要"过三关":忘记、借用和学习。

这是我们在组织管理常用的方法,如果想做新业务、新领域,就要求组织过这三关。如果你想进入新的知识领域也是如此,"忘记"这关很难过,要把过去形成的观念摆脱掉,我会要求自己去放空;"借用"这一关我鼓励大家使用,希望你去借别人的优势,会使你非常强大;"学习"这一关是要学习未知,不管学习得是否准确,但你要有学习未知的能力。

我给大家几个建议:

第一,是英国小说家说的一句话,给我很大帮助,别人问他小说为什么总是写得这么好,他说唯有融会贯通。

按照知识的逻辑,首先你应该是鉴定问题,而不仅仅解决问题,别人问我为什么可以做那么多事情?我觉得和时间、和事情无关,很多时候我们忙碌是因为没有清楚问题,不知道哪些问题是你的,然后所有问题都去解决,你肯定非常忙碌,有价值的事情反而没有去做,这恰恰是我们出问题的地方;接着,对问题要进行分析,要把数据处理成信息,再对信息加工变成知识,所以一定要做分析,看这是不是你的问题。我在企业的时候,很多事情我会跟同事说你去做就好了,他说他要跟我汇报,我说不用,你去做就可以,他说那出了问题怎么办?我说出了问题我来帮你担好了,他要做的就是找解决问题的方法,这个时候你会发现这些事情很快处理掉,但如果不这样,我相信很多事情就解决不掉。

一定要对真实的事情做系统的分析,然后要有方法论。我自己工作的第一个方法论是,我决定去做的任何事情,一定会放上时间,比如跑步、写书、看书、旅游、见朋友,我每天的每一个小时都是割开的。我很少说"一天"这个词,于是发现一天可以拆成八个小时,做八件事情。如果只按一天算,只能说一个事情。最后要知道,很多东西你是无知的。

第二,要想拥有知识,唯有终身学习。

怎么终身学习才能拥有知识?终身学习要有3个能力:基本学习能力、过程学习能力和综合应用能力。基本学习能力是对纯知识、专业知识、存量知识的理解,创造性知识在过程学习能力中出现,包括过程知识、增量知识、跨界知识。而综合应用能力是非常重要的,即能否去验证你的理解和想象。

第三,唯有突破自我极限。

人的自我极限是自我设置的,其中有3个障碍常常被我们忽略:第一,太过自我;第二,我们信仰的真理和事实的真理是有差距的,我们总认为我们相信的就是真的；第三，你的经验，如果经验不变，事情变了，经验就会成为绊脚石。德鲁克说，职业经理人的角色要改变了，过去是为工作、下属、业绩负责的人，未来是为知识应用和表现负责的人。一个人的能力和未来的价值是否胜任社会，恐怕你确实得做改变了。

知识经济的社会，最不能浪费的是知识潜力的浪费。我们一定要想办法接受自我的训练，获得深刻的洞察力、远见，前提就是你是否愿意更宽泛接受所有的东西，然后内化为自己的。你一定要深度介入社会的变化中，然后你才会得到你足够深的、属于你自己的知识。

结束语：手比头高

我把我自己喜欢的几句话送给大家：什么是优秀的人？真正优秀的人，是不断完善自己的行为，以比别人更高的标准来行动，放弃对自己的过度欣赏，不断接受变化。

理想和现实只需要一个桥梁：行动。想到就去做。我的口头禅是：去做啊。

人的高度，不是思想决定的，是你的双手决定的，手比头高。想在知识时代成为弄潮儿，就要先拥有知识，要拥有知识，就一定要把数据变成信息，信息变成知识，然后通过行动，成为一个有智慧的人。

（原载：春暖花开公众号，2017年9月1日）

读《从0到1》的"适"与"不适"

最近大家都知道有一本很热的书,我自己也很喜欢并推荐给很多人,这本很热的书就是《从0到1》。对于这本书的总结,每个人可以从不同的角度去看,我只把我的角度分享给大家。

一、本书给我启示的四个核心观点

不是从1到N,而是从0到1。绝大部分企业是从1到N的逻辑,求规模,这恰恰是中国企业发展的特点,把一件事情从很小做到很大。但是作者认为这不是创新,这个只是从1到N,是一个数量的改变而已,创新一定是一个根本性的改变,是从无到有,是从0到1。

科技影响未来。作者认为科技一定是影响未来的,他谈论一个很有意思的观点,在他看来全球化并不会影响未来,真正影响未来的是科技。所以不管你是什么样的公司,核心一定是了解技术,一定要了解技术的改变,未来是由技术在做决定。

企业失败的原因:没有成功避免竞争。作者引用了那句著名的话,幸福的家庭都是相似的,不幸的家庭各有各的不幸,企业刚好相反。成功的企业都是不相似的,但是不成功的企业都是相似的,就是因为没能成功地避免竞争。

这是一场思维运动:创业思维。作者认为接着下来的这场运动,是一个思维的运动,这个思维是什么?就是创业思维。以上4点是这本书给我的启示。阅读这本书,有一个地方让我觉得很有意思,作者为硅谷那些失败的企业家总结了一些教训,但是正如作者话锋一转,认为这些总结是不对的那样。我也发现,的确如作者所言,这些企业家的教训,如果变成经验来讲应该更有价值,这些经验归结为以下4点：大胆尝试胜过平庸保守。坏计划好过没有计划。竞争性市场对收益有负面影响。营销和产品同等重要。

二、我的三点发现

这本书可能带给很多人启发，但此书带给我的帮助，也许与大家不同，因为这本书中的很多观点与我非常一致，如对于规模增长的理解，对于竞争的理解，对于创业思维的理解。多年前我就坚持认为，企业如果仅仅依靠规模增长是会有极限的，离开竞争才可以超越竞争，战略思维会决定企业是否能够走得很远，经理人更需拥有战略思维而非管理习惯。所以阅读过程中产生共鸣的愉悦，让我非常喜欢这本书。除了这一点之外，我也很喜欢阅读后带给我思考上的新发现，归结为以下3点。

发现一：规模经济与范围经济。为什么我们会习惯从1到N的逻辑，因为这是规模增长的逻辑。在一个运用资源获取增长的环境中，大规模会带来有效的竞争力，因此追求规模几乎成为人们显而易见的选择。但是在今天，影响增长的资源变得越来越稀缺，原有的规模增长不再带来竞争优势，甚至出现规模不经济的情形，规模的神话被打破。范围经济的概念进入人们的视野，范围经济是指由厂商的范围而非规模带来的经济。只要把两种或更多的产品合并在一起生产比分开来生产的成本要低，就会存在范围经济。这就需要企业从规模经济的逻辑转向关注区域范围内产业协同的价值。两种发展逻辑对于今天的企业经营者而言，是需要仔细认真考虑的。

发现二：现象不是本质，本质是世界发生的变化。当进行企业内变革与转型时，一定要清晰地告诉人们，之所以要变革和转型，是因为世界在变，而不是因为我们做得不好。我们都承认，在你眼见的周围，每时每刻都发生着不同情形的变化，这些现象甚至让我们无所适从。但是请大家不要被现象所迷惑，真正的原因是世界变了。所以现象并不是本质，本质是世界发生的变化。所以一定要知道到底变了什么东西，就像我对于2015年的判断是"正在发生的未来""互联网2.0时代的到来"那样，当你清楚世界改变的是什么时，你可以相应做出改变，你的价值就会被感知到，因为你已经回归到世界的本质当中。

发现三："传统"与"新兴"并存。不要说在今天新兴技术、新兴企业很厉害，传统企业就没机会了；接着下来发展的机会是在产业互联网上，这恰恰是传统企业的机会，所以我反而是比之前更有信心来看传统企业怎么样去利用互联网来发展。现在是"传统"与"新兴"并存的时代。但是有一条需要提醒大家，那就是传统企业要学会"从0到1的思维模式"，而不是继续保持"从1到N的思维模式"。

三、我的三点思考

这本书的确为创业者提供了一个非常好的视角以及解决问题的方法论，无论是"垄断"还是"帮派文化"以及销售的重视，都会给创业者一个清晰的逻辑和框架，加上作者本人的成功实践，会让这些观点具有很强的说服力。但是，一个企业的经营者，还需要更加理性地对待你所面对的经营环境，更需要认清你的企业所面对的挑战和发展的趋势，所以看到大家过度诠释这本书时，我也想谈谈我自己的思考。

思考一：垄断并不是出路。了解我的读者知道，我很早就倡导"超越竞争"，我坚持认为超越竞争的目的是为了离开竞争，而不是为了垄断，因为垄断并不具有可持续性。我们可以看看过往的企业发展历史，曾经具有垄断资源和能力的企业，比如柯达、诺基亚等，这些企业在各自领域里都具有非常强大的专利技术和垄断资源，但是最后的结果是被市场淘汰。我理解作者的出发点是告诉创业者，应该专注于一个细分的领域，尽可能地扩大占有，形成垄断，这样可以让创业成功。但是如果读者把垄断作为一个企业发展的逻辑，那会带来不好的后果。

思考二：战略思维与创业思维。因为新兴互联网企业的成功，让很多人简单地理解了创业对企业的影响。现在很多传统企业也纷纷开启了企业内部创业的热潮，海尔如此、万科如此，我所在的公司也如此。我自己就是启动和推动这件事的始作俑者。但是，我对自己提出一个非常清晰的要求，那就是：公司内部的创业也必须符合公司的战略方向。对我而言，内部创业并不是我最关注的，内部创业是实现公司战略的一个组成部分才是我所关注的。因此，在一个相对成熟的组织里，启发大家的创业思维是激活组织成员的必要选择，但是更重要的是让成员拥有战略思维，让创业思维为战略思维服务。

思考三：回归顾客价值和经营本质。企业生存的核心依然是顾客价值，我依然坚持认为，真正影响企业持续成功的主要重心不是公司的策略目标，不是技术，不是资金，也不是发展策略的流程，而是专注、集中焦点于为顾客创造价值的力量。商业模式成功，都是取决于一个组织建立客户价值的核心逻辑。从这个意义上讲，我担心大家过度诠释本书里的一些观点，而忽略了顾客价值。如果我们仔细来分析这些成功的创业企业，一定会看到这些企业对于顾客价值的贡献，这是需要我们都要认真去理解的部分，这才是创业的关键。创业的核心是找到顾客价值，把产品和服务做好，这是经营的本质，而已经创业成功的企业更需要回归经营本质。

总之，这本书有很多启发我思考的观点，同时让我更清醒地去理解一个创业企业成功背后的逻辑，我借用作者的一段话来结束本文——在商界，平衡态即静态，静态就是死亡。如果你的公司处于竞争平衡中，那它的消失对世界丝毫没有影响，而和你公司相差无几的其他竞争企业随时都准备取代你的位置。

（原载：春暖花开公众号，2015年6月23日）

战略思维的生态内涵

战略思维对于一个企业的生死存亡起着至关重要的作用,所以我们常常听到这样一句话:"战略控制命运。"任何一个企业的领导者都很清楚地知道,战略对于一个企业的意义,但是如何形成企业有效的战略思维,如何让企业的战略思维能够具有新时代的属性,确保企业的战略思维符合时代与市场的发展规律,这是一个至关重要的话题。

最近几个案例让我深受启发,其中一个是五星控股,我认识这家公司已经超过10年,创立了五星电器的汪建国先生及其团队,在5年前开始做共享经济的模式创新。五星控股创立的汇通达模式,就是把农村的、乡镇的夫妻店资源,链接到汇通达的平台上,在每个村镇大约有500个点,每个村都建立信息点,帮助这个镇的小老板能够在前端获取顾客,同时在后端得到优化的供应链,这样小店就不需要备很多货,只做出样,售卖产品即可。

汇通达会在当天为小店配货,并同时为小店的经营服务,汇通达不需要拥有小店和店员,但是乡镇网店的这些店和店员某种意义上也是汇通达的,因为一个分享机制,让各自得到好处和发展,大家因此组合在一个生态圈内。在汇通达,大概有15 000个网点,2016年会做到5万家左右,覆盖更多的省份。汇通达不仅做了家电产品,还打破了行业界限,农机、农贸、电动车、自行车都纳入进来,这个模式非常有意思,也发展得很顺利,已经可以服务1亿人。

我之所以对这个企业的做法感兴趣,是因为他们的做法契合我对于今天战略思维内涵变化界定的想法。对于今天的企业战略思维而言,具有生态内涵是其核心关键,包括两个方面的内容。围绕用户极致体验做战略组合,以往战略思维的根本特征,是以打败对手为企业的一切战略的出发点。这是一种只有你死才能我活的博弈思维。而对于今天的市场环境而言,一切都在变化之中,甚至在很多情形下,你并不知道你的对手是谁,每一个行业都在被重新定义,因此战略的出发点,不再是竞争对手,而是用户的体验价值,企业如果想在市场中获得优势地位,就需要围绕着用户的极致体验,进行战略要素的组合。

汇通达为乡镇的小店解决所有的问题,从配货到经营,并为了满足小店与当地顾客之间的需求关系,打破所在的家电行业,增加产品供应的品类和服务,从而达成了透过小店服务1亿人的成效。

这个例子说明一个问题:战略不再是以打败对手为思考出发点,而是以用户体验为思考出发点。这家公司由此实现了一个在价值创造上的创新,也拥有了全新的发展速度和成效。

一、以价值共享替代竞争

传统的企业大多停留在竞争思维的层次上,所以很多时候,都会从竞争优势以及核心能力的打造上花费心思,投放资源。在以竞争为主的战略思维中,会特别关注顾客需求的差异化,与对手的差异化以及如何扩大这些差异。在这样的战略思维下,企业会特别在意如何获得更大的产品销售,而没有真正保护行业以及顾客的成长性,发展到今天,以竞争为核心的战略思维的企业,都最终陷入无法获得利润,以及持续增长的能力。

最近十年来一些企业发展得非常迅速并令人欣喜,比如腾讯、阿里巴巴、滴滴等,又比如新兴的互联网企业,他们所获得的增长完全超乎一般企业的发展逻辑。如果仔细分析其背后的驱动因素,会发现他们具有一个共同的特点,那就是:以价值共享替代竞争。这一点甚至可以从互联网企业的免费模式中更深刻地感受到。

首先,看看阿里巴巴创造价值的模式。阿里巴巴建立了一个提供共享价值的商业平台,在这个平台上,一端中小商户可以非常容易地开设自己的网店,另一端顾客可以非常容易地获得商品。在阿里巴巴所创立的"双十一",更是缔造了一个商业神话,集合千万供应商完成一个在人们看来不可能完成的价值共享奇迹。

阿里巴巴在实行这个商业模式的时候,并没有考虑到怎么去打败竞争对手,它的核心是怎么整合资源,整合第三方,整合供应商、物流商、中小商户、顾客,让大家在阿里巴巴这个平台上,共同成长,共同创造价值,这就是其创造商

业神话的根本原因。

二、战略思维的生态内涵重新定义行业价值

今天，各个行业的特征变得越来越模糊。智能互联产品不但会影响公司的竞争，更会扩展整个行业的边界。竞争的焦点会从独立的产品本身转移到包含相关产品的系统，再到连接各个子系统的体系。一家产品制造商可能要在整个行业领域内竞争，有的时候消费者甚至也会参与到竞争中来。如今没有人可以百分百确定自己的竞争对手是谁。

从诞生初期的PC端线上聊天软件QQ，到如今覆盖近7亿手机用户的微信，腾讯似乎已取代传统电信运营商，成为中国人互动与连接最重要的载体之一。与此同时，在移动支付、线上娱乐、生活服务、在线旅游和交通出行等领域，消费者也会发现腾讯的身影。基于核心产品打造的用户网络，在智能互联网络的帮助下，腾讯将自己的竞争力持续地扩展到彼此之间相互连接的不同领域。你几乎无法界定腾讯属于哪一个行业，也很难知道腾讯的对手是谁。但是在腾讯的帮助下，你可以体验到"在线一站式服务"的生活状态。

生态战略似乎让很多人无法看懂，不过，如果可以更换一个视角去看，不适用原有的对于行业边界的认识，而是打破边界去看，或者可以理解。不要把企业界定在原有行业，或者你熟悉行业，或者内容提供商，或者硬件提供商。也许这些都不是企业的边界，因为这些行业的边界都被打破了，形成了一个全新的网络，有人称之为"生态网战略"，这是一个描述，但也是一个事实，一种更加融合的趋势，会让很多行业相互渗透，才会具有成长的可能。

行业边界，企业组织边界以及生产者与消费者边界的打破，这已经不再是一种趋势而是一种现实，我还记得2007年阅读《平台领导》这本书给我的启发，安娜贝拉·加威尔和迈克尔·库苏麦诺两位作者在研究英特尔、微软和思科如何推动行业创新的研究中，提出了有关平台领导的概念。"我们所说的平台领导，是指以推动自身行业创新为目标的公司。""没有哪个公司可以获得一个市场中所有的创新能力，特别是当需要创新的工具和知识比以往要更加广泛的时候。结果，在我们了解的平台当中，首先创建最基本的应用产品，然后再为新一代产品创建补足品。不管怎样，平台领导和补足品创新者具有很强的合作动机，因为他们联合起来的创新成果，可以为行业每一个参与者提高潜在收益。"由此可见，战略思维的生态内涵显得多么重要。

事实上，任何一个行业的产生都是战略新思维的结果，任何一个行业产生出来，也是行业内各个企业共创价值的一个整体结果。从这个意义上讲，今天关注战略思维的生态内涵，更是回归到了商业发展的本质，回归到了企业发展的本质。

每一个能够界定新发展模式的企业，都需要在战略思维上做出调整。要超越新的商业战略竞争，就必须围绕着顾客价值做出更新的价值创造，就必须了解到用户体验以及价值共享的本质需求。所以，战略思维是一个需要不断寻求新内涵的过程，从竞争上升到合作，从合作上升到共同成长，围绕着用户体验展开价值共享，这样才可以保证企业发展符合时代的变化。

（原载：春暖花开公众号，2016年10月9日）

现在还会选择进入这个行业吗?

我非常欣赏任正非的"华为没有成功,只有成长"的逻辑。企业必须不断有目的地放弃,而这种放弃是基于对于外部环境的时刻关注和深刻理解,不断挑战原有假设,重新思考经营和管理,才能做到有目的、系统化、有条不紊的放弃。我很想请每一位企业管理者,问问自己,你有敏锐地观察外部环境的改变吗?并且根据外部环境去审视自己,寻找目标实现吗?假如你还没进入这个行业,现在还会选择进入这个行业吗?

正如《大数据时代》两位作者在引言中所说"大数据开启了一次重大的时代转型。就像望远镜让我们能够感受宇宙,显微镜让我们能够观测微生物一样,大数据正在改变我们的生活以及理解世界的方式,成为新发明和服务的源泉,而更多的改变正蓄势待发……"在今天,技术和各种行业的融合成为推进组织全局变革的必然因素。

组织的每个核心成员要始终关注组织生存的要素,要始终缺乏安全感,这种感觉让这个组织的主要成员和这个组织机体本身始终保持了对外刺激的敏感性,保持一种常态下的警惕和临界状态,正是由于这种感觉和状态,这个组织因此始终具备着"活力"。

一、系统化和有目的地放弃

德鲁克先生也曾表达相同的观点,在他看来让企业保持清醒的措施有两个:"放弃"和研究企业外部情况。

他说"每隔3年,组织都应该针对每一个产品、服务、政策和销售渠道提出以下质疑:如果我们还没进入这个行业,我们现在还会进入这个行业吗?"这种质疑，可以让组织清楚自己处在什么样的情形中，在德鲁克先生看来，没有系统化和有目的地放弃，组织就会疲于奔命。它就会把最好的资源浪费在它不应该再做的事情上。它也无法警觉到企业外部的变化，因为我们很少能够在自己的组织中察觉到根本性的变革。

对这个问题，硅谷为这10年的商业世界提供了太多的素材，从思科、谷歌、高通到惠普，还有硅谷之外的比如摩托罗拉、诺基亚这样的公司，让我们看到某个好产品在消失，也看到了大公司在衰落……，这些大公司此消彼长之间的变化，一些大公司看似打法坚决，实则是自身前途未卜；从拼命去"抢"更多的，到再把这些抛弃掉，我们看到的都是一种"慌乱"，大公司的慌乱，因茫然而慌乱。

买来仅仅一年的、象征着进入未来移动互联领域竞争的Web OS宣布停止研发，卖了49天的平板电脑打折甩卖，隐藏于其后的则是这个全球最大的PC制造商即将退出这个行业。现在惠普更专注于能够带来更多利润的企业级信息服务——这可能是一个好的结果，但战略上的摇摆不定，让我们只能看到"慌乱"的惠普，究其背后的原因，就是无法真正从外部理解变化，无法让自己转向外部驱动的组织管理中。

这个时候，我们会更加佩服10年前的IBM，创造了兼容机繁荣并打败了苹果的IBM，在一个好时候把PC业务卖给了联想。而现在这个行业中，营销起家的戴尔只有1/3的利润来自于PC，余下的几家亚洲企业，它们与技术企业似乎已经没有太多关联了。在战略性放弃PC的同时，IBM花大力气发展代表未来的业务与能力，例如几年前就开始向大数据转型。现在，其人工智能Watson系统已经在了解肿瘤学——如何治疗癌症；还学习了时装领域。IBM在45个国家用8种语言培训Waston系统，了解了45个不同的行业，帮助人们做出更好、更科学的决策，甚至能够处理没有对或错的灰色地带问题。

可见，在缤纷的商业世界里，即使市场增大了，即使你是原来的领先者，都不意味着你能够持续，而唯有那些不断由外部驱动组织变化的企业，能够有目的地"放弃"的企业，才可以保持住与环境的互动。

二、时刻关注外部变化

要提前发现问题，管理者必须时时关注企业外部的变化，并能够有所警觉。

我非常喜欢的一句话是：实现目标并不是庆祝的理由，而是重新思考的理由。我们都知道，华为原本是一家做B2B业务的企业，并不向终端消费者开发和销售产品。但是，华为从不局限自己，而是随着外部环境的变化去塑造自己的能力。随着智能手机作为终端日益主宰消费者行为，华为也进军了手机业务，凭着强大的学习能力、技术储备，逐渐后来居上，创造出了全中国销量最好的手机。

微软、谷歌、IBM这样的巨头对于外部世界的变化，不仅仅是关注，而是全力以赴去引领。我们知道量子计算机将是颠覆传统计算机的下一代计算机，但还处于非常早期的阶段。但是IBM、谷歌早已在数年前就开始投入研究量子计算机，微软也在近年投入巨资进行量子计算机的研究。

现在区块链的概念非常热，引发了国内很多企业的兴趣和关注，然而在区块链概念热起来之前，IBM已经进行了几年的研究开发。在国内企业家开始考察区块链的时候，IBM已经做了多个项目，把400多亿美元的融资业务都放在了区块链里面，方便了纠纷的解决，以前专门需要300人处理纠纷，现在已经不需要了。可见，IBM这样的大公司对于外部环境有多么先知先觉。

我很想请每一位企业管理者问问自己，你有这样去敏锐地观察外部环境的改变吗？并且根据外部环境去审视自己，寻找目标实现吗？我非常欣赏任正非的"华为没有成功，只有成长"的逻辑。在这样的领导者身上，总是可以看到，他们对于变化的敏感，他们对于成功的淡泊，他们会认为如果要实现目标，就要认真地重新思考经营之道，就要艰苦卓绝地工作，就要不断地挑战自己原有的假设，就要果断地采取措施绝不拖延。

（原载：春暖花开公众号，2017年8月21日）

离开竞争的第一个选择

产品是一个需要持续关注并付诸行动的东西,同时更是联结企业与顾客的平台,只有持续地关注产品的企业才是能获取顾客的心的企业。也正是与顾客交心,企业才能够保持持续领先的地位。一个能够体现顾客价值的产品一定能带领企业走上领先之路。

究竟是什么因素让我们的企业无法成为布局者而只能够在竞争中苦苦挣扎?也许每个人都会从不同的角度来回答这个问题,但是我们总是会找到一个关键因素,就是这个因素改变根本的格局,那就是"产品"。产品对于企业而言,既是企业进入市场的前提条件,又是企业存活于市场的根本原因。如果没有产品,企业就没有了与顾客交流的平台;没有产品,企业也就没有了在市场中存在的理由。我们回答企业能够生存的理由时,排在第一位的就是:企业能够提供产品(服务)。所以,能够带领企业离开竞争的第一个可选择的方向就是:专注于产品。专注于产品的5个原则:专注于产品的生命、以质量和品质取胜的思考模式、以顾客为本的产品设计原则、产品是企业理念的诠释、欣赏同行的产品才是创新的来源。

一、专注于产品的生命

迈克尔·波特在研究亚洲典型的跨国企业时,非常惊讶地发现,亚洲企业家把办企业完全看作是在做生意,而不是在创造新产品和服务。但是一个不能够首先想到发明产品、创新产品的企业家是不可能把企业发展下去的。

三星打动我的第一个地方是它对于产品的专注和执着。李健熙认为在物美价廉的传统家电方面不能战胜中国企业,不如迅速集结力量专心做更高端的数字产品，下力气花大代价进行研发。三星电子于是大刀阔斧地剥离非核心业务，认准数码方向全力以赴，向以高技术和尖端设计为核心的、追求高利润率和现金流的品牌生产营销的模式转变，结果成功了。

在中国，尽管海尔已经是一个对产品非常专注的企业，但是海尔经营的多元化令我非常担心。如果海尔不断地进入越来越多的产品领域，我会对海尔一直强调的产品创新方向感到怀疑和担心。事实上，产品有自己的生命特征。如果企业不能够全力发展产品的生命，赋予产品丰富的内涵，那么产品也不会发挥它的核心作用。企业与产品之间是生存和生命之间的关系。产品对于企业而言是企业生存的方式，企业对于产品而言是产品的生命创造者。企业和产品之间是相互依存的关系，只有赋予产品生命力，企业才具有了在市场中独立存活的力量。

二、以质量和品质取胜的思考模式

我一直在思考真正一流的企业到底具备什么样的特性。我发现，在这些世界一流的企业共同的特性当中，有一项是以恒定的质量模式进行管理。很多人以为管理是解决效率的问题。这个理解没有错，但是一个一流的企业对于管理的理解却站在了更高的层面——管理必须贡献恒定的质量。在这个高度，管理回答的是产品的问题；管理所要解决的问题是围绕产品及其质量展开的。这样的理解使得这些企业成为一流而领先于同行，也使得管理真正承担了自身的职责。是否以质量和品质思考，决定了企业的管理活动是否有效，也决定了企业在市场中的地位高低。

三、以顾客为本的产品设计原则

可口可乐2004年就努力进入到中国乡土市场。我们知道，可口可乐以往一直是在中国比较中心的城市和一、二级市场，可是这次它开始做一个中国"下乡运动"。从这个运动中我们可以看到可口可乐在中国整体市场的延伸。宝洁公司在中国就有一个庞大的中国消费者研究部。在肯德基，你会发现它已经在口感、口味的设计上，跟我们中国人所要的完全贴近，如推出"老北京鸡肉卷""翡翠芙蓉汤"等。那么，这一系列的现象，表明这些领先的跨国企业都在共同关注一个问题，那就是：让产品直接代表顾客，并因此而具有优势。

三星有一个故事能够说明李健熙的产品观——强调设计要以人为本。他认为以往三星电器的遥控器设计过于复杂，因为技术人员没有考虑使用者的方便。他提出要设计容易握在手上，而且只有启动和关闭功能、操作简单的遥控器。这一细节体现出三星产品的人性化设计理念。产品的最终消费者是人，如果企业只是研究市场、开发产品而不考虑消费者的需求，那么这个产品就无法打动消费者。

中国企业一向以在本土市场当中，自己的产品能够低成本竞争而感到骄傲。我们说到中国企业核心优势是什么的时候，都会不假思索地说：我们有一个低成本的优势。而且，大部分中国企业在本土市场都是用低价的策略与很多跨国企业进行竞争。这种比较优势，使得中国企业在以往的时间里可以真正面向市场。

但是，如果仅仅以成本而言，随着跨国公司在中国建立生产基地和应用全球化采购策略，我们所说的低成本优势就荡然无存了。有一家跨国企业的领导人来中国的时候曾经说，"中国成本就是我的成本"。如果这是一个基本成立的概念，那么中国企业就已经不具备成本的竞争优势。因此，成本并不是产品的关键，产品的关键是对于顾客价值的体现。

沃尔玛"顾客永远是对的"的经营原则，使得这个公司做出了一系列的创新来实现这个经营原则。沃尔玛引领了整个百货业的改造。无论是开架销售、24小时经营、连锁经营、仓储式销售，还是会员店、全球定位系统的推出，都使顾客获得了质优价廉的商品。此举也带动了全球百货业的兴旺与发达。真正影响企业持续成功的重心不是公司的策略目标，也不是发展策略的流程，而是专注、集中、聚焦于为顾客创造价值的能力，这个能力最直接的体现就是企业的产品。

但是，在企业的现实工作中，为顺应来自各部门的需求，资源常常被分散，而忽视了集中为顾客创造价值这个基本要素上。我们必须再次提醒企业，集中精力于为顾客创造价值是企业成功的关键之关键。企业应该专心致志于不断提升为顾客创造价值的能力，要根据顾客的价值需要来制定发展策略，让顾客价值成为企业产品的起点、企业服务附加价值的起点和企业策略的内在标准、企业行为的准则。

四、产品是企业理念的诠释

松下幸之助在刚刚创业的时候，有一个"理发师"的故事。有一次松下幸之助到理发店理发，当理发师知道这位年轻人正在创办一个全新的企业时，理发师就建议年轻人一定要到东京最好的理发店找最好的理发师理发。这位理发师告诉年轻人：您的形象就是企业的形象，所以您一定要以最好的形象展示自己。

松下幸之助接受了理发师的忠告，知道产品一定要做到最好，因为产品正是企业的形象，所以松下电器总是以产品的最佳状态上市，这使得松下电器虽然在技术上没有索尼那么前沿，但是却一直保持有利的市场地位。本田的成功也是这样。本田公司的理念是：更为年轻，物美价廉。基于这样的理念，本田的产品一直保有时尚的设计、动感的外形。年轻时尚，同时保持质量的标准，并以成本优势确定市场价格是本田产品的特点。因其为顾客提供真正物美价廉的产品，它在美国摩托车市场占据了领先的位置。

还有一个例子就是麦当劳。秉承为小朋友提供快乐的理念，麦当劳的产品十分关注质量和恒定的品质，关注产品的时间效应，关注赋予小朋友附加值的礼物，所以看到麦当劳金黄色的拱门，小朋友们就会快乐和微笑。在技术同质化的今天，产品需要更多地体现企业的理念，也更需要具有企业领袖的价值取向。

我一直很喜欢农夫山泉，因为这个产品有着领导者的对一切负责的价值观。我也很喜欢香港的星光集团，这个印刷企业的领导者坚持"八不印"。看星光的产品你一定可以感受到企业领导人的社会责任感。从产品上体现出来的企业理念，你可以区分不同品牌的产品。同样是家电产品，人们会接受海尔，因为其意味着良好的服务；同样是汽车，一些人会选择奔驰，因为奔驰意味着成功的商业人士，而另外一些人会选择宝马，因为宝马意味着成功与年轻。每一个区分正是源于产品对于企业理念的诠释。

五、欣赏同行的产品才是创新的来源

三星对同行产品的态度是鼓励公司同仁使用其他品牌的电器以取他人之长。保持和时代同步，吸取同行的优点也是三星人开发、改善产品的优势之一。相反，我国的很多企业却是明确规定公司员工一定要用自己的产品，与三星相比，我们还是差了一大截。

学习同行的产品，无疑是对自己的产品提出了更高的要求。没有对别人的理解，就不可能真正理解自己。这句话放在产品上也同样成立。只有充分理解同行的产品，才能够充分理解自己的产品，而这种欣赏同行的学习能力，也是创新的来源之一。反过来，如果仅仅是局限在自己的产品上，则不但不能够了解产品本身,更失去了创新的来源,也使得企业的员工远离了市场和顾客。所以我并不提倡企业员工一定要使用自己企业的产品,相反我也很赞同李健熙的观点和做法,鼓励企业员工使用同行的产品,在使用的过程中体会同行产品与自己产品的差异,以寻求新的突破。

产品是一个需要持续关注并付诸行动的东西,同时更是联结企业与顾客的平台,只有持续地关注产品的企业才是能获取顾客的心的企业。也正是与顾客交心,企业才能够保持持续领先的地位。一个能够体现顾客价值的产品一定能带领企业走上领先之路。

(原载:春暖花开公众号,2017年9月11日)

一条少有人走的路，但很多成长型企业在走

刚刚创业的公司很有朝气，对市场以及内部管理均有很好的把握，但是却不能长寿；有高素质的人才、巨大的市场、合理的选择、有创意的领导人以及资金的支撑，可是结果却不能令人满意……20多年来，我试图理解为什么有的企业组织不能运作得更好。

我曾经从组织的战略角度看问题，也从行为学的角度研究和探讨，然而都无法找到问题的实质。我开始意识到这些问题至少有一部分是由于文化或者对文化和工作场所的关联性缺乏认识所造成的。通过对一些成功公司的深入了解，我发现了一条路——企业文化塑造。其他人也许视其为可有可无或太过艰难的一条路，或许不能完全解决组织的运作问题，但是，它给组织带来了一种可行的方法，可以了解到我们能够做到什么程度，能够创造出什么样的公司组织。

真正令人高兴的是，中国越来越多的企业关注企业文化建设。华为公司塑造全新企业文化的"华为基本法"，腾讯"通过互联网提升人类生活品质"的文化，联想集团的"发动机文化"，海尔集团的"海的文化"以及人人是"创客"的组织文化，TCL集团提出"鹰的重生"等，这一切对中国企业文化的发展，起到了一个又一个标杆的作用。

为此，我们感到企业有必要进行一场实实在在的文化变革，以使企业更有竞争力。

一、文化已经把企业和消费者团团包围

我们在与企业打交道时，这些企业文化最明显、最不同寻常的性质会引起我

们的极大兴趣：苹果集团以及其他高新科技公司异于传统的经营方式，IBM公司经销商们的传统服装，华为公司人员专业化的经营方式，海尔维修人员整齐的穿着和严谨的作风，本田公司、松下公司员工们对公司和企业产品的热诚，麦当劳销售人员的青春活力，宝洁的员工们对公司和企业产品的自豪，各具特色。我们身居其中，更可以感受到企业文化那实实在在的力量。

企业文化的发展与美国企业创新发展近乎同步进行。在20世纪80年代，美国在经济高速发展之后，遭遇到了日本企业的强烈冲击，日本企业以其良好的管理、优质的产品和团队精神，对美国企业构成了强大的威胁。美国根据自身企业经营管理的需要，吸收了日本企业的成功管理经验，创立了企业文化这门关于管理科学的新学科。

以前，我们由于商品的稀缺而往往只关注产品的数量，后来我们认识到商品的质量是我们最关注的内容。但是，今天我们却会在同样质量的情况下选择更有文化含量的产品，我们关注商品的品牌，我们关注商品的生产者，今天的商家不仅仅是在向我们提供它们的商品，更重要的是，它们在传播自己的企业文化。

企业文化的实质也从过去管理上只重视物、不重视人，转而重视人、重视员工的意识和需求，重视员工的价值。当你留意四周的人与事，你不难分辨出不同行为的文化痕迹。同样，不同的企业也有着不同的文化。比如，当你进入不同的企业，你就能"感觉到"企业所处的氛围，人们是如何彼此打招呼的，或他们是如何看你的，假如他们这样做的话。当我第一次踏进华为深圳总部的大厅时，就可以感受到这家企业的规范和严谨，员工冷静而有礼，让每个到华为的人都会在行为上自觉地遵守它们的规定，这大概是华为企业文化的影响力。

文化影响到我们每个人的生活。《美语传统词典》中对"文化"一词的注解是"艺术、观点、风格、惯例以及所有其他在特定时期由一个民族和人群通过劳动和思维创造的产物。"这是一个非常宽泛的概念，使我们感受到文化包含着一切。

二、文化为何被忽略

我们经常由于一些原因而忽略了文化。

第一，我们往往不会考虑文化，不管它们是个人文化还是组织文化，这是由于文化已经如此深地扎根其中。我们的信念形式、价值形式和行为方式已经变得极其内在，以致文化过程也变得自动机械，令我们毫无察觉。

第二，文化的组成部分难以捉摸。假定我们要求人们对其文化背景或企业文化进行描述，即便是让那些来自相同文化氛围的人来描述，你获得的回答也会相去甚远。因为人们会选择不同的方面，而在他们各自看来，这是一些重要的方面。

第三，往往只有在我们所习惯的事物发生变化时，在我们遇到了不同于我们所习惯的事物时，我们才会深刻意识到文化的存在。事实上，我们期望其他人也有与我们相似的风俗习惯与文化意识，而在他们不具备这些东西时，我们会感到惊讶与恼怒。例如，新希望与六和两家农牧业最大的企业重组时，新希望认为理所当然的事情，在六和人看来也许是不可思议的。

第四，鉴于人类学的根源，大多数人把文化认作一个特定不变的东西。人们往往把企业文化同样接受为一成不变的东西。这一切的结果便是文化一直遭到忽视。

在中国企业中，文化被忽略的关键原因是企业文化被严重地误解为政治上的解析，或者企业职工的部分文化生活被用于代替真正的具有重要意义的企业文化。在中国企业文化研究界，做理论研究的人们更加关注的是企业文化与社会相互影响的关系，但是对操作层的企业文化的忽略，给企业管理者带来了不可估量的障碍。

一切的结果便是文化一直受到忽视，不管我们是在与他人进行私人交往，是在将科学技术转移至同一公司的另一部门或转移至国外，是在形成互联企业，是在兼并公司，还是在实行重大的企业改革。由于文化被忽略，会产生许多的笑话，一个例子就是美国的几个公司曾经认为日本人会依据它们的习惯将方向盘调整到左侧，或者认为日本人会改用大容量的电冰箱。

三、揭开文化的三个层次

然而，我们都承认，文化根植于我们的内心，不管我们如何忽略它。那么，怎样可以了解文化呢？借用沙因（Edgar H. Schein）的观点，文化可以分为3个层次，这些层次的范围从一个人可以看见的具有实物形象的外显物，到只能感觉的、在内心深处的、属于潜意识的基本假定。

（一）人为饰物

在文化的层次中顶层的是人为饰物，包括我们刚进入一个新群体，面对一个不熟悉的文化时，所看见、听见与感受到的一切现象。人为饰物指在组织中可见的成品。例如，物理环境的建造，所使用的语言，技术与产品，人文方面的创造，服装表现的格调，谈吐表达的态度，情绪的表达，有关组织的神话和故事，组织价值观的标语，可观察到的仪式和典礼，等等。这个层次包括了该群体中可见的行为，以及该行为成为习惯性动作的组织发展经历。

（二）外显价值观

所有团队的活动终究是个人价值观的反映，这是个人对于"应该是怎样"的感觉，不同于"是怎样"的事实。

往往在一个团队新建立的时候或是在面对新的任务、课题或问题时，第一个提出来的解决方案反映的是某些人的假定——他们个人用以决定是非对错，以及有用无用的假定。这些响当当的人物，可以影响团队采用特定的方式来解决问题，他们可能是后来的"领导者"，或是一个团队的创立人，但是这个团队作为一个团队却还未有共同、共享的部分，因为在对此新问题的反应上，它所采取的行动还未得到成员之普遍认同。因此，对于群体的观点而言，无论提案人是多么相信他所表露的意见是真的，其所提出的方案都只是价值观的层次，除非该群体已采取某些联合行动，并且成员们一起看到该行动的成果，不然就没有可用以决定对错的基础存在。

举例来说，在一个年轻的企业组织中，若销售量开始滑落，经理可能会说："我们必须加强广告。"因为他相信广告可以促销。该群体以前并未碰到过这样的情况，它将会把该主张视为那位经理的价值观陈述，他相信遇到麻烦的时候，增加广告是"好"的事情。因此，领导者的最初提案必须经过怀疑、论辩、挑战与测试之后，才可能具有某种资格、地位。

如果这个经理说服该群体采用他的意见，并且真的能解决问题，而群体也都对该成功存在同样的知觉，则所知觉到的价值观——广告是好的，就逐渐开始"认知转化"的历程。起初，它将转化为共享的价值观或信念，并且终于变成共享的假定（如果类似的行动能持续成功地解决问题）。若发生这样的转化历程——它只发生于所提之解决方案能够一直保持有效的情况下，则表示最初的提案被视为"正确的感觉"增大了，并且必定反映了对真实的一种精确意象——群体成员们在此时将忘记他们原先对此解决之道的疑虑，以及该行动提案在先前可能受到的抨击和抗争。

并不是所有的价值观都会经历这样的转化过程。

第一个原因是，基于某特定价值观产生的解决之道，可能缺少屡试不爽的有效性。而价值观之所以能转化为基本假定的前提是它必须具备物理性或社会性的效度，并且必须持续地发生作用以解决群体的问题。

第二个原因是，有些价值观处理的范畴是环境中比较不能控制的部分，或是关乎美丑、道德等事物的评断，因此可能根本就无法测试这些价值观是否有效。在这种情形下，还是可以由社会性的认定有效，达到价值观的一致性，但这样的认定并非自动自发地产生。

社会性的认定有效（社会效度），是指某些价值观得到的确认，只存在于一个群体共享的社会经验中。这样的价值观包含该群体的内部关系，而测试此类价值观有无作用，是由成员们在依从了这些价值观之后，觉得舒适自在或是焦虑不安的程度而定。社会效度亦应用于那些涵盖范围较广的价值观，包括与环境的关系，或是无法进行测试的部分，诸如宗教信仰、伦理道德和审美观的部分。

（三）基本假定

当某种解决问题的方式可以持续有效地解决问题时，则该解决之道就被视为理所当然。它在起初只是被推论或价值观所支持着，后来则逐渐成为不容置疑的真理，而人们在不知不觉中也认为这是解决问题的最理想的道路。如果某个群体认同了基本假定，那么成员的行为就不可能为其他的问题所左右。

基本假定就像"实用的理论"是不容人们对抗亦无须辩论的，因此极难改变。若想在其中造就新事物的学习，则需要唤醒、重新审视什么是改变某部分根深蒂固的认知结构，这个历程被阿吉里斯等人称为"双回路学习"或打破结构。这样的学习自然是困难的，因为基本假设的再审视会使人们的认知和人际关系暂时丧失稳定性，而产生很大的焦虑。

除了需忍受很大的焦虑外，特别是我们对周围事物的知觉，总希望有符合我们个人之假定的倾向，即使那代表了扭曲、否认、投射，或是某种对自身所发生事情的错觉。在这样的心理历程中，文化有其终极的力量：文化就是一组基本假定，用以界定什么是我们要注意的，什么是事情的真谛，对正在发生之事该有怎样的情绪反应，以及在各种不同的情境中，应该采取怎样的行动。一旦发展出一组这样整合性的假定——可以称为思想的世界或心智地图，我们与持有相同一组假定的人相处，有最大的舒适感；反之，在不同假定同时运作的情境中，我们会觉得非常不舒服和容易受伤，因为我们不了解是怎么了，或者更糟的是对彼此的行为有错误的知觉和解释。

　　人类心灵有认知稳定性的需求。因此，对基本假定的任何挑战或是疑问都会释放出焦虑和防卫。以此观之，构成一个群体文化之基本假定在个人和群体的层次上，都可视为是心理和认知的防卫机制，目的在于使群体得以持续其功能。在思及改变一个群体文化时，对此个人与群体的联结性之体察是重要的，因为它绝不会比改变100个个体之防卫机制来得容易。两者的关键都在于此层次的新学习所伴随释放的大量焦虑。

四、什么是企业文化？

　　文化的概念有其长远、多样的历史。当我们说某人颇具"文化"气息时，它就是俗世上一般人所谓的人文素养；它亦被人类学者用以指称在历史轨迹上，各个社会发展出来的仪式、典礼；到了最近十年，它被一些组织研究者及管理者用以指称组织气氛以及组织管理时所发展出来的实际运作，或是指组织所显现的价值观和信条。

　　管理者会提及要发展一种"正确的文化"或"崇高的文化品质"。循此脉络可知，企业文化与管理者所谆谆传达的特定价值观有很大的关联性。这样的说法暗示着，有较佳或较差的文化、较强或较弱的文化，以及文化的"正确性"会影响组织效率等假定的存在。若有一种新的、抽象的概念有助于我们的思考，它应该是指一组深奥或者不易被了解的事物。由此观点，我们认为应避免文化的浅层表现模式，并建立深入、复杂的民族志模式。因为若能帮助我们对组织生活中隐藏和复杂的部分有较佳的了解，它就是一个最有用的概念，但以肤浅的定义无法达到这样的了解。

　　然而我们却不断发觉，要了解和判断组织生活中的观察和经验，竟有着令人惊讶的困难度。有太多的事情似乎是官僚的，或是政策性的，或仅是单纯不理性的。拥有权威职位的人，特别是我们的直属上司，经常给我们挫折，或是有不当的作为，这都会使我们经常对组织的领导者感到失望。

　　如果我们是急于改变下属行为的管理者，则我们经常会遭遇到人们对改变有着不合理性的抗拒；我们也观察到各部门热衷于彼此之间的抗争更甚于把工作完成；我们看到不同群体成员间有沟通的障碍与误解，而这些不应该发生在有理性的人们之间。

如果我们是急于使组织在面对严重的环境压力时能变得更有效率的领导者，我们有时会感到讶异，组织中个人和群体持续地表现出缺乏效率的做事方式，其程度已威胁到组织的生存；当我们尝试要做好的事情牵涉到不同群体时，则经常发现他们彼此之间是不沟通的，并且有着高度的群体冲突。

如果我们是老师，则有时会碰到谜样的现象——我们使用的教材与上课方式可能没有什么不一样，各班级间却有着截然不同的表现。

如果我们是正在考虑一个新工作的雇员，我们会发现即使是属于同一行业类别与同一地区的公司，不同的公司就是有不同的诉求。甚至只是路过不同的公司行号，例如，餐馆、小商店的门口，我们也可以感受到类似的差异性。

文化的概念帮助解释上述的所有现象，使这些现象得以"正常化"。若我们了解文化动力学，则在面对组织里人们所表现出不寻常和似乎是不理性的行为时，就可能不会觉得困惑、被激怒和焦虑，然后可以对其有较深层的理解，不仅仅是对于组织或群体之间为何具有差异的理解，亦是对于为何改变是如此困难的理解。

群体和组织的文化课题需要更深入地被了解，以解读群体和组织事物的进行，而更重要的是辨别出何为领导者与领导的优先课题。文化有部分源于领导者的创造，而领导最具决定性的功能之一便是文化的创造、管理以及有时候甚至是文化的摧毁。

领导者只是文化的执行者罢了。相反地，如下文将提到的，群体或组织中最稳固、不柔顺的成分就是文化。文化是复杂的群体学习历程的结果，不断受到领导者行为的影响，但若文化中有某些丧失适应力的成分威胁到群体的生存时，最终还是领导功能可以对这样的情境有所辨认，并且采取一些行动。这就是领导与文化在概念上纠缠的意义。

今天越来越多的企业文化研究的专家们认同：企业文化指的不是战略、组织、制度等，而是成员信仰的价值及行为模式。麦肯锡前副总裁直截了当地说"企业文化就是企业做事的方式"。

"文化"的含义可以说是人类自然活动所产生的精神上的成果。企业文化与个人的态度很相似。态度实质上是由个人的信念、情感好恶、行为倾向三种要素构成的,所以企业文化也可以说是团队的态度、多数人共同的态度。

(一)企业文化的内容

既定的战略、产品、设备、组织构造、人事制度等肉眼可见的事物虽然会限制企业文化,却不是企业文化本身;企业透过广告、产品在外部产生的生存方式,也不能称之为企业文化;企业赞助的文化活动、体育比赛也只能称为企业赞助的文化活动而不能称为企业文化。

真正的企业文化应该是指企业员工的价值观目标、目标接受的方式、情报收集的方法、构想产生的方式、对冒险的想法等,这才是企业文化的要素。

如前所述,企业文化同样也由3个层次组成,企业文化很难全面地分辨出来,因为它属于组织的软环境。

(二)企业文化的构成

日常文化是企业文化的实体,受到指导理念的极大影响,经营者努力的方向,就是拉近上下级之间的距离,建立互信关系。企业文化的构成要素如下。

(1)成员的价值观:重点在倡导活力,还是在保守求稳?这项要素常会以下列词语加以表现:挑战精神、进取心、速战速决等,是具有活力的企业文化价值观;谨慎、固执、保守、小团体、马马虎虎、没气魄等,则是僵化的企业文化价值观。此外是信息收集、构想产生、评价、协助、实行等政策决定与实行的过程。

(2)内部信息流通:集团中要有共通的模式。信息收集与内部的沟通模式会因企业不同而有所差异。首先,是充分收集信息加以分析,还是以主观来决定?其次,信息收集是由外部收集而来——亦即顾客导向的信息收集,还是内部导向、生产导向?换句话说,取向不同,决定了企业文化有各自的特性。接下来的问题是,内部的沟通是否良好?顺畅的企业文化,上下左右的沟通良好,而僵化的企业文化,沟通量很有限。

(3)创造力:这是一项重要的因素。某些企业从业人员平常就会不断地产生新的构想——即使在流程活动以外,有些组织却不然。再者,新的构想若是与上司不同、与同事的意见对立时,通常不太容易被提出来,不过,能否爽快地提出构想,也会依企业的风气不同而有差别。有活力的企业可用自由旷达、立即反应(quick response)、脑力激荡等表现;僵化的企业则可说成生产导向(不考虑顾客需求）、重视规则、强制规范等。

（4）信任与忠诚：有活力的企业文化会"相互信赖"，对上司也不太会用过于尊敬的谀辞，上下级的距离很短；相对地，僵化的企业文化则不仅上司与下属间没有信任，同事间也缺乏信任，固守本位主义。企业中特立独行的人很多，这种企业文化会如何？创造性的组织通常都能容许这些人存在。如果强制这些人采取相同的行为，反而会使其失去活力。当然，个人的满意度也会降低。

五、谁造就了文化？

对于造就企业文化这个话题，答案是显而易见的，那就是企业的最高领导者造就了企业文化。依照企业的组织结构，可能是总裁、董事长、总经理或董事会。较大的企业次级单位中的最高领导者造就了亚文化，可能是一个或几个管理者：分公司经理、总管、副总经理、部门经理或管理委员会。

企业文化，基本上可追本溯源至三处：组织创办人的信念、价值观与假定；随着组织演进而加入团体的成员的学习经验；新成员与新领导者所带入的新信念、新价值观与新假定。

在这三类文化的创造来源中，来自于组织创办人的影响最大，创办人不仅决定了组织的基本使命，以及新团体的基本运作模式；他们也决定了团体的成员，以及团体在对外求取成功和对内做自我整合时所产生的偏好与初始反应。组织并非偶然、自发形成的，相反地，它们的形成是目标取向的，有一个特定的目的，且其之所以被创立是因为一个或一个以上的个人觉得，由一群人互相协调与合作一致之行动所能成就的事业，实非以一己之力所能达。

在新近兼并而成或接管后的企业中，通常是最高领导者造就了企业文化或保持原有的企业文化。由两家或更多企业共建的企业联合体或合作公司会要求所有体的最高领导者共同来造就一个总体文化。假如不这样做，它们就会保持各自的文化——可悲的是，如今的情形通常就是如此。

华为公司是中国企业中带给我们最大冲击的一家企业，它以势不可当的锐气，迈进了全球市场并成为行业第一的企业，开创中国企业领先全球的先河，成长势能、经营能力之强，令业界惊叹。然而，任正非先生却一直告诫华为人自问"下一个倒下的是不是华为"，这成为华为企业文化中核心的意识。任正非先生自己也是一个颇具危机意识的企业领袖。华为不断在组织结构及组织管理上做出改变，创造了全员持股计划、轮值CEO管理模式，以及华为大学的学习方式等，从每个员工的行为，到组织管理的范式，以及对新技术和新市场机会的投入，让华为一直保持清醒及前行的状态。正如华为人所说的那样："华为没有成功，只有成长。"

（原载：春暖花开公众号，2017年10月4日）

成为价值型企业

非常感谢《中国经营报》《商学院》给我的邀请以及给北大国发院的邀请。对于企业来讲,一直都有两个冲突的挑战:一个是你能不能盈利,一个是你除了盈利之外还应该做什么。今天峰会的主题是"无价值,不商业",我想就价值型企业的研究给大家做一个介绍。

一、30年中国企业撬动世界的4个杠杆

我早在2008年就讨论这个话题,当时做这个研究的时候,是因为我们经历过30年非常高速的成长,但是经历了30年高速成长之后,中国企业下一个机会在哪里?这是我给自己提出的研究话题。我提出这个研究话题后,就不断地去研究它,我们中国企业过去30年做了什么事情?我认为在过去的30年当中,中国企业其实是做到了一件事情:我们真的因为中国的进步,我们企业得到了自己的机会。

我们看到2016年中国成为推动世界经济增长的最强引擎,这已经是所有人必须接受的事实。这样的一个事实,其实就给了我们一个特别大的机会。这个机会就是我们在过去的30年当中,使得我们在世界经济发展当中取得巨大进步一个重要原因是我们诞生了一群新人,这群新人是德鲁克定义的,叫"企业家"。

德鲁克当时介绍美国的经济为什么可以有一个很长的周期,跟所有经济学家预测的经济周期都不一样,最核心的原因是因为美国当时不是市场经济,也不是我们讲的管理经济,而是因为它出现了一群人,这群人称之为"企业家"。其实我们中国也诞生了这样一群新人,我也称之为中国新人群——"企业家"。当我们有了这群人之后,我们再来看看为什么这30年中国可以撬动世界,我们发现其

实我们做了4件事情。

第一件事情就是我们用学习换到了机遇。我相信今天我们评出的最具价值企业，它们一定都有这个特点，就是它们的学习力非常强。

然后它有一个很大的能力，这个能力就是跟全球企业去做竞争的时候，我们确实拥有了一个我们称之为成本能力，那么这个能力就使得我们在市场上具有了机会。

第三，通过创新换取了我们在全世界的认同。

第四，用速度换资本。最重要的是我们用了速度，我们用30年的时间走完了别人可能要100年才能走完的路。我在农业企业当总裁的时候，有一次全球最大的农牧企业过来跟我做交流，他问我为什么中国的企业30年就可以和他们120年的企业在全世界排在并列？我就跟他讲了一个我真实的观点：我们不是用了30年，我们其实也用了100年，因为我们所有人的工作时间都超过了16个小时。这个我们内心一定要非常清楚，我们的速度其实是来源于我们的努力和我们的付出。

这4个观点就使得我们在过去的30年的确撬动了这个世界，但是我们今天只有这4个还不够，所以我就跟大家说，我们可能需要成为一个价值型的企业。那么价值型的企业它应该长什么样子？我为什么会提出来这个价值型企业模型？因为我认为企业的持续发展一定要基于两个最主要的驱动力量：

一个驱动力量就是你要顺应环境，你要跟环境保持一致的。就像今天你要不要做互联网，你要不要拥有智能技术，你要不要用数字驱动，你要不要具有学习力，我相信这个都不需要去犹豫，因为这是一个环境的基本趋势。

第二个就是你内在的驱动力够不够，也就是企业自己追求的动力到底够不够？

二、价值型企业模型：战略、执行、文化

正是因为这两个原因，我就把价值型企业模型提出来，那么这个模型的提出其实是企业必须整体运行的三个最主要的部分：战略、执行、文化。

刚才金社长的话题是需要我们认真去讨论的，因为那就是你底层的逻辑。你的基本假设到底是什么？这样的一个价值型的企业，它具备的最重要的能力，其实是一种我称之为核心能力的东西。它有4个最重要的特征：

第一个就是你的价值观，我称之为这是一个既抽象又具体的核心差距。也就

是说我们一个企业跟另外一个企业的差距，我坚持认为不是技术、不是资金、不是市场，它最终的核心的差距其实是你的企业价值观，你自己的精神追求。第二个就是你对未来整体的洞察力，我称之为战略洞察力。第三个就是你能不能真正让你的目标跟你的资源能够很好地不偏离，我称之为计划控制力。最后一个就是你的组织跟你的创新能力能不能与时俱进与环境互动。我相信你的企业具备这4个能力，就可称之为价值型企业。

价值战略：战略思维不是解决企业当前问题，而是解决企业目标所带来的选择问题。

下面我就给大家稍微展开一下，我也希望听到更多的我们评选出来的价值型企业跟大家分享他们的经验。

我们先从战略去看。对于价值型的战略来讲，它最大的特征是什么？就是它能不能支撑你走得更远。如果他可以去支撑你走得更远，那么我们就需要你去做3件事情。我们来看中国的企业和世界上真正的跨国企业之间最大的区别是什么？就是我们常常用管理思维代替了战略思维。也就是说我们会比较在意怎么把问题解决了，把事情解决了，但是我们没有在意未来的变化在哪里。那如果你不能在意这件事情，我就认为你有可能在战略上没有做储备，反而你在管理上花的功夫太多。

所以这就是我一直坚持说如果你想做一个价值型企业，那你第一件事情就是先讨论你能不能够真正地去做战略。如果我们真正要去做战略的时候，我们一定要关注的就是你选择不做什么，而不是你选择做什么。然后你真正要关注的就是：你要建立一个共享的价值链或者共享的价值网，那你才可以解决你能不能够真正基于未来去做思考的问题。如果是从这个角度去讲，我就直接告诉你说这个价值型企业的战略和最核心的要素是什么？其实它是有3个最重要的核心要素。

我们在整个价值型的战略当中，我需要大家关注的第一个概念，其实就是我们可不可以真正地做到价值驱动。我们在谈价值驱动的时候，其实我们就是在谈我们这个企业对于顾客价值的理解到底是什么？我们能不能够真正地去理解我们所关注到的你跟顾客价值之间的关系。我今天看到非常多的企业，其实比较在意规模，但是其实你并没有在意到我们真正对于价值的理解。我们一定是要通过我们真正的价值的驱动来看我们是不是可以真正地驱动我们整个企业成长。如果我们可以真正驱动企业成长的概念的时候，我们其实就可以做得到。

价值战略当中的第二点，就是你能不能把边界打开。我们今天这个词谈得比较时髦,叫打开边界,其实我在2008年提这一点的时候,很多人还没有特别的理解,其实任何一个企业都有两个边界:一个叫作组织边界,一个叫作生产边界。组织边界其实就是你能够跟多少人合作,生产边界就是你能不能整合整个供应链和价值链。如果你这两点都能够打开,我相信你实际上就有了非常强的这种能力,就是我们称之为强强组合的力量。

价值战略当中的第三点,就是我们可不可以跟顾客之间有一个连接点,那么这个连接点我把它称之为终端。也就是说你要跟顾客有个关联,比如说我们看《商学院》《中国经营报》,我觉得它其实是借助于传媒,但是它也给了我们非常多可以互相互动连接的空间,包括我们这一次的论坛,包括我们这一次的评选,所以这实际上就是你要真正做的事情。如果你所有的东西不能被顾客摸得到,我们称之为触摸到的话,其实你没有任何的意义,我把它称之为终端具有决定的作用。

以上我称之为价值型战略。

三、价值实现的三个集中

战略执行上我们要做的事情,我把它称之为价值实现。我们最应该关注的是什么?

就是我们三个最重要的集中,叫作集中市场占有率、集中资源、集中管理效能。

为什么一定要集中这三样东西,就是我们执行当中最重要的三件事情?很多人把企业管理的执行做得非常复杂,我今天可以讲得很简单,就是你做这三样东西。

(一)集中市场占有率

我们先看第一个,叫集中市场占有率。那么在集中市场占有率当中,我其实就强调两个最重要的东西,第一个东西就是你一定要有区域的市场。很多企业说我要不要去做全球化和国际化。我给他的意见很简单,就是你得先在本土领先。连中国这个市场都做不好,我认为你很难去在全世界把它做好,这就是为什么很多之前做外贸的企业,很难把它做得持续、做得更好的原因,就是在某一个区域市场我们没有立足,所以我就希望你能国际化,更希望你在某一个区域市场要能够成功,所以这是第一个概念。

我们看第二个概念,我们除了这个区域市场领先、本土市场领先之外,其实我们还需要一个更重要的东西,就是你怎么真正理解领先这个词?是不是就是规模?规模绝对不是领先的要素。为什么规模绝对不是一个领先的要素,是因为规模有一个最可惜的地方,就是规模跟顾客没有关系。你不能说你年营收入一千个亿,然后顾客就会觉得你好。不会!顾客只是关心你给他的那个产品价值是什么,你给他的服务。所以说规模没办法让你领先。真正让你领先的是什么?我告诉各位,真正让你领先的其实就是我们能不能够聚焦顾客,这才真正可以让你领先。

那么我们作为企业经营的永恒的价值来讲,其实就是你要为顾客创造价值。而这个定义其实也是德鲁克给企业下的定义,他说企业只有一个定义,就是创造顾客。所以我们讲,为什么一定要集中市场占有率。

(二)集中资源

战略执行当中的第二件事情,就是我们一定要集中资源,其实就是希望大家要融合一些新的要素。那么这些新的要素是什么?

大家记住,因为整个市场的逻辑其实是变的。我们在市场逻辑当中,我希望大家看到它的真正的改变是什么?你整个管理的定义已经是由全球战略全球市场来定义,然后你的文化和习惯也必须得调整,更重要的就是我们组织要有一些动态的调整,如果你没有这个动态的调整,其实你是没有办法知道我们今天看到的所有变化。

那这个核心是什么?其实核心是源于技术的改变,特别是互联网和智能技术的改变,所以我们希望你聚焦资源当中做四件事情。

第一件事情就是要求你一定要聚焦创新,也就是说你必须知道整个竞争性质改变之后,你必须真正地聚焦创新。如果你不聚焦创新,你没有创新的资源的时候,我相信你一定做不到,所以这是第一个资源。

第二个资源就是要求你要对资本有一个能力,你一定要跟资本去做一个组合。这在之前其实是不太需要的,比如说10年前,20年前,很多企业跟我讲,说我自有资金,我赚钱我就可以了,那时候我也鼓励那样,可是今天我们不能这样,因为有一个力量在驱动,这个力量叫作资本。

我们再看第三个要素,称之为品牌。品牌在今天其实是你的资源要素,你没有品牌的力量,其实你是没有办法跟顾客去做连接的。因为有两个变化:顾客不足、顾客能力变高。

第四个要素就是公众沟通。我觉得在今天的互联网时代，大家要懂两件事情：今天的事实是可以被制造出来的，而你所有的形象其实是被评价出来的。这两件事情就决定了我们对于公众沟通必须要有明确的认识。如果你没有能力去做公众沟通，就等于你在集中资源当中缺少一个最重要的资源，所以这是我请各位了解的。

在战略执行当中的第二件事情叫集中资源，我提了四样东西，从创新到资本，然后到品牌，最后到公众沟通。

（三）集中管理效能

战略执行当中第三件事，就是要集中管理效能，你的整个管理要重新塑造。这是我特别建议大家重新回到学校读书的原因。我顺便做个广告，大家可以到北大国发院来读书。为什么，其实我们在管理上一定是要重新塑造。原因在于我们整个管理的定义会改变，被重新定义，就像google出的书《重新定义公司》《重新定义团队》《重新定义人力资源》。你所有东西会被重新定义，重新定义的原因就是你的逻辑会变。刚才金社长提出来的，你的工具理性和你的价值之间的关系，你要怎么思考就等于你底层的逻辑是要变，这些东西变的时候，其实你整个定义是要变的，所有这一切都要变。

那我们就来看看这四样东西到底怎么变？

首先改变的就是你的管理内涵。整个管理内涵其实是要改变，这个管理的内涵就变成我们计划、组织、领导、控制要改为知识管理和变革管理。也就是说，今天所有的企业都必须要做一个改变，就是你要做知识管理和变革管理，你不能只做计划、组织、领导、控制，如果你只做计划、组织、领导、控制，你在管理上是已经出问题了。管理变革和管理知识是在管理内涵改变过程中最重要的两个改变。第三个改变就是我们一定要认真地去重建领导力的事。我们需要会做三件事：会授权、会激励、会做培训。第四个改变我们要解决的是什么？就是我们能不能够真正做组织变革。这是我自己这么多年来努力在研究的一件事情，包括我写《激活个体》《激活组织》都是因为我们要解决一个问题，就是能不能够广泛地建立合作关系，能否建立陌生人的信任关系，这是非常关键的。

四、价值持续的内涵:"和"文化

我们在做这些东西的时候,其实我们就可以找到一个很重要的部分,就是你的集中市场份额、集中资源、集中管理效能的执行后,最终要有一个文化支撑。如果你没有这个文化的支撑,其实你就没有办法去支撑整个所有的改变。在文化支撑层面,我们要注意两件事情。

第一件事情,就是我们是不是真的理解全球化。我们如果真的理解全球化,其实最需要改变的是你的思维方式,你怎么样真正地去了解你的思维方式,也就说你是不是真的具有全球思维,比如说系统性、创造性、打破边界和价值追求,这就是运营企业最重要的思维方式,而不是简单地讲规模、逻辑、成本和质量。你的思维方式完全要改变,你一定要从这个角度去做思考,你才可能做得好,那么我们从文化理念和习惯上要做什么改变呢?

第二件事情,就是理念和习惯。我相信这个我们比较容易做,就是我们一定要融合。我今天跟所有人讲过的一句话,你不要去讲你的对手是谁,如果你说这句话我会非常紧张,你一定要说你跟谁合作,那我就会很放心了。就像我今天一定要跟《商学院》合作,我一定要跟《中国经营报》合作,我一定要跟各位企业家合作,我相信北大国发院未来会更好。我绝对不会说你的对手是谁,所以融合的概念其实变得更重要,然后你的努力、你的顺势的要求变得非常的重要。

五、结束语

假如因为我们拥有了辉煌的过去而错失了未来,那才是真正令人可悲的事情。

我认为我们今天其实是在一个非常兴奋的时代,我之所以说他是一个兴奋的时代,是用了三句话来讲。

第一句话,我们今天是一个寻求个性化、自由和责任感组合的新混合体。这句话意味着什么,意味着有更多的新机会会诞生出来,这是从未有过的机会爆发的时代。

第二句话,我们普遍认为新的技术诞生让我们很紧张,我给你一句话,你不用紧张,这不意味着我们把所有的习惯抛掉,而是意味着你要学习更高的速度,更多的信息,传递更好的生产力,转移在新的生活方式和思维方式中,其实意味着你的生活方式和思维方式帮助你做全新的调整。

第三句话，我告诉各位，只要继续在推动，我们一切的不可能都会变得可能，所以这真的会让你非常兴奋。

我用另外一句话结束我今天的演讲，也是我给我自己不断提醒的一句话。我觉得我们今天很多企业会获奖，可是我真的想在最后给各位一句话："假如因为我们拥有了辉煌过去，而错失了未来，那才是真正令人可悲的事情。"

我预祝大家在下一个机会当中赢得主动，那就是你要成为价值型企业。谢谢各位！

（原载：春暖花开公众号，2017年9月16日）

文化营销的核心是实现顾客价值

曾经看到一个真实的故事。生长在上海的犹太裔女人,带着3个孩子到以色列,母子都融入犹太文化,自力更生赚取财富。母亲不再做中国传统的奉献型妈妈,孩子也不再做衣来伸手、饭来张口的孩子。她讲述3个孩子到学校销售春卷的方式。除了零售、批发,还有一个引起我注意的方式,原文照录如下:

老大的方式比较出人意料,他在学校举办了一个"带你走进中国"的讲座,由他主讲中国国内的见闻,讲座的噱头就在于可以免费品尝美味的中国春卷,但是需要买入场券,每人10雅戈洛,每个春卷都被他精心分割成了10份,他接待了200个听众,入场券收入2000雅戈洛,在上缴学校500雅戈洛的场地费用后,利润1500雅戈洛。

不得不说,这个孩子充分利用了自身的文化优势,感知到听众不被察觉的好奇心,挖掘了产品的最大价值并且进行了准确的销售定位。

一、顾客价值是现代价值链思考方式的起点

有两种价值链思考方式:传统价值链与现代价值链(图1,图2)。

春卷之于以色列学校的顾客而言,除了可食用还代表着来自中国的饮食文化特征。这个小案例中销售策略的成功,暗合现代价值链思考方式:从顾客价值出发,开辟自己特有的销售渠道,从而获取利润。对于一些品牌而言,正是需要形成这种思考方式,即从清晰的顾客定位出发,洞察其感性需求和情感表达的方式,由此出发去塑造品牌。

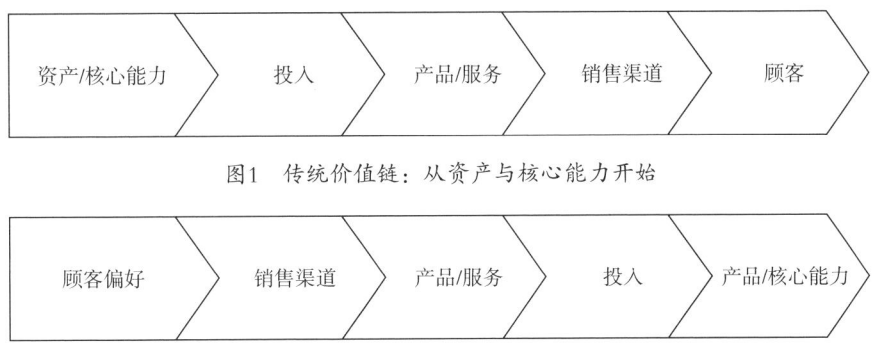

图1 传统价值链：从资产与核心能力开始

图2 现代价值链：从顾客开始

资料来源：斯莱沃斯基，等. 发现利润区[M]. 凌晓东，等译. 北京：中信出版社，2010.

大家知道在30多年的时间里，中国企业表现出来的短视、急功近利、拼杀价格的行为为数不少。这种价值取向曾在一个阶段里，让中国企业得到快速的发展，在中国本土市场上因为价格优势，成功地占领了市场。但是在海外市场，在中国市场上称雄的模式没有产生任何作用，究其原因是不同的思维方式导致了对于顾客和市场的认知的差异。如果中国企业还是借助于中国市场的思维方式，只是围绕着价格展开，而不是围绕着顾客价值展开，其结果不言而喻。

我们再以新加坡为例，说明现代价值链的运行方式。我曾连续在每一年的11月到新加坡国立大学讲学，2010年的新加坡成为当时全球增长最强劲的国家之一，给我很多不同的感受。新加坡曾经非常依赖于美国经济和全球经济的增长，但随后的转型增长和围绕着休闲产业、服务业所展开的产业调整和经济增长方式的调整，使得它摆脱了曾经的困境，可以借助于自己的力量来发展自己，在全球金融危机之后的动荡环境中，走出了一条自己的转型增长之路。新加坡转型成功背后的逻辑可以给大家提供非常好的借鉴，我曾经总结为思维空间决定成长空间。这的确是根本的原因，思维决定命运。随着研究的深入我更加发现，新加坡战略转型的成功更源于其顾客导向的思维与行动安排。

如何去寻找成长空间，是每个经营者都必须清晰的问题。在经历了20世纪90年代亚洲金融危机，2008年全球经济危机之后，新加坡开始选择转型增长的路径，当其思维方式转变了之后，成长的空间就被创造了出来。答案似乎是不言而喻的：应该在产业机会和市场机会的生长演变中去寻找成长空间。企业成长只能在其思维空间之内成长，新加坡确定了自己全新的增长方式之后，从移民政策、产业政策、投资政策、政府服务以及相应的一系列的配套政策和服务安排全面展开，从2010年之后，每一次到新加坡你都会看到变化，感受到服务，并为其繁荣和蓬勃向上的氛围所感动。

作为专注于创造利润的实用主义者，新加坡采用的恰恰是现代价值链的方式，善于借助一切服务和机会来创造并提升利润。以申请新加坡入境签证为例，新加坡完全从顾客的立场出发，动用了完善的信息系统，从提交申请到获得审批，往往只需要2个小时左右就可以得到结果。更有令人惊喜的是在入境处，你可以快捷地得到帮助并感受到那份欢迎和热情，甚至你身上没有新加坡币，坐出租车到酒店，可以直接和酒店结账而无须去找兑换外币的地方。从新加坡政府，到商业机构，再到每一个新加坡人，让你切切实实感受到作为顾客所受到的欢迎程度，这也是新加坡广受好评、逆市增长的根本原因之所在。

二、顾客价值是文化营销的源点

从现代价值链的起点出发去思考，企业可以选择的营销方式很多，我们具体探讨一下文化营销。我们知道，马云在云栖大会上唱几首歌，就引起媒体的追捧，根源就在于他的身份使得他的做法不是个人的任性而为，其传递的是阿里贴近顾客的企业价值，也切中了时代文化的律动点。世界是平的，很多界限被打破，包括文化的界限。据说已经风靡世界的王者荣耀游戏，就吸引许多外国人为了"打农药"而认真学中文、理解中国文化，在国内，这款游戏甚至一度引发官方媒体的热评。这些都是文化营销的相关案例，其中所蕴含的是把握与引领流行文化而实施的文化营销。

从许多成功的产品和品牌我们看到，当一种产品或一个品牌融入某种文化内涵时，产品的生命力和品牌的影响力就会像文化一样长远流传。在一个新技术浪潮蓬勃发展的时代，文化营销以其独特的渗透性、长远的影响力，在营销实践中发挥着巨大的作用。

那么，到底什么是文化营销？它又具有怎样的特征和价值呢？

三、产品借文化贴近生活，激发共鸣

产品设计者通过深刻地理解和把握消费者的心理需求，将其内心深处的情感、人生体验和感受，或是所追求、所向往的生活方式，通过生活化的产品或服务形态表现出来，同时赋予品牌特定的内涵和象征意义，在消费者内心中产生共鸣，引发消费者的信任，从而实现价值的创造与传递。

文化是人群为生存对环境做出的适应方式，文化定义本身就是告诉我们文化是生活方式的选择，由此可以知道文化营销所具有的特殊魅力的因由。文化营销的力量来自于消费人群对于社会文化中所包含的生活方式与价值观念的共性认同，通过与顾客在精神层面产生"共鸣"，激发出顾客对特定情境的认可或者记忆，从而获得消费群体对于企业品牌与核心产品的深度认同与持续消费。

四、品牌借文化契合社会引领消费

文化的重要功能是达成共识，引导并塑造行为。因此，具有强大品牌的企业，常常借助于文化营销，传递自己的核心价值观与社会的契合，从而获得消费者的认同，并在目标消费人群中形成一种归属感，通过反映、适应甚至引导消费文化来改变消费者的行为。

菲利普·科特勒在《营销革命3.0》中指出，科技不仅把世界上的国家和企业连接起来，推动它们走向全球化，而且还把消费者连接起来，推动它们实现社区化。在今天，消费者更愿意和其他消费者而不是和企业相关联。"我们的信任感并没有缺失，它只是从垂直关系转化成了水平关系。如今，消费者对彼此的信任要远远超过对企业的信任，社会化媒体（社交网站，如Facebook等）的兴起本身就反映了消费者信任从企业向其他消费者的转移。在这种水平化的信任体系中，消费者喜欢聚集在由自己人组成的圈子或社区内，共同创造属于自己的产品和消费体验，而企业必须学会利用这种消费者水平化网络中的协同创新能力来帮助营销。"

在这一方面，苹果公司运用产品和品牌文化强化顾客的群体意识和归属感的文化营销方式，为我们提供了良好的借鉴。苹果品牌通过各种方式不断地强化消费者崇拜苹果产品的文化体验，维系了消费人群与苹果品牌的联系，而且强化了它们对自己"苹民"身份的自豪感，巩固了忠诚消费群。苹果每次重大产品的发布会都会选择在具有浓厚艺术氛围的场所召开，从而营造一种高尚、圣洁的文化氛围，使参与者产生"朝圣"般的心理体验。发布日的精心设计就像阅兵仪式一样隆重。这种仪式性的文化营销手段产生了极大的成效，使得消费者更加相信苹果产品不是"寻常百姓"家的俗物,而是需要隆重迎接、顶礼膜拜的"神器"。2010年9月1日的苹果新品发布会首次进行了网络视频直播,但是用户不能从普通的电脑上观看,必须使用安装有雪豹操作系统的电脑或者iOS3.0以上版本的系统设备。在电子产品领域,还从来没有任何一家公司要求使用本公司的硬件观看自己的官方发布会。苹果通过强化苹果使用者的身份和有意的行为来暗示苹果的使用者,他们是不同寻常的人,是被苹果选中的"天才",他们有着强烈的群体意识和归属感。

从1998年的iMac,到2001年的iPod,再到iPad、iPhone,乔布斯以自己的行动告诉消费电子行业,这个时代需要"与消费者产生情感共鸣""制造让顾客难忘的体验"。当产品能召唤消费者情感时,它便驱动了需求,这比任何一种差异化策略更有力量。苹果的产品影响并重新定义了消费群的生活、娱乐和工作行为,甚至影响了消费群的价值观念和消费文化。例如,当iPhone刚刚在国外发布,对于很多刚刚从国外购入iPhone的消费者而言,手机里的很多软件都是摆设。不要说与当时很多名牌手机不能比,就是与一些极其普通的国内小品牌手机相比,其功能也是寥寥可数的。但为什么会有那么多消费者买呢?明知很多功能在国内无法实现还这样执着呢?因为他们买的不是功能,而是苹果这个品牌带给他们的一种超越于手机价值之上的消费者体验。iPhone不是一个手机,iPhone是集合了苹果品牌时尚、创造性诸多审美元素的文化符号。

这些都是基于对消费者的生活方式和消费文化的准确把握,运用人群的共同生活方式和共同特征创造一种归属感,借助于消费者对于其核心价值观的认同而形成群体归属感的文化营销方式。

五、用持续的互动与创新面对动态的社会文化

文化的一个基本属性是可以自我更新,这也是其持久生命力的根源所在。社会文化也处于不断的发展演化之中,而作为其亚文化层面的流行文化和消费文化,都处于一种动态的发展过程。而这种动态性在全球化趋势的背景下正日益变得更加显著。那么,这就要求文化营销以不断的创新来面对这种变化。

文化营销要实现创新,除了依靠自身的内源性创新途径,一个重要的方式就是利用科特勒所说的"水平化的消费者信任网络"实现协同创新,与消费者保持持续的互动,从中获得持续价值创新的动力。而这一方式也是源自于文化的交流

沟通功能和群体互动特性。

无论是与消费者的持续互动、还是通过创新不断地适应社会文化（流行文化、消费文化）的动态发展，其终极目的都是获得消费者持久的价值认同。正如德鲁克先生所说的，创造顾客是企业存在的唯一理由，而创造顾客的重要基础则是在消费者与企业之间形成了价值认同。

六、用品牌文化衔接企业与社会

营销的本质是理解消费者，这也是营销最根本的目标。文化营销所强调的也正是这一点，通过更深入地理解消费者，以消费者所认同的价值诉求激发其共鸣，以更加人性化的方式适应甚至引领顾客需求的变化。文化营销的真正价值正是在于关注到了在实现顾客价值的那一点上企业能够有所作为，而这也就找到了企业营销的生存空间。

对于顾客的理解，对于顾客情感需求的满足，对于顾客认知理念的理解和认同，可以引发顾客更为强烈、更细微、更复杂的原动力。这正如需求理论所描述的那样：渴望有归属感、纽带关系、希望有所超越和自我实现、希望感受快乐和满足等。最成功的品牌总是能够激发起积极的情感。而文化营销则是实现这种理解与认同的重要方式。就像苹果公司每一次新产品的发布会都会成为一个故事，而这个故事就像一部伟大的神话，永远也讲不完，因为故事的主人公是顾客，而不是企业自己。

企业确定品牌的关键是与顾客的价值需求相一致，简单地说，就是品牌定位于顾客意图，而非企业核心竞争力。而文化营销基于对环境和顾客的理解与认同，则可以有效地达成这种一致性，并充分地将其能量释放出来。

斯科特·贝德伯里和斯蒂芬·芬尼契尔认为对于品牌而言，7种核心价值最为重要：①简洁；②耐心；③关联性；④可接触性；⑤人性化；⑥无处不在；⑦创新。文化营销旨在理解和融入消费者的生活，并且依托于产品或服务等载体进行文化的传递，从而实现无处不在和可接触性的价值。而文化培育认同与归属的特征则激发了品牌内涵联想从而支撑了关联性的实现。文化营销通过触及消费者内心深处体验满足其情感需求，从而激发出品牌核心价值中人性化的部分。

企业文化是组织得以存在和延续的生命线与保持活力的源泉。企业文化会直接影响品牌的运营理念。通过文化营销将企业文化向外部受众进行广泛的传播，不仅可以把企业核心价值观与经营理念有效传递给公众,还可以促进品牌文化与社会文化的互动。

根据文化的定义"人群为了生存而对环境做出的适应方式",我们可以了解到,企业文化是企业为了求得生存与持续发展而适应环境的方式与价值规范,流行文化或消费文化则是消费者作为社会群体的一种生存和生活方式,那么,品牌文化应当要实现二者的契合。品牌文化反映并传递企业文化,影响甚至引领消费人群的流行文化,因此,是企业与消费者之间沟通与互动的一个重要的渠道。而文化营销也正是通过这一契合的过程发挥其价值(图3)。

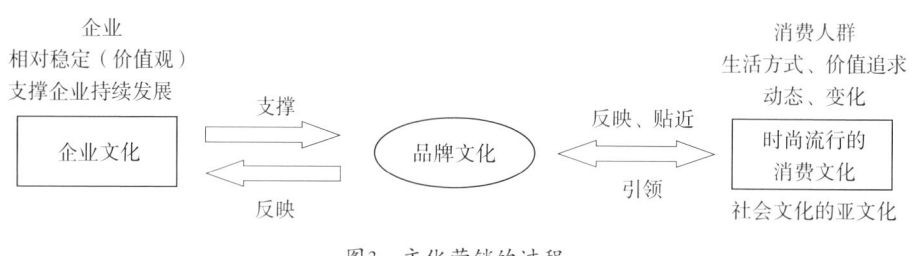

图3 文化营销的过程

从表面上看,文化营销似乎只是一种营销方式或手段,而实质上,这是以品牌文化为契合点,从价值观和消费理念的层面上寻找更好地贴近顾客并贡献价值的方式。也就是说,对于文化营销,我们还是要回归到基本的层面上,与消费者保持一致的思维方式。文化营销的核心仍然是实现顾客价值。我们需要准确理解消费者,关注环境与市场的内在变化,而不是简单地将文化营销等营销创新误解为市场的变化。因此,面对日益丰富和流行的"文化营销"热潮,无论是从经典悠久的传统文化中进行挖掘复兴,还是借助时尚潮流的社会文化开拓创新,我们都要清晰地了解并把握其本质:通过贴近消费者的生活寻找与内心的共鸣,并获得其价值认同,从而拥有企业持续存在和不断成长的基础。

按照现代价值链思考方式,顾客价值是起点,是企业营销的基本出发点,也是营销最后的结果,如果要用一句话来描述什么是营销,那么这句话就是:营销就是顾客价值的实现。这个道理同样适用于文化营销。

(原载:春暖花开公众号,2017年11月8日)

商学教育的核心是唤醒

今天的学习在很大程度上与年龄无关,而是与时间轴有关。时间轴正在缩短,如果不能匹配这个时间轴,就没有办法真正跟上时代的步伐。

这个时间轴的变化会让很多东西被重新定义,这是最重要的事情,也是最大的挑战。我们过去所熟悉的领域,所拥有的知识、经验,今天都要换个角度去重新理解和学习。零售,我们今天称之为新零售。商学,我们今天也应该称之为新商学。当这些都被重新定义,对领导者的挑战恐怕更高。如果商学想培养真正的领导者,对很多东西的理解就要随着时代变化而更新。

我自己从事商学教育多年,一直在找寻匹配时代的商学教育价值路径与方法。时代在快速变化,我们当前的商学教育也面临着很大的挑战,我希望大家关注如下4点。

第一个挑战,信息的传递方式变了。如果我们只传递信息,我们会被技术所替代,甚至可能会有一个机器人把最基本的东西全都讲了,所以这是一个互联网带来的挑战。第二个挑战,学习的路径和方式变得非常多元。我们可以随时随地地学习,不一定非要回到课堂当中来,我们在路上,在任何一个时间点都可以学习,如果我们传递知识的方式仅仅在纸面上、在课堂上,其实你离学习很远。第三个挑战,没有什么是最佳实践案例,因为环境一直处于动态变化之中。我们做商学研究和教育人,能不能动态地跟踪这些企业实践,并把学习的人和做研究的人做一个很好的对接。最后一个挑战,也是互联网带来的最大的挑战,就是不确定性。我们到底是学知识,还是学一种思维方式,还是学习去解决问题,这对学习的结果提出了不同的要求。

基于对这4个挑战的认知,我认为答案还是在商学教育对象身上,这其中有两点对我的影响比较大。

我们到底培养什么样的人？这是我们在商学教育中不断反思的一个问题。经过商学教育的人，他能不能真正把这个教育的价值体现出来？为什么这两点对我影响最大？原因是：我们真正要培养的，或者说我们努力的目标，应该是在商学或者整个商业环境当中创造价值的人。如果不能创造价值，教育就失去意义。而且更重要的一点是，通过商学教育，人的心性是否真的得到滋润或沉淀。教育要真正帮助人成长，而不仅仅是提供一个文凭。

几乎所有的商学院，都有一个共同目标，就是培养领导者！那最重要应该做什么？我想与大家分享3点。

第一，商学教育唤醒学生内在的善、动力和价值创造

商学教育或管理学教育之前曾有过一阵争论，有人追问管理学教授到底能贡献什么价值。管理学教授似乎教不了怎么赚钱，也给不了真正的商业解决方案，那你到底能贡献什么？好像一共写了22条，证明管理学教授没有用。我当时写了一篇文章回应，提出商学教育要做的是4件事情，第一件事情，你来这里反思，让你抽离现实工作环境回到商学院反思。第二件事情就是你来交流，你跟你的同学交流，跟老师交流。第三件事情就是准备你的知识基础，用你的知识基础去解决未来的问题和面对不确定性。最后一个是训练你的整体思维方式，不是营销或者战略的思维方式，是一个整体运行的方式。

2017年岁末，著名诗人余光中先生离开了我们，他的一个观点，在我看来有点商学教育的味道，他说"自己的诗大半是等来的，小半是追来的。"商学教育也大致如此，大半同学是等来的，小半同学是追来的。我一直希望商学教育的核心只是唤醒，唤醒学生内在的善、动力和价值创造，唤醒本来就有的东西。这应该是商学教育本身要做的事情，而不是教育。说实在的，商学教育最重要的不是我们教会大家如何做生产计划，做营销，而是你自己根据所学的知识，构想未来的整个商业环境和你自己的道路。从老师到同学，大家都要清楚，领导力就是一个自我塑造的过程，不是一个教与学的过程。当你能自己找到问题的答案，商学教育就完成了，本质上这就是一个自我造就的过程。在这个自我造就的过程中，关键就是你愿不愿意真正去相信，相信内在的力量。

在这里，我很想和大家分享的是，领导者不仅要发展自己，更重要的是对发展他人有担当。这是我认为更重要的事情。我得出这个结论源于我自己接近30年

的研究。在研究那些能把企业带到持续领先位置的领导人时，我发现他们有一个最大的特点就是一直关注于人的成长。今天你让我评价一个公司，它能不能有未来，方法很简单，就看他的领导愿不愿意培养人。一个愿意培养人的公司一定有未来。

很多人可能会问，领导能力是不是少数人的天赋？我不这样认为。根据我的认知，结合调研当中的发现，我觉得领导力本身是普遍内在的。有一次开会，有人提问，哪一种人最有领导力？大家都没有回答，其实最有领导力的人是婴儿，他一句话不说，所有人围着他转。为什么很多人的天生领导力后来消退了？很大原因是随着成长隐退了起来，但并没有消失。唤醒这种内在的领导力是商学院的核心价值所在。

第二，我们有没有面向未来的能力？

商学教育在培养领导者时，面对未来是第二件重要的事情，我们一定要有能力让大家面向未来。因为世界每天在变，越变越快，过往的经验或能力可能成为你未来竞争的陷阱。为什么？因为一切都在被重新定义。我们不得不给领导者提出新要求：你能不能培养你和组织面向未来的能力？培养面向未来的能力时，我们对环境认知和经营选择是否真正理解？

我在2017年岁末发布2018关键词时提出8个关键词，其中4个关乎环境认知，4个关乎经营选择。比如在环境认知中，十九大制定了新时代中国特色社会主义的行动纲领和发展蓝图，并明确指出社会主要矛盾已经转化为人民日益增长的美好生活需求和不平衡不充分的发展之间的矛盾，这意味着一个"新时代"开启，也是全新的发展机遇的开启。你需要很好地去理解新时代的内涵，去理解新发展模式的内涵，去理解中国与世界发展格局的机遇。而从全球视角来看，新时代意味着"不对称性""复杂性"以及"不确定性"，变革不会以你的意志为转移，无论你是否已经准备好。

与环境认知一样，经营选择也变化很大，组织成员具有持续创造力是企业应对不确定性的解决之道。如何建立员工与组织之间的共享平台，让组织成员释放出自己的创造力，是2018年企业必须做出的选择，其核心是寻找到价值观认同的成员，给予平台与资源，帮助员工释放创造力。要做到这一点，人力资源管理需要从评价投入转为评价产出，从关注胜任力转向关注创造力；组织功能从管控转向赋能；而企业文化从强调组织价值转向强调共享价值；企业领导者从管理者转向伙伴。释放员工创造力，一定要从命令—控制式管理向授权—赋能式管理转变。传统的激励在今天有很多已经不成立。很多人今天工作不是为了谋生，而是为了兴趣，为了一种生活方式。包括我们管理的对象，除了人，是否未来还包括智能机器人。

商学院院长们都非常清楚，今天在线商学课程，比传统的商学课程的影响力更大。民营商学院的课程比正规商学院的影响更大，因为他们的学生有很多独角兽，而学员的成就往往代表商学教育的成就，这让正规商学院的价值呈现面临巨大压力，我们的商学教育逻辑必须变了。探求根源，是因为环境的关键词在变，经营选择的关键词在变，我们所熟悉的世界已经不存在了。这也是我每一天必须要看书，每一天要跟年轻人交流的原因。当未来已来，我们的关键是找到与世界的关联，而不是与历史的关联。

柯达的失败是众多转型不成功的传统行业巨头的代表，当它申请破产的时候，德国媒体刊登一句送别："在科技面前，没有人能一直高高在上，时代会抛弃一切落伍者。"这句话其实也真的适合我们商学教育者。没有人可以高高在上，时代一定会淘汰落伍者。

第三，有把知识转化成智慧的行动

管理学大师德鲁克从1911年开始分析管理学教育的重要性，他认为各国GDP和财富的积累平均增长几十倍，主要就是因为管理革命。管理成为20世纪最伟大的贡献，这个贡献他分为3个阶段或者3个部分，即管理用于生产本身、生产工具本身，以及管理本身。

借德鲁克的方法论和管理革命，我提出今天的最后一个观点，那就是在之前3个阶段，管理革命淘汰的都是工具、流程和方法，但进入到知识革命的今天，我称之为第4阶段，未来要淘汰的可能就是人。我认为这一场知识革命必将淘汰一群企业和企业家。

从商学院学习回来，如果不想被淘汰，甚至引领潮流，我们现在就只能不断努力寻找一件事情，那就是把知识变成智慧。今后，我们将面临更多不确定性，不仅需要我们用知识武装自己，更要用智慧武装自己。怀特海有一本小小的册子叫《教育的目的》，这本书对我产生了巨大的影响，我从事教育开始就反复读这本书，其中关于思维训练的部分我最喜欢。他说，一个人如果智力想发展训练得很好，必须经过3个阶段，浪漫阶段、精确阶段和综合运用阶段。智慧就是知识的综合运用。商业的智慧就是能不能把商学的知识在真正的商业环境中综合运用。

如果我告诉你，人人都可以成功，但确实有人没有成功，那么原因是什么？其中一个关键原因就是缺少行动。成功的关键决定要素是你的行动。不行动，你一定不会成功。除了拥有成功的意愿和知识之外，接下来就是能够为实现成功的意愿，愿意身体力行去行动，只有真实的行动，才有真正的智慧，最终才会取得成功。

最后，总结一下，商学教育就是要培养未来的领导者，未来的领导者最重要的就是三条：一是唤醒发展自己、发展他人的内在力量；二是培养你和组织拥有面向未来的能力；三是有把知识转化成智慧的行动。愿大家2018都能成为未来的领导者。

（春暖花开编辑花小样协助整理）

这个时代没有旁观者

2018年就这样自然而然地来到我们面前,无论我们用什么样的心态迎接她,她都已经真实地融入我们的每一天、每一刻,并开始记录每一个人的生命新轨迹。

我们在毫无准备之中,来到一个"信息的传递拥有了某种宇宙力量的速度"的时代中,电话从发明到普及用了39年时间,智能电话的普及只需要3年;2017年华为正式公布人类第一部"智慧电话",我不能想象这个电话普及速度会是多快。到了2018年,我想有一件事情我们不得不接受,那就是机器正在想办法变得更智慧,人类自身该如何呢?

还记得微软前首席执行官史蒂夫·鲍尔默(Steve Ballmer)在接受《今日美国》采访时表示,苹果手机根本没有任何机会获得巨大的市场份额,这算是误判吗?今天来看,答案显而易见,但是我更希望大家可以从另外一个角度去理解:如果不融入时代的变化中,哪怕曾经被证明成功的经验,也会带来误判。

最近在重看托马斯·库恩(Thomas Kuhn)的《科学革命的结构》一书,在这一经典著作中,库恩把包罗万象的思想体系称为"范式",他说,即使是最严谨的科学家也会常常忽略或者误读数据,以维持占统治地位范式的"一贯性",并为某些科学理论出现的漏洞进行辩护。是的,我们每个人的思维习惯不同,但是却根深蒂固。

也许,在过去的时代里,这些"范式"帮助了我们展开对话和推动进步,但是,当我们来到2018年,来到一个数字化时代,这些"范式"已成为了陈旧的过去,它们比毫无用处还要糟糕,甚至会产生反作用。一系列的"颠覆""打破""爆裂""迭代""跨界""重新定义"等词汇,被人们变为"常识",因为快速变化的未来的最根本的特征就是:要摧毁所有"僵化的事物",就如谷歌公司的执行董事长埃里克·施密特说:"我可以非常直接地说,互联网将消失。"这一系列充满"革命性"的标签,几乎把每一个人都裹挟着进入到这个全新属性的时代,没有喘息的机会,没有停滞的可能,也无法逃脱与躲避,我们几乎在"一夜之间"要成为"数字原住民",但可怕的是,我们甚至连"数字"意味着什么都还不了解。

我们今天谈的很多概念,在以前也许就不成立。比如手机,我并不愿意换它,可是我不得不换,因为我的学生说老师你落后了,证明你落后的地方就看你拿什么手机。为什么会是这样的?原因就在于手机的内涵变了,它变成一个人看世界的窗口,如果你仅仅依赖一个传统的手机,就意味着你看世界的能力已经变得落后于时代。

这是一个持续变化的时代,时间轴变短导致稳态几近消失,新范式的颠覆性变化变得越来越快,有一位研究变革的学者问:"如果'稳定—破坏'这一历史模式自身被破坏了呢?"先不要急于寻找答案,需要接受的事实是,变革不会以你的意志为转移,无论你是否已经准备好,因为"变革的速度已经超过人类"。

所以,"变"是确定的、实在的,我们甚至可以称之为"真"。在这样"变"的时代里,没有人可以成为旁观者,因为任何一个"停滞"或者"侥幸"都会被瞬间淘汰。如何在"变"中安身立命?如何与时俱进?如何成为一个时代者,而不是一个被淘汰者?这是2018年开篇就需要我们接受的挑战,为此,我们该做些什么?

答案是:要知道什么是"不变"的。

商业本质就是回归顾客价值,不会变。亚马逊创始人杰夫·贝佐斯(Jeff Bezos)在一次演讲中讲道:"人们经常问我:未来10年什么会被改变?我觉得这个问题很有意思,也很普通。从来没有人问我:未来10年,什么不会变?在零售业,我们知道客户想要低价,这一点未来10年不会变。他们想要更快捷的配送,他们想要更多的选择。"

保有生活的意义,不会变。我们生活在充满动荡的时代中,因而对生命意义的追寻成了强劲的动力,在面向未来的大趋势中,精神力会呈现出关键的价值,技术会让人们更加容易相互连接,并要求高度协作,如果找寻不到彼此认同的价值观,或者内在的隐含的意义,人们无法处理因为"变"而带来的、更为复杂的内容与快速迭代的现实。

良知,不会变。看到西奥多·帕克(Theodore Parker)这样说:

我不想假装理解世界的道德;

天际广阔，我极目远眺，视野依然有限；
我无法计算世界的弧度和广度，
只有遵循着良知的指引。
就我所见所知，我肯定，它指向正义。

让我内心震动，百年后马丁·路德·金（Martin Luther King Jr.）改写帕克的话，将道德之弧（moral arc）的概念注入我们的集体意识中，而在一个技术潮流以前所未有之势冲击现实的世界里，天赋中的善、同理心、爱愈发显得珍贵，它们应该被置于一切所追求事物的核心，因为，"恶意因素在复杂系统中无处不在，"网络安全专家斯蒂芬妮·福雷斯特（Stephanie Forrest）指出，"生物系统、生态、市场、政治系统，当然也包括互联网，均是如此。"相比较于这样的环境，成功的关键在于内在的力量，也即是你天赋中的道德意识——良知。

行动才会让你找到路径，不会变。我总是记得头条新闻评价"阿尔法狗"与李世石对弈中，"阿尔法狗"历史性的那一手棋："这一手展示出了如此深刻的人类特性——即兴创作、创造性，甚至是某种优雅和魅力。我们由此得知，这部机器拥有灵魂。"我不懂棋中之乾坤，我只是不断琢磨，如果"阿尔法狗"没有做出这一手不同寻常的选择，因为它计算得到的结论是，"人类下这一步棋的概率是万分之一"，但是它却选择了下这一步，正是这一步，让其拥有了"灵魂"。这是这场世纪大对决带给我的真正的震撼，如果我们不迈出一步，不去展示人类的特性，淘汰也只能是人类自身。

这是一个没有旁观者的时代，每个人都需要真切理解到："以指数速度发展的并不仅仅是技术，改变自身也在以指数速度发生。"因此，在2018年的第一天开始，我鼓励我自己，也同样鼓励你：不要认为自己可以抽离依然按照自己习惯的逻辑生活着，不要侥幸地认为改变只是别人的事情与自己无关；不要让过去对你产生太多的影响而无法接受未来，不要让喧哗的世界困顿你而无法安静，不要让"变"的动荡胁迫你而无法选择，不要让挑战冲击你而无所适从。要记住，人类特性——即兴创作、创造性，甚至是某种优雅和魅力，我们唤醒本能即可。

科幻小说作家威廉·吉布森（William Gibson）曾经说过："未来已来，只是尚未流行。"在一个"变"为真实的世界而言，我说：未来已来，正在流行。

2018，愿你我成为一个时代者！

（原载：春暖花开公众号，2018年1月1日）